U0098528

投資學

張光文 著

nvestment

三民書局

國家圖書館出版品預行編目資料

投資學 / 張光文著.－－初版一刷.－－臺北市: 三
民, 2012
　　面；　公分

　ISBN 978-957-14-5581-5　（平裝）
　1. 投資學

563.5　　　　　　　　　　　　　100019074

© 投資學

著 作 人	張光文
責任編輯	賴宜均
美術設計	郭雅萍

發 行 人	劉振強
著作財產權人	三民書局股份有限公司
發 行 所	三民書局股份有限公司
	地址　臺北市復興北路386號
	電話　(02)25006600
	郵撥帳號　0009998-5
門 市 部	(復北店) 臺北市復興北路386號
	(重南店) 臺北市重慶南路一段61號

| 出版日期 | 初版一刷　2012年1月 |
| 編　　號 | S 552470 |

行政院新聞局登記證局版臺業字第○二○○號

有著作權，不准侵害

ISBN　978-957-14-5581-5　（平裝）

http://www.sanmin.com.tw　三民網路書店

PREFACE

　　現代投資學的基礎為投資組合理論，本書以投資組合理論為解說的重點，除了介紹金融市場的經濟功能、證券商品以及市場運作之外，也探討金融市場之證券的評價與運用策略。

　　本書的內容分為四大部分，依序為投資學概論、投資組合理論、資本市場的均衡，以及證券之分析與評價，簡要說明如下：

　　第一部分的概論包含證券種類的說明，以及證券市場及管理機構的介紹。

　　第二部分是探討最適投資組合的形成，內容專注於解說風險、風險趨避，以及資產配置的觀念。

　　第三部分是分析資本市場的均衡，內容依序為資本資產訂價模型的建立、單一指數模型、套利訂價模型，以及資本市場效率的觀念。

　　第四部分是從證券選擇的觀點，針對金融市場的固定收益證券、權益證券與衍生性金融商品，從評價方法、風險與報酬的決定因素，以及各類證券的投資策略等方面加以探討與說明。

　　因此，本書《投資學》是重視理論與實務結合的書籍，適合作為大專院校之投資學課程的教科書，也可以是金融市場與衍生性金融商品等相關課程的參考書。除此之外，因為是用深入淺出的解說方式，所以對非財經專長之社會人士而言，本書亦可作為自我進修之用。

張光文　謹識

2012 年 1 月

投資學

目　次

序

第一章　緒　論

第一節	金融資產與實物資產	2
第二節	金融系統的經濟功能	7
第三節	本書各章簡介	15

第二章　證券種類

第一節	固定收益證券	20
第二節	權益證券	31
第三節	衍生性金融商品	38

第三章　證券發行與流通

第一節	證券發行	54
第二節	證券流通	57
第三節	共同基金	65

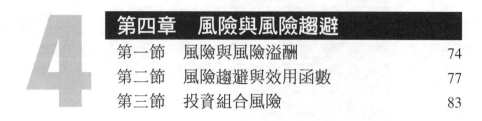

4 第四章　風險與風險趨避

第一節　風險與風險溢酬　74

第二節　風險趨避與效用函數　77

第三節　投資組合風險　83

5 第五章　固定權數資產配置

第一節　無風險資產與風險資產組合　94

第二節　資本配置線　98

第三節　被動式投資策略　100

6 第六章　變動權數資產配置

第一節　兩項風險資產組合的資金配置　110

第二節　兩項風險資產組合與無風險資產　114

第三節　多項風險資產組合與無風險資產　119

7 第七章　資本資產訂價模型

第一節　資本市場線　130

第二節　資本資產訂價模型之建立　137

第三節　資本資產訂價模型之運用　143

8

第八章　指數模型與套利訂價模型

第一節	指數模型理論	152
第二節	指數模型應用	156
第三節	套利訂價模型	163

9

第九章　資本市場效率

第一節	弱式效率市場	174
第二節	半強式效率市場	179
第三節	強式效率市場與市場異常	184

10

第十章　固定收益證券

第一節	債券評價	192
第二節	利率的期間結構	200
第三節	債券管理	209

11

第十一章　權益證券基本分析

第一節	普通股評價	225
第二節	財務報表分析	233
第三節	財務報表個案分析	242

12

第十二章　權益證券技術分析

第一節　移動平均法　　　　　　　　258
第二節　K 線圖　　　　　　　　　　263
第三節　美式條形圖　　　　　　　　267

13

第十三章　期　貨

第一節　期貨市場運作　　　　　　　274
第二節　期貨價格　　　　　　　　　280
第三節　期貨運用策略　　　　　　　287

14

第十四章　選擇權

第一節　選擇權市場運作　　　　　　300
第二節　選擇權評價　　　　　　　　307
第三節　選擇權運用策略　　　　　　315

附　表　　　　329

參考文獻　　　331

CHAPTER 1

緒　論

nvestment

◆ 第一節　金融資產與實物資產

◆ 第二節　金融系統的經濟功能

◆ 第三節　本書各章簡介

投資環繞於我們的日常生活之中，站在個人或法人的立場，犧牲目前價值以換取將來價值的行為，就稱為投資 (investment)。舉例來說：個人將多年儲蓄所得，不用於今天消費，轉而購買股票或房地產，並希望將來能因此而有更多財富。本例中的購買股票或房地產，即屬於投資行為。

例如，對於公司法人來說，台積電的管理者透過發行新股，從金融市場募集資金後，轉而用來購買機器與研發技術，是一項投資行為；臺灣政府每年編列預算，將錢使用於造橋鋪路與整治河川，當然也屬於投資行為。

進一步來看，年輕人自大學畢業後，放棄立即就業的工作機會，選擇到研究所深造，接受職業技能的進階訓練，並希望將來收入能因此而增加，所以到研究所唸書屬於投資行為。對於父母親來說，省吃儉用而累積的資源不用於個人享受，選擇使子女得到好的教育機會，並希望將來年老退休時，能夠養兒女以防老，這種交換價值的行為，不也是投資的一種嗎?

本書的重點，在於說明財務管理領域中，投資的理論與應用。本章內容包含三小節。第一節分析臺灣人民長時間的投資過程中，最後累積的財富分配情況，接著比較金融資產與實物資產的基本差異。第二節探討金融系統的功能。最後，第三節簡介本書的各章重點。

第一節　金融資產與實物資產

臺灣人在上世紀經歷了第二次世界大戰 (1939～1945)，從戰火洗禮下的殘破中站起，並且創造出世人矚目的經濟奇蹟。根據麥迪森 (Maddison) 提供的統計資料，臺灣的平均每人國內生產毛額 (per capital gross domestic product)，由 1950 年的 936 美元，逐漸上升到 1998 年的 15,012 美元❶。平均每人國內生產毛額經過幾何平均數的估算後，這段期間的平均年成長率

---

❶　臺灣及世界各國的國民所得資料，參考：Maddison, A.(2007), *The World Economy: A Millennial Perspective*, Paris: Organization for Economic Cooperation & Development.

為 5.95%。

　　表 1.1 列示出同時期的平均每人國內生產毛額，分別在中國、日本、美國、亞洲國家與世界所有國家的統計值。臺灣的平均年成長率，不僅高於中國的 4.17%、日本的 5.04%、美國的 2.21%，也高於亞洲平均值 3.24%，以及全世界國家的平均值 2.09%。

表 1.1　臺灣及世界各國之平均每人國內生產毛額及平均年成長率						
	臺　灣	中　國	日　本	美　國	亞　洲	世　界
1950 年	936	439	1,926	9,561	635	2,114
1998 年	15,012	3,117	20,410	27,331	2,936	5,709
平均年成長率	5.95%	4.17%	5.04%	2.21%	3.24%	2.09%

單位：美元

說明：亞洲的資料不含日本。

　　上述平均每人國內生產毛額的估算方法，是由顧志耐 (Kuznets) 提出。因為他在國民所得的定義，以及所得成長率的分析貢獻卓著，而於 1971 年獲得諾貝爾經濟學獎的殊榮❷。

　　國內生產毛額 (gross domestic product, GDP) 為一個國家，在一定期間內生產，且必須用於最終用途之商品與勞務的市場價值總和。因為計算的時間是在「一定期間」，且多以一年為基準，所以國內生產毛額的思考方向，是流量 (flow) 概念，而不是存量 (stock)。

◎顧志耐

顧志耐 (1901～1985) 在經濟週期、國民收入核算、經濟成長等研究領域皆有傑出的貢獻，於 1971 年獲得諾貝爾經濟學獎的殊榮。

◎國內生產毛額

國內生產毛額為一個國家，在一定期間內生產，且必須用於最終用途之商品與勞務的市場價值總和，從民間消費支出面來看：GDP = 民間消費支出 + 國內投資毛額 + 政府支出 +（出口－進口）。

---

❷　顧志耐的重要著作，參考：Kuznets, S.(1954), *National Income and Its Composition*, New York: National Bureau of Economic Research，以及 Kuznets, S.(1966), *Modern Economic Growth: Rate, Structure and Spread*, New Haven: Yale University Press.

一、企業的財務報表之流量與存量觀念

延續先前的概念，我們從企業的財務報表來看，損益表 (income statements) 與現金流量表 (statements of cash flows) 之編製，考量的時間長度為一年，所以屬於「流量」的報表。相對來說，資產負債表 (balance sheets) 是衡量公司成立的那一天開始，直到編表的時間點為止，長期間累積的資產與負債狀況，所以屬於「存量」的報表。

相對於國內生產毛額的流量說明，臺灣人創造經濟奇蹟後，在長時間的投資過程中，到底創造了多少財富呢？這個問題的答案請參見表 1.2 的臺灣總財富表。

該表的總資產由三大類型所組成，分別是：實物資產、國外資產與金融資產。負債與淨值方面，則包含：國外負債、金融負債與淨值等三部分。

◎損益表
損益表是反映某企業於某一「特定營業期間」的盈虧狀況。常見的考量時間為一年，所以屬於「流量」的報表，也稱為動態報表。

◎現金流量表
現金流量表是表達企業於「特定營業期間」內營業、投資與融資活動之現金流入與流出的報表。常見的考量時間為一年，所以屬於動態報表。

◎資產負債表
資產負債表是以資產、負債、業主權益來表達企業在「特定日期」的財務狀況，由於是表達特定時點的財務表，所以又稱為靜態報表。

 二、臺灣的金融資產與實物資產

從創造財富的投資角度來說，投資包含：實物投資 (real investment) 與財務投資 (financial investment)。實物投資為用錢購買、且能產生財富的資本財 (capital goods)，例如：土地、廠房、機器、人力資本，或建設高速公路、興建核電廠。財務投資則為產權購買，例如：購買股票或債券。

現代經濟社會的金融市場與金融機構蓬勃發展，不但助長了實物投資，也使金融資產在經濟社會所占的比重，逐漸地接近於實物資產。表 1.2 所列為主計處於 2010 年 12 月 20 日的公開資料，臺灣 2008 年的金融資產為新臺幣 109.3 兆元，與實物資產的 109.2 兆元相去不遠。

表 1.2　2008 年臺灣的總財富分配表

單位: 新臺幣兆元

資　　　産		比　　重	負債與淨值		比　　重
實物資產			國外負債	9.4	4%
機　　械	12.1	5%	金融負債		
房　　屋	26.7	11%	定存與活存	28.9	12%
土　　地	64.7	26%	金融放款	20.3	8%
其他資產	5.7	2%	權　　益	23.0	9%
合　　計	109.2	44%	其　　他	37.1	15%
國外資產	28.5	12%	合　　計	109.3	44%
金融資產			淨　　值	128.3	52%
定存與活存	28.9	12%			
金融放款	20.3	8%			
權　　益	23.0	9%			
其　　他	37.1	15%			
合　　計	109.3	44%			
總資產	247.0	100%	總負債與淨值	247.0	100%

資料來源: 主計處網頁 (http://www.stat.gov.tw)，本書作者精簡整理。表中的土地價格以公告現值為準; 房屋科目包含房屋與營建工程; 機械科目包含運輸工具、機械設備、家庭耐久財與半耐久財; 定存與活存科目包含通貨、定期存款、活期存款及外匯存款。權益科目包含上市（櫃）公司股權與其他企業權益。

三、金融市場與金融機構的重要性

為什麼一個國家的經濟發展過程中，金融市場與金融機構的重要性，會與日俱增呢?

舉例來說: 假設台積電要在臺灣蓋新的晶圓廠，則工廠興建為實物投資。因為此項投資的資金龐大，所以該公司無法用自有資金融通的方式建廠。

當臺灣具有完善的金融市場與金融機構時，台積電就可透過金融市場發行股票、公司債，或向銀行借錢，以募集到所需資金。此時，有些人就

　　願意透過財務投資行為，直接或間接地提供資金給台積電，以至於晶圓廠在眾人的支持下，終於興建完成。在這個例子中，藉由金融機構的協助並透過金融市場，就提高了資金的流通與使用效率。

　　表 1.2 的資料裡，臺灣在經濟成長的過程中，2008 年的淨值，也就是累積的總財富為 128.3 兆元，且財富累積主要來自於實物資產的增加。表中的實物資產總金額為 109.2 兆元，占淨值組成的 85%。

　　進一步地來看，實物資產占當年總資產比重的 44%，且前三項重要的實物資產，金額由高到低排列，依序為：土地 64.7 兆元，房屋 26.7 兆元，以及機械的 12.1 兆元。

　　國外資產部分，金額為 28.5 兆元，扣掉國外負債 9.4 兆元後，剩下的國外淨資產為 19.1 兆元，約占淨值 128.3 兆元的 15%。

　　上述計算臺灣總財富的過程中，只有考慮實物資產與國外淨資產，並不考慮金融資產。因為相對於實物資產只能在財富表的左邊資產部分列示，金融資產則並存於財富表的左邊資產，與右邊負債。

　　舉例來說：常見的金融資產如債券，對發行債券的公司而言，屬於金融負債。而對購買債券的投資人來說，就被視為金融資產。當我們將臺灣的政府、家計單位、營利與非營利事業、金融機構等資產負債表，合併成臺灣的總財富表時，金融資產與金融負債相抵後，就無法對淨值造成任何影響。

　　觀察表 1.2 之總財富表中，金融資產的總金額為 109.3 兆元，占當年總資產比重的 44%，且此金額與總金融負債剛好相等而互相抵銷。

　　金融資產的組成中，依各項目的金額排序後，前三項重要科目分別是：定存加上活存之 28.9 兆元，權益 23 兆元，以及金融放款 20.3 兆元，而相對應之金融負債的前三項重要科目，金額也完全相等。

　　雖然就社會的「總體面」來看，金融資產與金融負債相抵後，並不能使臺灣的總財富增加，但是站在「個體」的角度，金融資產卻能為個人及法人創造財富。

　　舉例來說: 上市公司發行股票的金融資產後, 使得經營權與所有權能分離外, 公司也易於向證券市場募集資金, 並聘請專業經理人, 以提高經營的效能與效率。因此, 當上市公司發行新股向市場募集資金, 並購買實物資產後, 就有可能透過商品與勞務的產出而獲利。

　　投資人購買股票後, 就對股票發行公司的實物資產具有求償權。股東獲得股利收入外, 也能賣掉股票而得到資本利得或損失。除此以外, 當公司經營不善而倒閉, 除了清算後的金錢用來償還債務外, 股東也有剩餘資產的求償權 (residual claims)。

第二節　金融系統的經濟功能

　　臺灣的金融機構 (financial institutions) 種類繁多, 共包含十四種類型: 中央銀行、商業銀行、投資銀行、外國銀行在臺分行、中小企業銀行、信用合作社、農會、漁會、投信公司、中華郵政公司、人壽保險與產物保險、票券公司、證券公司, 以及國際金融業務分行。

　　站在全世界的角度來看, 因為政治、文化、歷史背景、公司規模等因素, 造成某些金融機構的名稱或許相同, 但是從事的業務面卻不見得一樣。舉例來說: 臺灣的中華郵政公司, 屬於金融機構的一環。因為除了郵政的業務之外, 也有存款的金融功能。相對來說, 美國的郵局就沒有存款功能, 也不算是金融機構。

　　除此以外, 金融機構所能從事的業務, 即使在相同的國家中, 也有可能隨著時間而改變。舉例來說: 美國的布希 (Bush) 政府於 1999 年時, 廢除 1933 年開始實施的葛拉斯一史提格爾法 (Glass-Steagall Act) 後, 鬆綁商業銀行所能從事的業務, 使得商業銀行可以和投資銀行一樣, 將資金用來購買高風險的證券。該法案的廢除, 根據諾貝爾經濟學獎得主史迪格里茲

> ### ◎葛拉斯一史提格爾法
> 葛拉斯一史提格爾法的設立, 是為了區分貸款為主的商業銀行及承攬證券銷售的投資公司的業務。該法案廢除後, 使商業銀行可以和投資銀行一樣, 將資金用來購買高風險證券。

(Stiglitz) 的分析，是造成 2008 年美國金融風暴的五項主因之一。

　　2008 年 9 月 15 日，美國第四大投資銀行雷曼兄弟公司宣布倒閉，聲請破產保護，第三大投資銀行美林則被美國銀行收購。史迪格里茲 (Stiglitz) 認為，引起美國金融風暴的五個原因，說明如下：

　　1. 美國總統雷根 (Reagan) 於 1987 年開始，任用葛林斯潘 (Greenspan) 作為聯邦準備理事會主席，此職位相當於臺灣的中央銀行總裁。葛林斯潘主張同時規範市場與控制資金，他先使美國的資金氾濫，再讓市場自由競爭。造成任內發生科技股以及房市泡沫。除此以外，對於衍生性金融商品也採取放任不管的措施，雖然鼓勵市場創新，卻對市場造成傷害。

　　2. 1999 年廢除葛拉斯－史提格爾法，使得商業銀行可以和投資銀行一般，進行高風險投資。

　　3. 2001 年布希政府減稅，尤其是減輕富人的稅，以及鼓勵槓桿操作。

　　4. 企業作假帳。例如：世界通訊及安隆案。

　　5. 政府的措施沒有對症下藥，讓災害一再擴大。

　　另方面來說，臺灣的商業銀行在以前不准從事票券業務。財政部為了加速金融的自由化，以及提高市場競爭，所以從 1990 年開始，核准商業銀行進行票券買賣，1995 年則又進一步地，允許商業銀行簽證與承銷短期票券。

　　基於上述原因，美國著名財務專家波第 (Bodie) 與莫頓 (Merton) 認為，與其說明金融機構的特色與業務，不如建立概念化架構 (conceptual framework)，透過功能觀點 (functional perspectives)，分析金融機構在金融系統中所具有的功能❸。

　　他們的理由之一為即使政治、文化、歷史背景等因素是造成金融機構在各國從事的業務不盡相同，但從總體角度來看，金融系統的功能在國與

❸　金融系統的功能觀點，參考：Bodie, Z., R. Merton, and D. Cleeton(2009), *Financial Economics*, NJ: Pearson.

國間並沒有太大差異。

　　理由之二是隨著全球化的競爭加劇及金融創新的腳步加快，當金融系統的經濟功能因此而改變後，業務型態也將隨之進行必要的調整。因為是「功能」引導「業務」的轉變，所以在正本清源的思考方式中，經濟功能的分析，遠比業務型態的敘述來得重要。

　　金融系統的經濟功能有六項，分別是：經濟資源移轉、風險管理、交易清算與結清、資源凝聚與切割、價格資訊揭露，以及誘因問題處理。說明如下：

 一、經濟資源移轉

　　圖 1.1 說明臺灣的經濟資源移轉情形，該圖的資金供給部分，主要來自於家計單位 (households)，其次則為營利事業、政府與非營利事業。

　　資金需求的一方，主要是營利事業，其次則為家計單位、政府與非營利事業。金融市場包含臺灣證券交易所、櫃檯買賣中心與期貨交易所。

　　為了說明圖中的資金流動情形，假設家計單位決定透過金融市場購買股票。此時，家計單位的剩餘資金，就透過了證券交易所，流向需要資金的上市（櫃）公司。此種公司取得資金的方式，稱為直接融資 (direct financing)。

　　家計單位的資金，除了透過金融市場而移轉到公司，也可透過圖 1.1 的下半部分，也就是經由銀行等金融機構，以間接融資 (indirect financing) 方式，將資金流向公司。

◎臺灣證券交易所
臺灣證券交易所（又稱集中市場）處理發行公司股票上市相關業務、維護以競價方式買賣有價證券的交易安全，並防範不法炒作及內線交易，以確保投資人權益。

◎櫃檯買賣中心
櫃檯買賣是以議價方式進行的交易行為。櫃檯買賣中心處理上櫃相關業務。由櫃檯買賣所形成的市場稱為櫃檯買賣市場，又稱為店頭交易。

◎期貨交易所
期貨交易所是提供標準化期貨合約買賣的交易場所，主要業務為設計並推廣期貨合約，並扮演買賣雙方的居間角色。

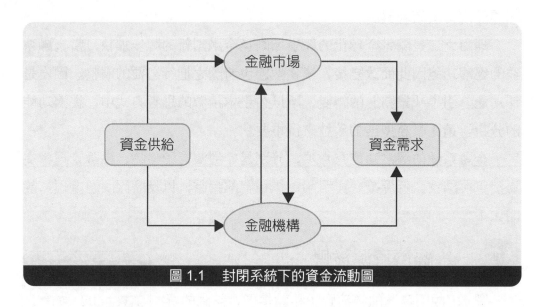

圖 1.1　封閉系統下的資金流動圖

　　最後，金融機構與金融市場之間的資金流動情形，以金融機構中之投資信託公司的共同基金 (mutual funds) 來說明。

　　投資人購買基金的同時，將錢交給投資信託公司。接著，投資信託公司的基金經理人到證券市場購買股票時，資金就由金融機構流向了金融市場。當基金經理人到市場賣掉部分持股後，則資金又由金融市場回流到基金經理人手中，如圖中所示。

二、風險管理

　　資金透過金融機構或金融市場進行移轉的同時,風險也往往隨之轉換。舉例來說：台積電為了蓋新的晶圓廠，所以決定發行新股向市場募集所需要的資金。投資人到金融市場購買股票後，就必須承擔該股票所帶來的風險。例如：股利收入不如預期，或是因為股價的變動而產生資本利得或損失。

　　股票與債券的投資，包含了資金與風險的同時轉移。相對來說，期貨與選擇權等衍生性商品，則是只需運用少許資金，就能轉換風險的部位。

 ## 三、交易清算與結清

金融機構的業務中，信用卡、電匯、旅行支票等，都能提供更有效率的方式，進行交易行為的清算與結清，使人們不用帶著大把鈔票，就能購買到所需之商品或服務。

 ## 四、資源凝聚與切割

資源的凝聚與切割方面，常見的例子是投資信託公司的共同基金。舉例來說：投資人決定購買各大績優公司的股票，也懂得將錢分散投資於不同公司以降低風險；但該投資人卻沒有足夠的金錢，可同時購買許多公司的股票。

此時，臺灣 50 指數基金 (exchange traded fund, ETF)，就是將眾人的錢聚集後，購買臺灣五十家績優的上市公司股票。以 2011 年 6 月來說，投資人花費約新臺幣 6 萬元，就能同時擁有台積電、鴻海、台塑等五十家公司的部分股權，達到風險分散之目的（詳細公司名單請參考第五章「投資學知識家」）。

 ## 五、價格資訊揭露

臺灣的日常生活中，報紙、網路與電視都提供了股票價格與利率的資訊。股票的價格資訊，使人們對經濟景氣的現在與未來產生某種程度的認知，並協助我們做經濟決策。

舉例來說：臺灣加權股價指數從 5,000 點的低檔，在半年內穩定地上升到 7,000 點，而且未來還有往上攀升的可能時，表示臺灣的經濟景氣應該會轉好，房價也可能因此在未來調升。此時，對於打算在臺北市買房子的投資人而言，不管他是否有購買股票的習慣，股票價格的資訊可協助他決定是否於現在購買房地產。

六、誘因問題處理

金融系統中的常見誘因問題 (incentive problems) 有三種，分別是：道德危機 (moral hazard)、逆選擇 (adverse selection) 與代理權問題 (agency problem)。

保險公司的經營過程中，常會遇到道德危機與逆選擇問題。如下所述：

㈠道德危機

道德危機存在於人們購買保險之後。人們預期買了保險，出了事會得到保險公司的理賠，所以某些行為就不再小心。舉例來說：消費者購買機車的全險後，車輛失竊可得到保險公司理賠，所以就不在意停放機車的地點是否容易失竊。

> ◎道德危機
> 道德危機表示交易的一方完成交易後，做出增進自身效用卻不利於他人的行為。

㈡逆選擇

逆選擇的現象發生在購買保險之前。也就是認為保險對自己有利的人才會去買保險。另方面來說，站在保險公司的角度，會認為買機車全險的消費者不是一般的社會大眾，而是機車比較會失竊的高風險車主。

> ◎逆選擇
> 逆選擇是交易的一方隱藏對自己有利的訊息，使交易對手在資訊不足夠的情況下做出決策。

為了降低道德危機與逆選擇，保險公司可調降機車的殘值估算，或在契約中加入扣抵 (deductible) 條款以減少理賠金額。除此以外，保險公司也可透過對車主分析、對居住環境評估，以及各款式機車失竊率的統計資料，訂定不同的保費標準。

㈢代理權問題

代理權問題可用股東與公司管理者為例。管理者的目標在於追求股東財富的極大化 (maximize the wealth of shareholders)，可是在現實生活中，管

理者卻可能將自己的利益放在股東利益之上。例如：用股東投入的資金購買高級轎車，或使用過於豪華的辦公室。

針對此類問題的處理，董事會可決議將高階主管的薪資發放標準，取決於該公司的未來平均股價。此時，高階主管的經濟決策中，無法提高公司股價，卻能使自己享受增加的誘因，就可能因此而往下調降。

舉例來說，總經理將辦公室的裝潢費，以及其他不必要的費用節省下來，然後將錢用在能增加公司價值的投資計畫。當公司的獲利增加，造成股價上揚後，不僅股東高興，總經理的年薪也因此而提高。

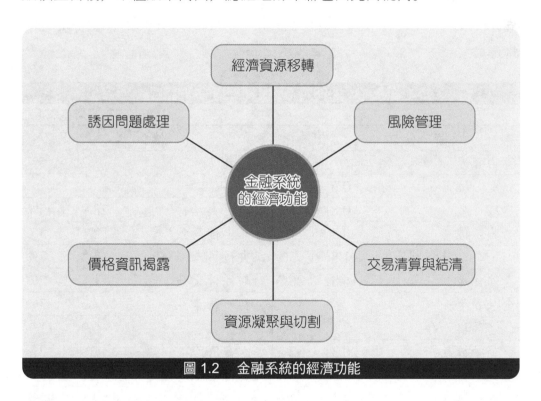

圖 1.2 金融系統的經濟功能

七、臺灣金融機構的總財富表

探討了金融系統的六種經濟功能後，接著說明臺灣的金融機構，在長時間經營過程後，於 2008 年所累積的總財富表。

首先，透過第一節的表 1.2 得知，2008 年的臺灣總財富為新臺幣 247 兆

元。表 1.4 的金融機構總財富 64 兆元,約占臺灣總財富的四分之一。

接著,所有金融機構的總資產中,是以金融資產為主,且金融資產的金額 45.4 兆元,為實物資產 1.8 兆元的二十五倍。並且,金融資產的細項中,是以金融放款 20.3 兆元為主,占金融資產的 45%。其次則為權益資產 5.3 兆元,央行單券 4.3 兆元,以及定存與活存的 3.4 兆元。

最後,對臺灣所有的金融機構來說,金融資產的 45.4 兆元雖多,但是金融負債的金額 59.1 兆元更多,造成金融淨資產為 −13.7 兆元。

金融負債中,以定存與活存的金額 28.9 兆元最高,占金融負債的 49%。其次為人壽保險負債 7.8 兆元,權益負債 6.9 兆元,以及央行單券負債的 4.3 兆元。

表 1.4		2008 年臺灣金融機構的總財富表			
				單位:新臺幣兆元	
資　產	比　重		負　債		比　重
實物資產			國外負債	3.2	5%
土　地	0.6	1%	金融負債		
房　屋	0.8	1%	定存與活存	28.9	45%
其　他	0.4	1%	非準備存款	2.1	3%
合　計	1.8	3%	央行單券	4.3	7%
國外資產	16.8	26%	附條件交易	1.4	2%
金融資產			共同基金	1.6	3%
定存與活存	3.4	5%	權　益	6.9	11%
金融放款	20.3	32%	人壽保險	7.8	12%
權　益	5.3	8%	其他金融負債	6.1	9%
央行單券	4.3	7%	合　計	59.1	92%
其　他	12.1	19%	淨　值	1.7	3%
合　計	45.4	71%			
總資產	64.0	100%	總負債與淨值	64.0	100%

資料來源: 主計處網頁 (http://www.stat.gov.tw),本書作者精簡整理。表中的土地價格以公告現值為準;房屋科目包含房屋與營建工程;定存與活存科目包含通貨、定期存款、活期存款及外匯存款;權益科目包含上市(櫃)公司股權與其他企業權益。

第三節 本書各章簡介

現代投資學的基礎為投資組合理論，此理論由馬克維茲 (Markowitz) 在 1952 年提出。夏普 (Sharpe) 根據此理論與特定的假設，建立了著名的資本資產訂價模型。這兩位學者在財務領域的貢獻很大，所以在 1990 年時，與提出槓桿無關論的米勒 (Miller)，共同得到諾貝爾經濟獎的殊榮❹。

本書用深入淺出的表達方式，以投資組合理論為核心，除了介紹金融市場的經濟功能、證券商品，以及市場運作之外，也探討金融市場之證券評價與運用策略。

本書內容分為四大部分，依序為投資學概論、投資組合理論、資本市場的均衡，以及證券之分析與評價，分別說明如下：

一、投資學概論

第一部分的簡介包含三章，除了本章的緒論之外；第二章介紹證券種類；第三章說明證券的流通及管理機構的介紹。

二、投資組合理論

第二部分探討如何運用資產配置達到最適投資組合。第四章的主題為風險與風險趨避，屬於投資組合理論的說明。第五章與第六章說明資產配置的基本概念：第五章探討「固定權數」下的資產配置；第六章分析投資

---

❹ 投資組合理論的重要文獻，參考：Markowitz, H.(1952),"Portfolio Selection,"*Journal of Finance*, 7:1, pp. 77–91. 資本資產訂價模型的代表文章為：Sharpe, W.(1964),"Capital Asset Prices:A Theory of Market Equilibrium,"*Journal of Finance*, 19:3, pp. 425–442. 槓桿無關論的文獻請參考：Modigliani, F., and M. Miller(1958),"The Cost of Capital, Corporation Finance and The Theory of Investment,"*American Economic Review*, 48:3, pp. 261–297.

組合裡的「權數能改變」時，應如何配置才能使資產組合的風險降到最低。

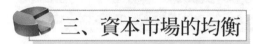

三、資本市場的均衡

　　第三部分說明資本市場的均衡。第七章延續第四章至第六章所介紹的投資組合理論，說明資本資產訂價模型的建立。但是資本資產訂價模型在運用時有兩項限制。第一項限制：分析「所有的風險資產」，然後建立市場資產組合，在實務上並不可行；第二項限制：資本資產訂價模型建構在風險資產的「預期」報酬率，也就是「事前」報酬率，非「事後」報酬率。為了彌補這兩項限制，所以第八章介紹指數模型與套利訂價模型。

　　資本市場存在之主要目的，在於將資本有效率地配置，使廠商專注於生產外，投資人在證券價格充分反映資訊的前提下，購買適合於自己所需之證券。第九章依據法瑪 (Fama) 對效率市場的分類方法，說明效率市場的定義，以及相關的實證研究結果。

四、證券的分析與評價

　　第二部分與第三部分皆假設投資人先分析證券的風險與報酬，接著探討如何進行資產的配置，並且使其效用達到最適。第四部分包含了上述假設，從「證券選擇」的觀點，對金融市場的三種常見證券：固定收益證券、權益證券與衍生性金融商品，從評價方法、風險與報酬的決定因素，以及各類證券的投資策略等方面，加以說明。

　　第十章著重於分析固定收益證券。第十一章與第十二章的重點為介紹普通股的分析與評價。本書最後兩章介紹兩大類型的衍生性商品，包含第十三章的期貨，以及第十四章的選擇權。

本章習題

一、單選題

（　）1.國民所得的估算方法，是由下列哪一位學者首先提出？　(A)麥迪森　(B)顧志耐　(C)史迪格里茲　(D)馬克維茲。

（　）2.下列何者非逆選擇的例子？　(A)車商隱瞞所銷售的二手車是泡水車的事實　(B)民眾替車子保了意外險之後，開車就不再謹慎小心　(C)標榜低價且吃到飽餐廳，是使用低廉且不新鮮的食材　(D)茶行聲稱其所賣的都是臺灣好茶，卻私自進口東南亞低價茶葉魚目混珠。

（　）3.根據史迪格里茲的看法，引起美國 2008 年金融風暴的五項原因中，下列何者不屬於其中之一？　(A)葛林斯潘並沒有嚴格控管衍生性商品的市場　(B)葛拉斯—史提格爾法的頒布與施行　(C)減稅　(D)企業做假帳。

（　）4.根據波第與莫頓的分析，下列何者不屬於金融系統的六項經濟功能？　(A)鼓勵創新　(B)價格資訊揭露　(C)風險管理　(D)誘因問題處理。

（　）5.金融系統中的常見誘因問題有三種，請問下列何者不屬於其中之一？　(A)道德危機　(B)逆選擇　(C)股東財富的極大化　(D)代理權問題。

二、簡答題

1.何謂投資？請說明。

2.何謂國內生產毛額？此方法最早由何人提出？

3.臺灣的總財富表中，總資產包含三種類型，請說明。

4.實物投資與財務投資的差別為何？請說明。

5.臺灣的總財富分配表中，只有考慮實物資產與國外資產，並不考慮金融

資產，請說明原因。

6. 臺灣的金融機構分為十四種類型，請說明。

7. 根據諾貝爾經濟學獎得主史迪格里茲的分析，造成 2008 年美國金融風暴的五項主因為何？請說明。

8. 波第與莫頓認為，透過功能性觀點建立概念化架構，分析金融機構在金融系統的功能，有其必要性。他們的兩項理由為何？請說明。

9. 波第與莫頓認為，金融系統的經濟功能有六項，請說明。

10. 金融系統中的常見誘因問題有三種，請說明。

11. 道德危機與逆選擇的基本差別為何？請說明。

12. 近代投資學的理論基礎為投資組合理論，由何人提出？

CHAPTER **2**

證券種類

nvestment

- ◆ 第一節　固定收益證券

- ◆ 第二節　權益證券

- ◆ 第三節　衍生性金融商品

金融市場依架構區分時，包含四種市場，分別是：貨幣市場 (money markets)、資本市場 (capital markets)、期貨與選擇權市場 (future and option markets)，以及外匯市場 (foreign currency markets)。外匯市場的詳細說明，屬於「國際財務管理」教科書的範疇，一般不在「投資學」書中說明，所以本章著重在前三種市場的金融商品介紹。

本章內容有三節。第一節說明固定收益證券的種類，包含短期貨幣市場信用工具，以及資本市場中的債券金融商品。第二節探討資本市場中的權益證券。最後，第三節說明期貨與選擇權市場中的常見衍生性金融商品。

第一節　固定收益證券

固定收益證券 (fixed income securities) 為在未來特定時間，支付特定金額之利息或本金給投資人的一種證券。投資人購買固定收益證券後，可於未來獲取利息收入，以及本金的償還。貨幣市場包含：金融同業拆款市場與短期票券市場。金融同業拆款市場為金融同業間之資金調度，雖然也屬於貨幣市場之一部分，但並沒有牽涉到證券的發行與流通。

相對來說，短期票券市場就有許多種類的證券進行交易，除了一年內到期之長期債券外❶，又細分為：固定利率商業本票 (fixed rate commercial papers)、國庫券 (treasury bills, TB)、商業本票 (commercial papers)、商業承兌匯票 (trade acceptance)、銀行承兌匯票 (banker's acceptance)、銀行可轉讓定存單 (bank's negotiable certificates of deposits, NCDs)，與短期票券循環信用融資工具 (note issuance facility, NIF)。

資本市場中的固定收益證券，到期時間為一年或一年以上，包含：金融債券、抵押債券、政府公債與公司債。臺灣自 1992 年起，債券市場的成交量超過股市交易量。顯示在臺灣的資本市場中，債券越來越受到投資人的關注與偏愛。

---

❶　長期債券持有至一年內將到期時，會將其歸類至短期債券類別。

以上介紹之各類型固定收益證券，詳述如下：

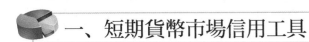

一、短期貨幣市場信用工具

㈠固定利率商業本票

固定利率商業本票的利率固定，大多由外商銀行與本國票券公司合作，提供企業一年以上之發行商業本票的額度。企業可因短期融資的需求，在額度內以固定利率發行商業本票。

㈡國庫券

國庫券由臺灣的財政部發行，是所有貨幣市場的商品中，變現能力最高的證券。國庫券又分成甲、乙兩種。

1. 甲種國庫券

甲種國庫券需於票面說明利率，曾於 1985 年發行過一次。因為國庫券的印製耗時，造成既定的票面利率，不必然與債券發行日的市場利率相同，所以 1985 年後，財政部就只發行乙種國庫券❷。

2. 乙種國庫券

乙種國庫券大多以不記名方式發行，且票面不記載發行利率，而是採用貼現 (discount) 方式。貼現是指投資人購買國庫券時，投資的金額「低於面值」，在未來到期時，政府依據面值而將連本帶利的金額給予投資人。

常見的乙種國庫券發行期限有四種，包含：九十一天、一百八十二天、二百七十三天與三百六十四天。票面金額則有新臺幣 1 萬元、5 萬元、10 萬元、50 萬

> **◎貼 現**
>
> 根據票據的不同，貼現分為銀行票據貼現、商業票據貼現、債券及國庫券貼現三種。國庫券貼現是指投資人購買國庫券時，投資的金額「低於面值」，在未來到期時，政府依據面值而將連本帶利的金額給予投資人。

❷ 債券利率的市場報價，以及臺灣債券商品實務面的敘述，參考李顯儀 (2010)《金融商品：理論與實務》。臺北：新陸書局。

元、100 萬元與 1,000 萬元。

中央銀行於 2001 年開始，將國庫券改為無實體發行，意即透過電腦的交易資料紀錄，不再發行債券的紙張憑證。

> **◎無實體發行**
> 發行機構透過電腦的交易資料紀錄，而不再發行債券的紙張憑證。

㈢商業本票

商業本票由公司發行，又依是否經由特定交易而產生，區分為第一類與第二類商業本票。

1. 第一類商業本票（簡稱 CP1）

又稱為交易型商業本票，是指公司進行合法交易時，由取得商品或服務的買方，開具支付賣方特定金額的本票。此種商業本票以交易雙方互信關係為基礎，並無銀行信用保證。此外，本票的面額需為新臺幣 10 萬元以上，且發行期限不可超過一百八十天。

2. 第二類商業本票（簡稱 CP2）

⑴須金融機構保證者

又稱為融資型商業本票，為公司籌措短期資金而發行的本票，且發行期限不可超過一年。上市（櫃）非金融公司經過金融機構的額度授予後，委託票券公司簽證與承銷商業本票。

⑵無須金融機構保證者

包含政府事業機構（例如：台電與中油）與證券金融公司，則發行免保證的第二類商業本票。第二類商業本票的面額可為新臺幣 1,000 萬元以上。

㈣商業承兌匯票

商業承兌匯票不需透過銀行承諾兌現，而是在合法交易行為中，透過收款人簽發後，經付款人承兌，或由付款人簽發並承兌。商業承兌匯票發行期限不可超過一百八十天。

㈤銀行承兌匯票

銀行承兌匯票是指承兌申請人簽發後，委託承兌銀行在指定日期時，無條件支付特定金額給收款人或持票人的票據。銀行承兌匯票的發行期限不可超過一百八十天。

㈥銀行可轉讓定存單

銀行可轉讓定存單是由銀行發出的票據，並承諾在未來特定期間，依事先議定的利率支付利息，並於到期時償還本金。銀行可轉讓定存單以新臺幣 10 萬元為單位，雖然可以自由轉讓，卻不可中途解約，且發行期限大多在半年以內。

㈦短期票券循環信用融資工具

短期票券循環信用融資工具，又稱為貨幣市場工具 (money market instruments, MMI)。此種證券的利率，需透過競標而決定，且常透過外商銀行與本國票券公司合作，給予公司一年以上之發行商業本票、或銀行承兌匯票的額度，以滿足其短期資金的需求。舉例來說：花旗銀行提供台積電在未來五年內，發行新臺幣 50 億元商業本票的信用額度。

二、資本市場中的債券金融商品

㈠金融債券

金融債券為金融公司依據《銀行法》之規定所發行的債券。臺灣在 2001 年以前，符合發行金融債券條件的機構，只限儲蓄銀行與專業銀行，所以當時有：土地銀行、中國輸出入銀行、中華開發、台灣工銀、台灣中小企銀、交通銀行、合作金庫與農民銀行等八家銀行。2001 年以後，財政部才放寬禁令，允許商業銀行發行金融債券。

㈡抵押債券

抵押債券於 1970 年時，首先由美國的不動產放款協會（Government National Mortgage Association, GNMA，俗稱 Ginnie Mae）發行。美國政府為了協助民眾購屋，向投資大眾爭取到更低的房貸利息，所以願意為購屋者做擔保，並因此而發行抵押債券。當購屋者無法償還利息時，政府出面確保購買抵押債券的投資人，能按時收到利息與本金。

後來隨著購屋市場的需求增加，聯邦放款協會（Federal National Mortgage Association, FNMA，俗稱 Fannie Mae），以及聯邦家庭放款公司（Federal Home Loan Mortgage Corporation, FHLMC，俗稱 Freddie Mac），也如雨後春筍般地先後成立，並發行以政府做擔保的抵押債券。

投資學知識家

雷曼兄弟控股公司 (Lehman Brothers Holdings) 成立於 1850 年，2008 年為美國第四大投資銀行，員工人數為兩萬一千九百人。如此規模的銀行卻在 2008 年 9 月 15 日宣布破產，原因主要在於「抵押債券」，又稱為「次級房貸債券」。

雷曼兄弟的子公司中，BNC Mortgage 的主要業務內容為購買政府發行的次級房貸債券後，用這些債券發行新金融商品的同時，並加上負責買回的條款。

美國房價在 1992 年到 2005 年間，呈現長期上漲的現象，在 2006 年第三季開始下跌。此時信用較差的購屋者，不再能用房屋抵押，透過「借新債、養舊債」的方式融資。因為購屋者沒有能力按時繳交利息，造成投資人要求 BNC Mortgage 買回該公司發行約 140 億美元的次級房貸金融商品。

BNC Mortgage 因此在 2007 年 8 月 20 日倒閉，因為該公司對母公司造成的不良影響太大，所以大約一年後，雷曼兄弟控股公司也只好宣布破產。

㈢政府公債

政府發行債券時，不論以票據 (notes) 或債券 (bonds) 等名義，也不管

是以一般公債或建設之名而發行,投資人購買公債之目的除了獲得利息外,也預期本金能有所保障。政府公債依發行主體之不同,區分為:中央政府公債與地方政府公債。

1. 中央政府公債

中央政府公債中,財政部需編列預算以逐漸償還的公債,屬於「甲類公債」。至於為了重大建設之資金所需,而由政府發行的公債,例如:北二高第四期公債,常可透過使用者付費之方式,由發行公債單位自行償還債務,這種公債就歸類為「乙類公債」。

臺灣過去發行的中央政府公債,除了愛國公債已停止發行外,現在還有:中央政府建設公債,中央政府重大交通建設公債,以及高速公路建設公債。中央銀行於 1998 年,為了簡化公債的發行與促進流通,開始推行無實體公債,而不再印製公債的書面證明文件。

2. 地方政府公債

由地方政府所發行,除了市政府公共建設土地債券已停止發行外,現在還有:臺北市的市政建設公債,以及自來水工程建設公債。

㈣公司債

公司債為營利之非金融企業,向外借款的正式書面承諾。債券發行公司需依照事先約定的日期與利率,於將來按時償還利息與本金。

為了確保債權人之權益,公司常需金融機構之協助而發行債券。此時,金融機構收取公司的債券相關費用後,扮演受託人 (trustee) 角色。受託人對債權人保證,公司將依債券條款履行承諾,否則受託人需買回公司債以確保債權人之權益。透過金融機構保證而發行的債券,屬於有擔保公司債 (guaranteed bonds),是最常見的公司債類型。相對來說,不經過金融機構保證而發行的債券,就是屬於無擔保債券,這種情況比較少見。

> **◎有擔保公司債**
> 債券發行公司無法償還債券的本金及利息時,債權人有權向保證人(金融機構)請求償還。相對來說,不經過金融機構保證而發行的債券,就是屬於無擔保債券。

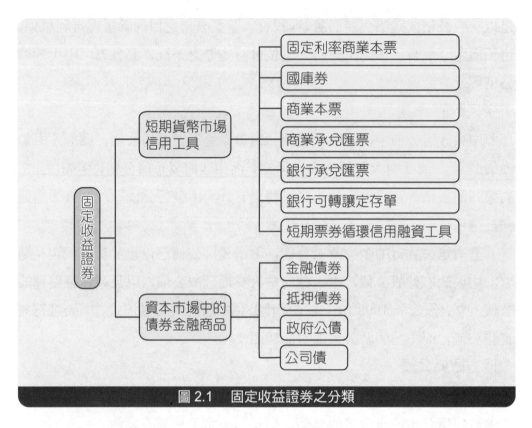

圖 2.1　固定收益證券之分類

　　對債券投資人而言，購買公司債的主要權益，大多來自於利息收入。
債券依利息條款之不同，可細分為四種，包含：固定利率公司債 (fixed rate
bonds)、浮動利率公司債 (floating rate bonds)、指數公司債 (indexed bonds)
與零息公司債 (zero coupon bonds)。

　　除了利息支付外，公司債的條款還有兩大類型，分別是：擔保品條款
與選擇權條款。並且，債券條款之間並不互斥，單一債券有時包含多種條
款，以吸引投資人購買。

　　擔保品條款的公司債中，除了前述委託金融機構保證的擔保債券外，
還有五種，包含：次順位公司債 (subordinated bonds)、抵押公司債 (mortgage
bonds)、設備抵押公司債 (equipment obligation bonds)、無擔保公司債
(non-guaranteed bonds) 與質押公司債 (collateral trust bonds)。

　　具有選擇權條款的債券有五種，包含：可召回公司債 (callable bonds)、

可交換公司債 (exchangeable bonds)、可賣回公司債 (puttable bonds)、可轉換公司債 (convertible bonds) 與附認股權公司債 (bonds with warrants)。

以上十四種條款所形成的債券，說明如下：

1.依利息條款區分之公司債

(1)固定利率公司債

此種公司債的票面利率從發行開始至到期日為止，皆為固定利率。臺灣的公司債發行，大多以此種債券為主。固定利率對發行公司來說，比較能夠事先擬定融資計畫，並於未來按部就班地，支付既定之利息與本金。

(2)浮動利率公司債

此種債券的利率，是以標竿利率 (benchmark interest rate) 為參考依據，並且再加上或扣掉特定之百分比，然後才計算出未來的浮動利率。

臺灣的公司發行浮動利率債券時，標竿利率通常選擇：九十天期的商業本票利率、銀行承兌匯票利率、金融業的隔夜拆款平均利率，或金融業的定儲存利率。

(3)指數公司債

此種債券為浮動利率債券的一種，此種債券的標竿基準點為：消費者物價指數，或是股價指數等指數。

美國政府曾於 1997 年發行消費者物價指數公債，從該債券的需求面來看，退休年長者購買指數債券的優點，在於能對抗通貨膨脹所帶來之不利影響。當物價持續上漲時，年長者從指數債券取得的每年利息，也隨之逐漸調高。

> ◎隔夜拆款平均利率
>
> 為銀行與銀行間的短期借款利率。存款準備不足的銀行，可於當日營業結束後，向存款準備充足的銀行，依據隔夜拆款利率來借款，以補足短期的準備金或資金缺口，並於隔日償還。

相對來說，消費者物價指數債券的供給面，來自於社會的就業人士。這些人取得年長者的資金時，先支付比一般債券還要低的利息。當物價上漲且利息支出比較高時，就業人士的薪資也往往逐漸調升，所以增加的負擔有限。

除了美國的例子外，臺灣的茂矽公司曾於 1999 年發行以臺灣加權指數為基準點之臺股加權指數債券。

⑷零息公司債

　　此種債券在發行時為折價發行，且存續期間中不支付利息。到期時投資人獲得的本金與利息，等於債券面值。零息債券多屬於政府公債，不過臺灣的遠東紡織也曾在 1993 年發行兩年到期的零息公司債。

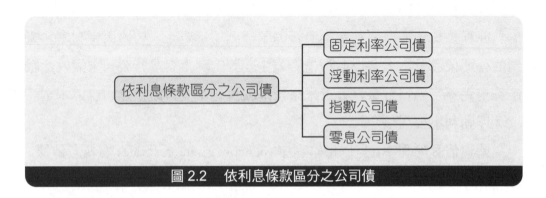

圖 2.2　依利息條款區分之公司債

2.依擔保品條款區分之公司債

⑴委託金融機構保證之擔保公司債

　　這種債券的發行公司常因獲利不佳，無法以無擔保品的方式發行公司債，所以委請銀行作保證，並支付相關費用給銀行，藉以發行金融機構保證之擔保公司債。

⑵次順位公司債

　　公司破產而清算時，需先將資產之清算所得，優先償還給一般債權人。次順位債券的剩餘資產求償權低於一般債權，但是優先於特別股股東以及普通股股東。

⑶抵押公司債

　　此種債券的擔保品須為不動產中的土地或房屋。

⑷設備抵押公司債

　　公司債以使用中的設備當抵押品，就屬於設備抵押債券。舉例來說：美國的鐵路公司曾以營運中的火車作為抵押品，發行債券向市場募集資金。臺灣的高鐵公司在經營過程中，若是面臨財務周轉困難時，應可考慮發行

設備抵押債券，藉由直接融資的方式向投資大眾募集所需資金。

(5)無擔保公司債

此種債券沒有任何擔保品，也沒有委託金融機構保證。為了保障投資人權益，從 1999 年開始，臺灣政府要求公司必須接受中華信用評等公司的債信評等，當達到規定標準後，才能發行無擔保債券。

(6)質押公司債

此種債券的擔保品，為不動產中土地或房屋以外的資產。舉例來說：臺灣的仁祥建設，以該公司資產中的東雲公司債為抵押品，於 1997 年發行仁祥建設的質押公司債。

> ◎中華信用評等公司
>
> 中華信用評等公司為美國標準普爾 (Standard & Poor's) 的子公司。該公司成立之目的，在於確保評等意見的獨立性與客觀性，以提供正確的分析資訊與報告給投資人。

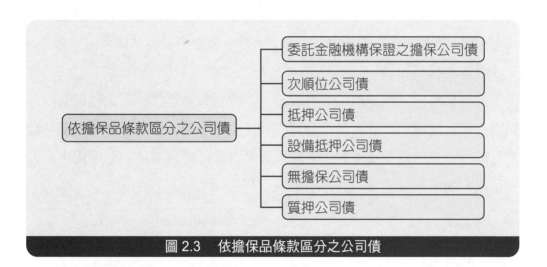

圖 2.3　依擔保品條款區分之公司債

3.依選擇權條款區分之公司債

(1)可召回公司債

此種債券的召回權屬於發行公司。公司選擇對自己有利的時機，於債券到期日之前，依發行時的議定價格，購買流通在外的可召回債券，且債券持有人不得異議。

(2)可轉換公司債

此種債券的轉換權屬於債券投資人。可轉換公司債因為同時具備債券

與股票的性質，故容易吸引各類型的投資人，使公司容易募集所需資金。可轉換公司債持有者擁有將債券轉換成股票的選擇權 (stock options)，可於特定時間內，依事先議定的轉換比率或價格，將公司債轉換為普通股。

(3)可賣回公司債

此種債券的賣回權屬於債券投資人。投資人可於持有債券的特定期間後，要求發行公司以當初約定的價格買回公司債。

(4)可交換公司債

此種債券的交換權屬於債券投資人。此種債券與可轉換債券類似，差別在於可交換債券之交換標的，不是發行公司的股票。舉例來說：臺灣的永豐餘於 1998 年，發行中華紙漿的可交換公司債。此例中的債券發行主體為永豐餘，永豐餘也因發行債券而取得資金。但是投資人將來用該債券交換股票時，所換得的不是永豐餘股票，而是永豐餘所持有的中華紙漿股票。

(5)附認股權公司債

此種債券的認股權屬於債券投資人，投資人可選擇執行此種權利，並依事先議定的價格，購買發行公司的特定數量股票。臺灣的認股權債券屬於分離式，也就是投資人買了附認股權債券後，可選擇將認股權賣出，只保留沒有認股權的債券，並在將來收取利息與本金。

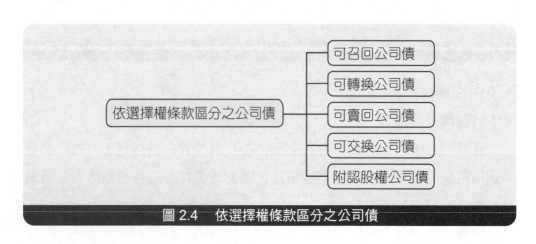

圖 2.4 依選擇權條款區分之公司債

(五)其他債券

最後介紹其他種類之債券，分別是：垃圾債券 (junk bonds)、歐元債券 (euro bonds) 與外國債券 (foreign bonds)。

(1)垃圾債券

垃圾債券是信用評等不好的公司，為了能向投資人募集所需之資金，所以發行高利率、高風險的債券。

(2)歐元債券

歐元債券是發行公司在國外發行的債券，支付利息與本金時，並不以當地國的貨幣為償付基準。舉例來說：美國的通用電氣公司 (General Electric)，到英國發行支付美元利息與本金的債券，就屬於歐元債券的一種。

(3)外國債券

外國債券指在本國以外的國家發行，並以當地貨幣為償付基準的債券。舉例來說：美國的通用汽車公司，到日本發行武士債券 (samurai bonds)，除了取得日本人的資金外，將來也需用日圓支付利息與本金。

第二節 權益證券

權益證券包含普通股 (common stocks) 與特別股 (preferred stocks)。臺灣上市（櫃）公司發行的權益證券中，特別股可有多種權益條款，造成評價不易，且變現性也比不上普通股，所以證券市場上的交易股票，大多是以普通股為主。

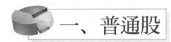 一、普通股

(一)普通股之發行

普通股為營利公司發行的有價證券，每股面值在臺灣固定為新臺幣 10

元。美國股票的面值，則沒有硬性規定。所以美國的普通股可進行股票分割 (stock splits)，分割後的股票每股面值與股價，都往下調降。臺灣股票因為面值固定，所以無法進行股票分割。

普通股面值乘上發行且流通在外的股數，就等於公司的投入股本 (paid-in capital)，俗稱資本額。擁有普通股的投資人，稱為公司股東。股東聚集而參與的股東大會，是公司的最高權力機構。

(二)存託憑證

臺灣市場上所交易的普通股，除了臺灣公司的股票外，也有外國公司股票，透過臺灣存託憑證 (Taiwan depository receipts, TDRs) 方式而發行。

舉例來說：1998 年位居新加坡的福雷電子，將一百五十萬股的普通股存放於美國紐約銀行後，透過臺灣的遠東商銀，在臺灣發行一億兩千萬股的存託憑證。

相對於臺灣存託憑證，證期會於 1992 年開始，允許臺灣的上市（櫃）公司，到國外發行存託憑證。舉例來說：台積電到美國的紐約證券交易所，發行美國存託憑證 (American depository receipts, ADRs)。中鋼與宏碁則發行美元計價的全球存託憑證 (global depository receipts, GDRs)，向世界各國募集資金。

存託憑證發行之目的，是為了克服國與國之間的證券交易障礙，讓外國公司的股票能在臺灣的股市募集資金，也使得臺灣的公司能在國外取得資金。對投資人來說，存託憑證提供更多選項，也增加了風險分散的途徑。但對臺灣人而言，股票交易還是以臺灣本土公司的上市（櫃）普通股為主。

> ◎存託憑證
> 存託憑證發行之目的，是為了克服國與國之間的證券交易障礙，讓外國公司的股票能在臺灣的股市募集資金，也使臺灣的公司能在國外取得資金。

(三)普通股之權益條款

普通股的權益條款有四項，包含：股利分配權 (dividends distribution

right)、參與經營權 (voting rights)、新股優先認購權 (preemptive right)，以及剩餘資產求償權 (residual claims)，說明如下：

1. 股利分配權

投資人購買普通股之目的，除了股票買低賣高以賺取資本利得 (capital gains) 外，也在於獲得股利收入 (dividends revenue)。公司每年的本期淨利 (net income)，除了基於健全財務結構或未來投資等原因，所以選擇部分保留於公司外，剩下的淨利就依持股比例，發放股利 (dividends) 給股東。

(1)發放現金股利

經營階層選擇發放現金股利 (cash dividends) 時，股東獲得現金的同時，公司股價也因現金支付而往下調降，這個現象稱為「除息」。舉例來說：每股市價 100 元的股票，考慮發放 2 元現金股利時，除息後的參考股價就降為 98 元。

(2)發放股票股利

經營階層選擇發放股票股利 (stock dividends) 時，公司的資產、負債與淨值都不改變，但是流通在外的股數增加。因此，股東獲得股票股利的同時，因為每股淨值下降，造成公司股價也往下調降，這個現象稱為「除權」。舉例來說：每股市價 100 元的股票，發放流通在外股數的 10% 作為股票股利時，則除權後的參考股價就調降為 91 元 (= 100/(1 + 10%))。

2. 參與經營權

股東參與股東大會時，藉由檢查帳簿，或透過投票表決以影響公司之經營決策。需要表決的事務，例如：選舉董事及監事，以及公司的收購與合併等重大議案。

對上市（櫃）公司而言，股東人數有數千人或甚至上萬人，小股東們類似一盤散沙而無法團結一致，所以影響力不夠。此時少數擁有眾多股票的大股東們，於當選董事與監事後，直接參與公司經營，並控制公司的營運方針。所以小股東雖然可透過股東大會行使參與經營權，但是公司的實際經營權，往往集中在大股東與專業經理人手中。

3.新股優先認購權

公司的直接融資方法中,除了發行債券外,也可發行新股以募集資金。依據臺灣《公司法》第二百六十七條規定,新股認購書可與原有股份分離後,於市場獨立轉讓。除此以外,新股認購書除保留部分給員工認購外,為避免稀釋原有股東之權益,在不強制股東一定要認股之前提下,其餘認購書可由原有股東依持股多寡比例認購。

4.剩餘資產求償權

公司因為破產而進行清算,資產處分所得到的資金,除了優先清償債務外,剩餘部分依股東之持股按比例退還,此種普通股的權益稱為剩餘資產求償權。

一般而言,公司資產處分後所得的資金,常不夠償還積欠的債務。對於持有上市(櫃)公司股票的投資人來說,大多擔心股票下市,因為下市後的股票不能在公開市場交易,發生這種情況時,就會很難脫手。除此以外,股東更擔心下市公司破產,因為就算有剩餘資產求償權,也大多得不到任何補償。

相對於剩餘資產求償權,公司清算後所得到的資金如果還不夠償還債務時,股東需要償還剩餘的欠債嗎? 答案是上市(櫃)公司是以有限責任 (limited liabilities) 的方式存在,有限責任代表股東不必為公司承擔任何負債。

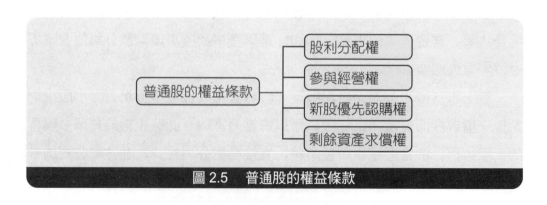

圖 2.5 普通股的權益條款

 二、特別股

㈠特別股之發行

為了方便募集資金，公司除了發行普通股之外，也可以發行特別股以符合特定投資人的需求。特別股又稱為優先股，從前述普通股的四項權益來看，特別股的優先權益偏重於股利與剩餘財產分配。至於參與經營權及新股認購權的權益方面，則受到比較多限制。因此，特別股的風險比普通股低。

㈡特別股之權益條款

為了方便募集資金，公司除了發行普通股之外，也可以發行特別股，以符合特定投資人的需求。特別股的權益有八種，分別是：召回權 (callabilities)、表決權 (voting rights)、累積股利 (accumulation of dividends)、剩餘股利分配權 (participation in excess of stated dividend rates)、優先分配股利 (preference as to dividends)、優先取得清算資金 (preference in liquidations)、轉換權 (convertibilities) 與贖回權 (redemption rights)。

這八種類型並不互斥，舉例來說：公司發行可召回、可轉換、又具有投票權的特別股，以公開發行的方式，向投資大眾募集資金。特別股的權益說明如下：

1.召回權

可召回特別股於發行一段時間後，公司可選擇用以前議定的價格，買回流通在外之特別股。公司決定召回時，特別股股東不得異議。因為召回權對投資人不利，所以其他情況都相同時，具有可召回條款之特別股的售價較低。

2.表決權

具有表決權的特別股股東，雖然也有表決權，但是公司為避免特別股股東影響普通股股東於股東大會決策的權利，所以常會限制或取消特別股股東的表決權。

3.累積股利

公司在獲利不佳的時候，可選擇不發放股利。此時不論是普通股或特別股股東，都沒有股利收入。具有累積股利權益的特別股，能將過去公司沒有發放的股利一直累積到公司賺錢時，再由公司一次或分次逐漸償還給特別股股東。只有在公司將積欠的累積股利發放給特別股股東後，才能發放股利給普通股股東。

4.剩餘股利分配權

特別股除了優先分配股息外，當普通股股東分配到的股利率超過特別股股東時，此時具有剩餘股利分配權的特別股股東，也能參與普通股的股利分配，以取得更多的股利收入。此種特別股又稱為參加特別股(participating prefered stocks)。

5.優先分配股利

公司決定發放股利的金額後，優先分配股利給特別股股東，剩餘的股利才發放給普通股股東。

6.優先取得清算資金

公司破產清算後所得的資金，除了優先償還債務人之外，接著償還具有優先取得清算資金條款的特別股股東，然後剩餘的資金才會按股權比例分配給普通股股東。

7.轉換權

可轉換特別股在發行一段時間後，投資人可在對自己有利的時間點，選擇用以前約定的轉換比率 (conversion ratio)，將特別股轉換成普通股，此時公司的經營階層不得反對，必須配合股東的意願。

召回權與轉換權之基本差異，在權利所屬的主體不同。召回權的權利在公司，轉換權的權利在股東。召回特別股對公司有利時，公司才選擇召回。相對來說，公司股價上升到一定程度，且轉換後有利可圖時，股東才願意選擇執行轉換權，然後將特別股轉換成普通股。

8.贖回權

可贖回特別股在發行時，為了使投資人更為放心而訂下贖回條款。此時公司必須在特定時間，分批買回流通在外的特別股。

召回權與贖回權的差別，在於發行公司的主動與被動之不同。召回權屬於公司的主動權利，公司的經營階層可選擇要不要執行，以及在對自己有利的時點才執行。

贖回權則是訂好了條款後，公司只能被動的接受此項權利。因為贖回條款使得特別股的性質類似於債券，所以進行財務報表分析時，可贖回特別股常被分析人員歸類為公司的負債。

臺灣在 2009 年掛牌上市交易的特別股，包含：中鋼特（代號 2002A）與國喬特（代號 1312A）。中鋼在 1974 年發行 5 億元特別股，條款包含：固定股息每股 1.4 元，可優先分配股利、可累積股利、有表決權與可轉換特別股。國喬則於 1984 年發行 2 億元特別股，除固定股息每股 0.6 元外，其他條款與中鋼類似。

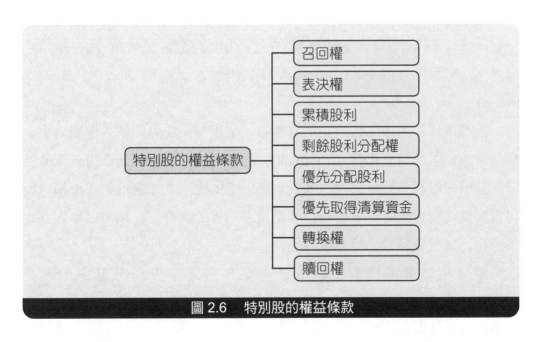

圖 2.6　特別股的權益條款

第三節　衍生性金融商品

　　證券與商品的價格，受到市場供需影響而隨時改變。投資人進行投資決策時，一方面買賣證券或商品，另方面卻又擔心投資風險過大。此時，以證券或商品的價格為基準，從而衍生出來的期貨 (futures) 與選擇權 (options)，就為投資人提供了降低風險的另類選擇。

一、期　貨

㈠期貨契約 vs. 遠期契約

　　期貨契約的前身是遠期契約 (forwards)。廣義來說，兩人之間有了協定，約定在未來做某件事情時，即為遠期契約。遠期契約是以合約雙方的「信用」為保證，所以法律規範的力量比較小。

　　遠期契約分為金融遠期契約 (financial forwards) 與商品遠期契約 (commodity forwards)，金融遠期契約在店頭市場交易，比較重要的契約為：利率交換契約 (interest rate swaps) 與外匯交換契約 (foreign currency swaps)。

　　證券市場中的金融遠期契約買賣方，是以信用良好的法人機構為主。舉例來說：美國花旗銀行 (City Bank)、通用電氣公司 (General Electric)。

　　對於一般投資大眾來說，因為本身的信用比不上知名的法人機構，所以沒辦法持有遠期契約來避險，而是透過期貨的持有，在未來以事先議定的價格，買或賣特定之證券或商品。

　　期貨相似於遠期契約，為買賣雙方在證券市場上訂定的義務 (obligations) 契約，協議在未來特定期間或特定時點，「必須」買或賣特定數量的證券或商品。

期貨契約與遠期契約的主要不同，在於履行契約義務的強制性。遠期契約是以買賣雙方的信用做擔保，而期貨則是透過保證金帳戶 (margin accounts) 之運作，確保買賣雙方遵守約定。除此以外，期貨契約屬於標準化契約，所以可在交易所交易。

期貨市場受到政府法令的嚴格規範，買賣期貨的雙方，都需繳交原始保證金 (initial margin) 到保證金帳戶，且該帳戶於每個交易日結算損益 (mark to markets)。

當證券或商品價格變動，造成期貨買方或賣方之保證金餘額低於維持保證金 (maintenance margin) 時，則損失的一方，就會被證券公司要求補足損失金額到維持保證金的水準 (margin call)。如果投資人在既定的時間內，沒有能力或不願補足金額時，就會喪失期貨的部位，此種情況俗稱「斷頭」。

相對來說，投資人願意補足金額後，就繼續持有該期貨，並可於將來依契約的規定，買或賣特定之證券與商品；或在契約到期之前，結清期貨部位，並取得應有之利得或損失。

㈡期貨契約之分類

期貨契約分為金融期貨 (financial futures) 與商品期貨 (commodity futures) 兩大類型。

1. 金融期貨契約

金融期貨之證券標的，可以是：以股票為交易基礎而衍生的股票期貨 (single stock futures)，或股價指數為標的之指數期貨 (index futures)。除了股票權益為期貨之基礎外，還包含：利率期貨 (interest rate futures)、外匯期貨 (currency futures)、債券期貨 (treasury bond futures) 與歐洲美元期貨

◎期貨標準化契約

期貨契約對每種商品訂立標準化的制度規範，相關的規範內容有：標準化的數量和數量單位、商品質量等級、交割地點、交割月和交割程序、交易報價單位、每天最大價格波動限制、交易時間、交易所名稱等。

◎斷　頭

若投資人的保證金帳戶降低至預先設定的水準，券商為確保其債權，於是賣出投資人的抵押證券，取得現金之應有求償後，並將剩餘金額退還給投資人。

(Eurodollar futures)。

⑴臺灣在金融期貨方面

臺灣在金融期貨方面，目前的期貨交易所推出七種股價指數期貨、兩種利率期貨。

①股價指數期貨

在股價指數期貨方面，臺灣期貨交易所 (TAIMEX) 於 1998 年開始，推出臺灣加權股價指數期貨。在此之後，分別於 1999 年推出臺灣電子類股指數期貨、金融保險類股指數期貨。2001 年推出臺股加權指數小型期貨，2003 年推出臺灣 50 指數期貨，2007 年推出櫃買期貨，以及 2008 年推出非金電期貨。

上述七種指數期貨的代號與契約價值，如表 2.1 所示。

表 2.1　　臺灣的股價指數期貨合約內容		

單位：新臺幣元

類　別	代　號	契約價值
臺股期貨	TX	指數乘 200 元
電子指數期貨	TE	指數乘 4,000 元
金融保險指數期貨	TF	指數乘 1,000 元
小型臺股指數期貨	MTX	指數乘 50 元
臺灣 50 指數期貨	T5F	指數乘 500 元
櫃台買賣中心指數期貨	GTF	指數乘 4000 元
非電子與金融類股指數期貨	XIF	指數乘 100 元

②利率期貨

臺灣的利率期貨方面，臺灣期貨交易所 (TAIMEX) 於 2004 年開始，推出十年期利率公債期貨，以及三十天期利率期貨。利率公債期貨之交易標的，為面額新臺幣 500 萬元之十年期政府公債，期貨到期時以債券交割。相對來說，利率期貨之交易標的，

> **◎交　割**
> 期貨到期後，買賣雙方依契約約定相互交付貨物或貨款。交割分為「現貨交割」與「現金交割」。

為面額新臺幣 1 億元之三十天到期商業本票，且期貨到期時以現金交割。

(2)美國在金融期貨方面

相對於臺灣的期貨交易，美國的金融期貨交易所，主要在：芝加哥期貨交易所 (Chicago Board of Trade, CBOT)、芝加哥商業交易所 (Chicago Mercantile Exchange, CME) 與紐約期貨交易所 (New York Board of Trade, NYBOT)。

美國的金融期貨之標的資產英文名稱與相對應的交易所，如下所述：

①股票期貨

股票期貨為以股票為交易標的而衍生之期貨。美國在 2000 年通過《商品期貨現代化法案》(*Commodity Futures Modernization Act of 2000*) 後，股票指數期貨於 2002 年開始交易。美國目前的股票期貨交易市場為芝加哥一體交易所 (One Chicago)。

②指數期貨

下述為指數期貨在美國的標的資產，以及相對應的期貨交易所，包含：道瓊工業指數期貨 (Dow Jones Industrial Average Index Future, CBOT)、標準普爾 500 指數期貨 (S&P 500 Index Future, CME)、羅素 1000 指數期貨 (Russell 1000 Index Future, NYBOT) 與那斯達克 100 指數 (NASDAQ 100 Index Future, CME)。

③外匯期貨

外匯期貨之標的資產，以及相對應的期貨交易所，包含：澳幣 (Australian dollar)、英鎊 (British pond, CME)、加拿大幣 (Canadian dollar, CME)、歐元 (Euro, CME)、日圓 (Japanese yen, CME)、墨西哥披索 (Mexican peso, CME) 與瑞士法郎 (Swiss franc, CME)。

④債券期貨與歐洲美元期貨

債券期貨與歐洲美元期貨之標的資產，以及相對應的期貨交易所，包含：美國長期公債期貨 (treasury bonds, CBOT)、美國十年中期公

債期貨 (10 years treasury note, CBOT)、美國三個月到期國庫券 (3 months treasury bills, CME) 與三個月到期之歐洲美元定存 (3 months Eurodollar, CME)。

2. 商品期貨契約

商品期貨的類型分為五大類，包含：石油期貨 (petroleum futures)、金屬期貨 (metal futures)、食物及纖維期貨 (food and fiber futures)、牲畜期貨 (livestock futures) 與穀物期貨 (grain and oilseed futures)。

(1)臺灣在商品期貨方面

臺灣目前之商品期貨只有黃金期貨一種，為臺灣期貨交易所於 2006 年推出，合約採用美元計價。黃金期貨之交易標的，為成色千分之 995 的黃金，每口契約單位為 100 盎司 (ounce)，期貨到期時以現金交割。

除此以外，臺灣期貨交易所又於 2008 年推出臺幣計價的黃金期貨合約。該合約之交易標的為千分之 999.9 的黃金，每口契約單位為 10 台兩，期貨到期時也是以現金交割。

(2)其他國家的商品期貨交易所

相對於臺灣的市場，全世界的商品期貨交易所，大多集中在美國，包含：芝加哥期貨交易所 (Chicago Board of Trade, CBOT)、芝加哥商業交易所 (Chicago Mercantile Exchange, CME)、明尼亞波里穀物交易所 (Minneapolis Grain Exchange, MPLS)、紐約商業交易所 (New York Mercantile Exchange, NYMEX)、紐約商業交易所的分支機構 (Division of New York Mercantile Exchange, CMX)、紐約期貨交易所 (New York Board of Trade, NYBOT) 與堪薩斯期貨交易所 (Kansas City Board of Trade, KCBT)。

除了美國的期貨交易所之外，也有位居加拿大溫尼伯市的溫尼伯商品交易所 (Winnipeg Commodity Exchange, WCE)，以及位居英國倫敦的國際石油交易所 (International Petroleum Exchange, IPE)。

(3)全世界主要的商品期貨標的物之英文名稱與相對應的交易所

①石油期貨之標的物：包含天然氣 (natural gas, NYMEX)、布蘭特原油 (Brent crude, IPE)、原油 (crude oil, NYMEX)、無鉛汽油 (gasoline, NYMEX) 與燃油 (heating oil, NYMEX)。

②金屬期貨之標的物：包含白金 (platinum, NYMEX)、黃金 (gold, CMX)、銀 (silver, CMX)、銅（copper, CMX 與 NYMEX）等金屬為標的而衍生的期貨。

③食物及纖維期貨之標的物：包含可可 (cocoa, NYBOT)、咖啡 (coffee, NYBOT)、糖 (sugar, NYBOT)、柳橙汁 (orange juice, NYBOT) 與棉花 (cotton, NYBOT)。

④牲畜期貨之標的物：包含牛 (cattle, CME)、豬 (hogs, CME) 與豬肚 (pork bellies, CME)。

⑤穀物期貨之標的物：包含乙醇 (ethanol, CBOT)、小麥 (wheat, CBOT、KC、MPLS、WCE)、大麥 (barley, WCE)、玉米 (corn, CBOT)、米 (rice, CBOT)、芥花油 (canola, WCE)、黃豆 (soybeans, CBOT)、黃豆粉 (soybean meal, CBOT)、黃豆油 (soybean oil, CBOT) 與燕麥 (oats, CBOT)。

 二、選擇權

㈠選擇權之定義

選擇權屬於選擇的權利 (rights) 契約，買賣雙方協議在未來特定期間內或特定時點，買方「選擇」以事先議定之價格，向賣方買或賣特定數量之證券或商品。

㈡期貨與選擇權之差異

期貨與選擇權之主要差異，在於權利與義務的不同。期貨為買賣雙方

的「義務」契約，代表在未來特定期間，「必須」買或賣特定數量的證券或商品。

　　相對於期貨，選擇權買方支付權利金後，就取得了一項「選擇的權利」。未來情況對自己有利時，買方選擇執行契約，且賣方必須被動地承擔損失。情況對買方不利時，則放棄執行契約，且不必承擔任何義務。

㈢選擇權之分類

1.選擇權依買權、賣權分類

　　選擇權分為買權 (call options) 與賣權 (put options)，以及由此兩類型所衍生的各種混合型。

⑴買　權

　　買權允許投資人在未來以履約價格購買一定數量之標的證券。買權買方 (call buyers) 支付權利金 (premiums)，在對自己有利的情況下，可選擇執行買權，用事先議定的履約價，購買商品或證券。買權賣方 (call writers) 接受了權利金，所以當情況對自己不利時，也只能被動地配合買權買方的決定。

> **◎買　權**
> 買權允許買方在未來以履約價格購買一定數量之標的證券。故於資產市價高於履約價格時，買方就會執行買權。

⑵賣　權

　　賣權使投資人在未來選擇用履約價賣出標的證券或商品。賣權買方 (put buyers) 支付權利金，擁有選擇執行賣權的權利。賣權賣方 (put writers) 接受了權利金，所以將執行賣權的主動權，交給賣權買方。

> **◎賣　權**
> 賣權使買方在未來選擇用履約價賣出標的證券或商品。故於資產市價低於履約價格時，買方就會執行賣權。

2.選擇權依執行時點分類

　　選擇權除了買權與賣權的差異外，又因執行時點之不同，區分為美式選擇權 (American style options) 與歐式選擇權 (European style options)。

⑴美式選擇權

　　美式選擇權的執行時點，為買權存續期間的任何時點，代表買方購買

選擇權後，就可隨時選擇執行契約。

⑵歐式選擇權

歐式選擇權的執行時點只有在到期日。因為美式選擇權的權利比歐式選擇權大，所以在其他條件都相同時，美式選擇權的價格也比較高。

3.選擇權依契約是否具有標準化分類

選擇權的類型中，依契約是否具有標準化條款，區分為：簡單型選擇權 (plain vanilla options) 與奇異型選擇權 (exotic options)。

⑴簡單型選擇權

簡單型選擇權具有標準化條款，可在交易所交易，包含：股票選擇權 (stock options)、指數選擇權 (index options)、外匯選擇權 (foreign currency options) 與期貨選擇權 (futures options; options on futures)。

①股票選擇權

股票選擇權以特定股票為交易標的，例如：美國電話電報公司 (AT&T) 之股票為基礎，所衍生的買權與賣權。AT&T 歐式買權到期時，買方可以執行買權，並依履約價購買 AT&T 股票。除此以外，買方也可選擇結束買權部位，並取得現金方面的損益。

美國的股票選擇權交易所，包含：芝加哥期貨交易所 (Chicago Board of Exchange, CBOE)、美國證券交易所 (American Stock Exchange, AMEX)、國際證券交易 (International Securities Exchange, ISE) 以及費城股票交易所 (Philadelphia Stock Exchange, PHLX)。目前供作交易標的股票，多達千種以上。

②指數選擇權

指數選擇權以股價指數為標的資產，且最終損益以現金支付，並不包含股價指數的現貨交割。美國的指數選擇權，主要源自於芝加哥期貨交易所 (Chicago Board of Exchange, CBOE)，交易標的物包含：那斯達

> ◎那斯達克 100 指數
>
> 那斯達克 100 指數，為美國那斯達克股票交易中心，交易的 100 大非金融類股的股票價格平均指數。

克 100 指數 (NASDAQ 100, NDX)、道瓊工業指數 (DJIX, DJX)、標準普爾 500 指數 (S&P 500, SPX) 與標準普爾 100 指數 (S&P 100, OEX)。這些選擇權中，除了標準普爾 100 選擇權為美式選擇權，其他三種都是歐式選擇權。

③外匯選擇權

外匯選擇權之標的資產，是以外幣為交易對象。舉例來說：英鎊買權到期執行時，買權買方可用事先議定的履約匯率，賣美元買英鎊。

美國的外匯選擇權，主要透過店頭市場進行交易，不是透過交易所買賣外匯選擇權。

④期貨選擇權

期貨選擇權之標的資產為期貨，且選擇權到期日在期貨到期日之前。舉例來說：買權買方 (call buyers) 支付權利金後，放棄執行買權時，該買權與期貨部位就都不存在。買權執行時，則將買權轉換為買入期貨 (long futures)，然後期貨在未來更長遠的時間到期。

相對來說，賣權買方 (call buyers) 執行賣權時，則將賣權轉換為賣出期貨 (short futures)。現行市場中的期貨選擇權，以美式選擇權為主。

(2)奇異型選擇權

奇異型選擇權不具有標準化條款，主要在店頭市場 (即櫃臺交易市場) 交易，常見有：二項選擇權 (binary options)、亞式選擇權 (Asian options)、回顧選擇權 (lookback options)、挑選者選擇權 (chooser options)、彩虹選擇權 (rainbow options)、障礙選擇權 (barrier options) 與複合選擇權 (compound options)，說明如下：

①二項選擇權

◎道瓊工業指數

道瓊工業指數是世界上最早的股價指數，由美國的 30 支績優藍籌股所組成。包括 GE、花旗銀行、可口可樂等皆為其成分股。

◎標準普爾 500 指數

標準普爾 500 指數是由標準普爾公司創立並進行維護，觀察範圍是美國 500 家上市公司。

◎標準普爾 100 指數

標準普爾 100 指數是由標準普爾 500 指數中當中最績優的 100 支成分股所組成的。

二項選擇權的報酬給付方式，為依據資產價格與履約價格間之相對關係，給予選擇權買方兩種報酬中的一種。舉例來說：現金或沒有現金的買權契約 (cash-or-nothing call options)，到期時之標的證券價格低於履約價格，則買權報酬為 0。當證券價格高於履約價格時，則買權報酬等於事先議定好的特定金額，且此金額不必然等於證券價格扣掉履約價格後的金額。

②亞式選擇權

亞式選擇權以股票為標的資產時，計算報酬 (payoffs) 不採用選擇權執行時之股價，而是以選擇權之特定存續期間的平均股價，作為計算最終報酬之參考依據。

③回顧選擇權

回顧選擇權的報酬計算方式，等於存續期間之股票最高或最低價格與最終股票價格之差額。舉例來說：歐式回顧買權的報酬，等於最終股票價格與最低股價之差額。歐式回顧賣權的報酬，則為股票之最高股價扣掉最終股票價格後，計算而得的金額。

④挑選者選擇權

挑選者歐式選擇權的買方，可於選擇權到期時，決定該選擇權是買權或賣權。

⑤彩虹選擇權

彩虹選擇權之交易標的資產，包含兩種或兩種以上，不是單一的證券或商品。

⑥障礙選擇權

障礙選擇權之標的資產價格，取決於該資產價格於契約到期時，是否超過特定障礙而定。舉例來說：敲出選擇權 (knock-out options) 之標的股票價格達到障礙價格時，則該選擇權就失效。相對來說，敲入選擇權 (knock-in options) 是標的股票價格達到障礙價格後，該選擇權才生效。障礙選擇權因為特定價格的預先設定，使得購買這類選擇權的投資人，擁有比較大的風險管控選項。

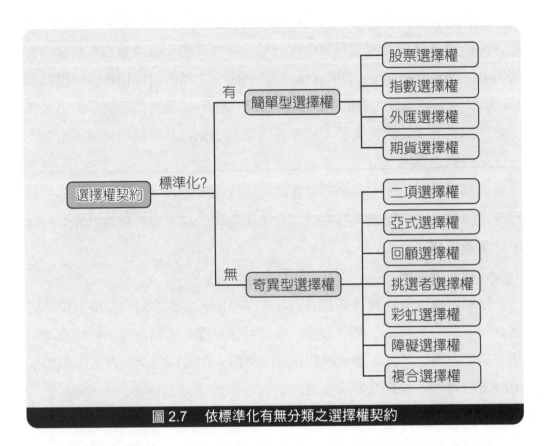

圖 2.7　依標準化有無分類之選擇權契約

⑦複合選擇權

複合選擇權中，包含兩種選擇權，所以有買權的買權、買權的賣權、賣權的買權、以及賣權的賣權等四種類型。舉例來說：賣權的買權，具有兩個執行價與兩個到期日。第一個買權到期時，買權買方選擇執行買權後，複合選擇權不再存在，轉換成單一的賣權。

4.其他選擇權

除了前述的簡單型選擇權與奇異型選擇權之外，許多證券也具有選擇權的特質。例如：可轉換證券 (convertible securities)、認購權證 (call warrants) 與認售權證 (put warrants)。說明如下：

⑴可轉換證券

可轉換證券的主體是公司債時，稱為可轉換公司債，俗稱可轉債。當

公司以特別股名義發行，且具有可轉換條款時，就稱為可轉換特別股。這兩種證券的選擇權利，都屬於投資人而非公司。

(2)**認購權證**

認購權證發行時，公司不會立刻收到資金。當認購權證被投資人執行後，公司根據履約價而發行新股給權證的擁有人。

認購權證與股票買權的差異之處，在於認購權證執行後，會造成公司流通在外的股數增加。相對地來說，股票買權執行後，交易的股票為現有流通在外的股票，並沒有牽涉到股票的發行，也不影響現有股東的權益。

(3)**認售權證**

投資人購買認售權證後，可於將來選擇以特定價格，賣出特定股票給該股票的發行公司。

除了上述之可轉換證券、認購權證，以及認售權證的簡易說明之外，臺灣的期貨交易所，於 2001 年推出臺灣加權指數選擇權後，2003 年再推出五檔股票選擇權，包含：中鋼、台積電、南亞、富邦金與聯電之股票選擇權。臺灣的加權指數選擇權與股票選擇權，都屬於歐式選擇權，且指數選擇權的價格，為指數點數乘以新臺幣 50 元。

本章習題

一、單選題

（　）1.下列何種證券不屬於短期票券市場中的交易證券？　(A)商業承兌匯票　(B)銀行可轉讓定存單　(C)金融債券　(D)國庫券。

（　）2.下列何種證券不屬於資本市場中的交易證券？　(A)國庫券　(B)抵押債券　(C)公司債　(D)金融債券。

（　）3.下列何種證券不具有選擇權條款？　(A)可轉換公司債　(B)可召回公司債　(C)附認股權公司債　(D)設備抵押公司債。

（　）4.下列何種權益不屬於普通股？　(A)股利分配權　(B)轉換權　(C)剩餘資產求償權　(D)參與經營權。

（　）5.下列何種選擇權不屬於簡單選擇權？　(A)指數選擇權　(B)期貨選擇權　(C)二項選擇權　(D)外匯選擇權。

二、簡答題

1.不考慮外匯市場的前提下，金融市場依架構區分可分為哪三大類型，請說明。

2.貨幣市場包含兩大類型，請說明。

3.短期票券市場有八種證券進行交易，請說明。

4.資本市場內交易的固定收益證券，到期時間為一年或一年以上，包含四種債券，請說明。

5.商業本票由公司所發行，分為第一類與第二類商業本票，請說明其差異。

6.債券依利息條款之不同，可分為四種，請說明。

7.擔保品條款的公司債有六種，請說明。

8.具有選擇權條款的債券有五種，請說明。

9.抵押債券與質押債券的差異為何？請說明。

10.可召回債券與可交換債券的發動權在何方？請說明。

11. 可轉換債券與可交換債券的基本差異為何？請說明。

12. 何謂垃圾債券？請說明。

13. 歐元債券與外國債券的基本差異為何？請說明。

14. 權益證券包含兩種類型，請說明。

15. 存託憑證發行之目的為何？請說明。

16. 普通股的權益條款有四項，請說明。

17. 除息與除權有何不同？請說明。

18. 何謂剩餘資產求償權？請說明。

19. 特別股的權益有八種，請說明。

20. 特別股的召回權為何？請說明。

21. 何謂特別股的轉換權？請說明。

22. 特別股的召回權與轉換權之基本差異為何？請說明。

23. 召回權與贖回權的差別為何？請說明。

24. 金融遠期契約中，比較重要的契約有兩種，請說明。

25. 何謂期貨？請說明。

26. 期貨契約有兩大類型，請說明。

27. 金融期貨有五大類型，請說明。

28. 臺灣在金融期貨方面，目前有五種指數期貨，請說明。

29. 臺灣的利率期貨目前有兩種，請說明。

30. 商品期貨的類型分為五大類，請說明。

31. 臺灣目前的商品期貨為何？以何種貨幣計價？

32. 何謂選擇權？請說明。

33. 期貨與選擇權之主要差異為何？請說明。

34. 何謂買權？請說明。

35. 何謂賣權？請說明。

36. 美式選擇權與歐式選擇權之基本差異為何？請說明。

37. 簡單型選擇權為標準化契約，常見有四種類型，請說明。

38.奇異型選擇權為非標準化契約，常見有七種類型，請說明。

39.除了簡單型選擇權與奇異型選擇權之外，金融市場也存在至少三種證券
具有選擇權特質，請說明。

40.認購權證與股票買權的基本差異為何？請說明。

CHAPTER 3

證券發行與流通

nvestment

◆ 第一節　證券發行

◆ 第二節　證券流通

◆ 第三節　共同基金

第二章介紹了各種常見的證券種類後，本章接著說明這些證券的發行與流通。證券市場中的商品種類雖多，但從投資人角度來看，他們大多資金有限、沒有豐富的專業知識外，也沒有時間分析證券的所有資訊。

為了滿足投資人需求，所以投資信託公司透過共同基金 (mutual funds) 的設立，將投資人的小額資金聚集後，委託學有專長的財務人員，到證券流通市場購買各種證券。對於資金有限的投資人來說，就因為購買共同基金而間接地持有證券，且能更有效率地降低投資風險。

本章內容包含三小節。第一節說明證券的發行。第二節介紹證券的流通外，也分別介紹臺灣、美國與中國的證券市場。最後，第三節詳述共同基金的類型與特色。

第一節　證券發行

證券發行有兩種方式，包含：非公開發行與公開發行。股份有限公司在剛成立時，大多規模很小，且股票屬於非公開發行，也就是不可在公開市場銷售。

公司規模逐漸龐大後，舊有股東與公司的自有資金，已不能滿足資本預算的需求，造成非公開發行公司，需透過證券公司與會計師協助，進行股票的首次公開發行 (initial public offerings, IPOs)。

股票公開發行後的公司，在臺灣就稱為上市(櫃)公司，這些公司也能到證券市場發行債券等其他證券，透過直接融資的方式，募集所需資金。

> **◎上市（櫃）公司**
> 上市公司可透過證券交易所公開發行其股票來募集資金；上櫃公司是透過櫃檯買賣中心發行其股票進行籌資。

一、證券市場的發行要素

證券的發行市場稱為初級市場 (primary markets)，由證券發行人、購買人及中間人組成。發行

> **◎初級市場**
> 初級市場又稱為發行市場，為資金需求者為了募集中長期的資金，出售有價證券的市場。

人可以是募集與發行證券之公司或政府，或是募集有價證券的發起人。

㈠證券購買人

證券購買人包含：一般社會大眾、保險公司、投資信託公司、證券公司、非營利機構，以及國外的法人機構。

㈡證券發行中間人

證券發行的中間人中，最重要的是證券商。證券商包含三種類型，分別是：承銷商 (underwriters)、經紀商 (brokers) 與自營商 (dealers)。

1. 承銷商

承銷商為證券的承銷中間人，例如：證券公司之銀行信託部與儲蓄部，或證券自營商之信託投資公司與證券投資公司。

2. 經紀商

經紀商是經辦證券買賣的交易中間人。

3. 自營商

自營商可透過公司的名義，自行買賣證券。

 ## 二、證券發行價格之決定方式

證券發行價格的決定方式有四種，包含：議價法、競價法、擬價法與訂價法。

㈠議價法

議價法的常見情況，是由承銷商就發行公司的財務與業務等情況，進行瞭解與審查後，再與發行公司決定證券的承銷種類、價格、數量與發行時間。

㈡競價法

競價法是發行公司的證券價格，由承銷商、銀行團與其他競購者，透過競標過程而決定的承銷價。

㈢擬價法

擬價法是承銷價透過既定公式的計算而決定。舉例來說：臺灣的證券管理委員會在 1992 年時，提供股票承銷價的計算公式。該公式的承銷價格，由四項影響股價的因素所構成，其中本益比還原值占 40% 權重，股利率還原值占 20% 權重，每股淨值占 20% 權重，預估股利還原值占 20% 權重。此公式之運用在臺灣大約持續了十三年，直到 2005 年為止。

行政院的金融監督管理委員會（簡稱金管會）公布，於 2005 年 3 月 1 日開始，廢除承銷價格公式的使用，此後在臺灣的股票承銷價格，就改用議價法訂定。

臺灣的證券主管機關，於 1960 年設立證券管理委員會（簡稱證管會），隸屬於經濟部。而後在 1972 年公布了《經濟部證券管理委員會組織條例》，證管會改為隸屬於財政部。

證管會在 1997 年時，為因應期貨業務的管理需求，透過立法程序後，將名稱改為財政部證券暨期貨管理委員會（簡稱證期會）。2004 年時，隸屬於財政部的證期會，基於職權與業務的擴張，將證期會改為證券期貨局（簡稱證期局），並且隸屬於行政院轄下之金融監督管理委員會（簡稱金管會）。

㈣訂價法

訂價法是證券發行主體不經由承銷商的協助，於自行訂定證券的價格

或利率後，至金融市場公開發行證券。例如：臺灣的政府公債發行時，常用訂價法公布利率。

 ### 三、證券的銷售方式

證券發行時，除了價格決定之外，也需考慮銷售方式。證券的銷售方式有三種，包含：直接銷售、代銷與包銷。

㈠直接銷售

直接銷售為證券發行公司，直接將證券賣給投資人或法人，不需透過承銷商的協助。

㈡代　銷

代銷為承銷商代替發行公司銷售證券，取得的金錢扣掉代銷費用後，才交給發行公司。當證券的銷售不如預期時，代銷商不必承擔購買滯銷證券的風險。

㈢包　銷

包銷是承銷商與發行公司簽訂契約，承銷商在議訂價格購買證券後，轉而到金融市場發行。證券售價高於或低於購買的價格，所造成包銷時的獲利與損失，都由承銷商負擔。

第二節　證券流通

證券流通市場為證券發行後的交易買賣市場，以次級市場 (secondary markets) 最為重要。本節首先說明臺灣的次級市場，包含：證券交易所市場 (stock exchange markets)、櫃檯買賣市場 (over-the-counter

> **◎次級市場**
> 次級市場又稱為流通市場，為經初級市場發行在外的有價證券，因為買賣而形成的流通市場。

markets, OTC) 與興櫃市場 (emerging stock markets)，以及期貨與選擇權市場。接著，才簡要地介紹美國與中國的次級市場。

一、臺灣的證券交易所市場

㈠概況簡介

臺灣證券交易所於 1962 年成立，以股份有限公司的型態存在，且股東由法人所組成。只有會員才能在交易所直接買賣證券，對於一般投資大眾來說，必須委託交易所的會員代為買賣證券。

此時，投資人與證券經紀商簽立委託契約，俗稱「開戶」。委託契約的內容，包含：證券買賣的種類、價格、數量與時間。常見的委託為市價委託 (market order)，也就是經紀商依當時的市場價格，為投資人買賣證券。

臺灣在次級市場流通的公開發行證券，目前是以股票與公司債為主。根據臺灣證券交易所公布的「歷年股票市場概況表」中，2010 年的上市公司股票分為水泥業、電子業等二十八類，計有七百五十八家，總資本額為新臺幣 5.8 兆元，市值 23.8 兆元。

㈡交易方式

證券交易過程中，臺灣的股票以一千股為交易單位，且每股面額固定為新臺幣 10 元。股票的市場價格，由當時的供給與需求決定。證券交易所為了穩定股市，自 1989 年 10 月 11 日開始將每日股價漲跌幅限制為 7%，避免投資人因為一時的情緒影響，而超買或超賣股票。

透過交易所而買賣證券的投資人，彼此不需見面。證券的買方與賣方在價格之間達到相同意願時，就形成證券交易，俗稱「成交」。臺灣在證券買賣時的交割標的，通常是現金與證券。例如：用新臺幣 5 萬元買到一張台積電股票，面值為 1 萬元。

除此以外，為了擴充證券市場的信用，並且縮短供給與需求之間的調節時間，所以大型券商也在合法的情況下，提供投資人融資與融券的資金與證券融通。例如投資人在證券商開立融資戶，且繳納部分保證金後，就可購買證券。至於剩餘不足的金額，則在證券交由券商保管的條件下，由券商代墊。

證券價格下跌時，投資人的帳戶金額也逐漸減少。保證金帳戶金額降低到預先設定的水準後，券商就要求投資人補足融資 (margin call)。投資人無法補足損失的金額時，券商就會「斷頭」，意即券商賣出投資人的抵押證券，取得現金之應有求償後，再將剩餘金額退還給投資人。

 二、臺灣的櫃檯買賣市場

㈠概況簡介

臺灣的證券市場起源於櫃檯買賣，為股票與債券等證券的場外交易。早期證券以政府債券為主，例如：1949 年發行的愛國債券。1959 年曾有上百家的證券商，進行股票的場外買賣。這些證券不在同一地點交易，也缺乏適當管理，所以弊病叢生。政府在 1962 年成立臺灣證券交易所後，就禁止證券的場外交易，也就是停止了櫃檯買賣。

直到 1982 年時，證券管理委員會為了促進債券流通，並提供未上市證券的交易場所，因此透過立法而重新開放債券之櫃檯買賣。至於股票的櫃檯買賣，則在 1988 年成立「櫃檯買賣服務中心」後才開始。

臺灣現在的「櫃檯買賣中心」成立於 1994 年，為櫃檯買賣服務中心之後繼機構。根據櫃檯買賣中心在 2011 年 9 月 14 日所提供的「上櫃公司股票類股發行面及交易面比例報表」中，在 2011 年 8 月，臺灣的上櫃公司股票家數，計有五百八十七家，總資本額約為 7,237 億元，市值約為 1.6 兆元。

㈡債券交易

櫃檯買賣中心的業務除了股票交易外，也提供債券交易的平臺。公司債與政府公債的交易單位，在臺灣以面額新臺幣 10 萬元為基準。債券價格的漲跌幅度，設定為前一日收盤價的 5%。因為債券有折價與溢價出售的情況，所以在次級市場買賣一張債券的價格，不見得會等於面值新臺幣 10 萬元。

 ## 三、臺灣的興櫃市場

興櫃市場的交易方式相同於櫃檯買賣中心，也屬於證券的場外交易。為了將未上市（櫃）股票納入合法之證券體系，臺灣的興櫃市場於 2002 年成立，由櫃檯買賣中心負責管理。根據櫃檯買賣中心在 2011 年 10 月 19 日的資料，興櫃股票總計有二百九十三家，總資本額為 3,572 億元，市值 6,215 億元。

 ## 四、臺灣的期貨與選擇權市場

㈠概況交易

臺灣的合法期貨交易起始於 1993 年。當時並沒有臺灣本土的期貨商品，而是國外期貨交易所的期貨契約。期貨市場開放初期的交易規模不大，理由在於對臺灣投資人而言，兩地時差造成交易不便之外，當時的網際網路也不發達，所以國外資訊無法立即取得，因此也沒辦法作準確之判斷。

臺灣期貨交易所於 1997 年成立後，才開始出現臺灣本土的期貨商品。例如：1998 年推出的臺股期貨，以及 1999 年問世的電子期貨與金融期貨。此時期貨市場的規模，也開始逐年上升。

以期貨交易人開戶數來看，從 1998 年的十四萬戶，逐年增加到 2010 年的一百三十四萬戶。臺灣的期貨交易市場在 2010 年時，年市場總交易量為 1.398 億口契約。

㈡商品種類

臺灣期貨交易所除了推出期貨契約外，也發行選擇權契約。臺指選擇權為第一檔本土選擇權契約，在 2001 年推出。接著還有 2005 年問世的電子選擇權與金融選擇權。

最後，除了前述以「新臺幣」計價的本土期貨與選擇權之外，臺灣期貨交易所也於 2006 年開始，推出三種以「美元」計價的商品，包含：黃金期貨、臺指選擇權，以及 MSCI 臺指期貨（2011 年 8 月已經下市）。

 # 五、美國的證券交易所市場

美國的證券交易所分為兩大類型，包含：全國證券交易所與區域證券交易所。全國證券交易所掛牌上市的公司，大多規模大、歷史悠久且體質健全。區域證券交易所的掛牌公司，規模則比較小。這種「雙元掛牌」的制度，為美國證券交易所的特色。

㈠全國證券交易所

美國的全國證券交易所只有兩家，分別是：紐約泛歐證券交易所 (New York Stock Exchange Euronext, NYSE Euronext)，以及美國證券交易所 (American Stock Exchange, AMEX)。兩家證券交易所的年度總成交股值，約占美國總交易股值的 90%。

1.紐約泛歐證券交易所

紐約泛歐證券交易所的前身，是紐約證券交易所 (New York Stock Exchange, NYSE) 及泛歐證券交易所 (Euronext)。紐約證券交易所起源於 1792 年，是美國最重要的全國證券交易所。泛歐證券交易所則是歐洲的四間交易所合併而產生，包含：荷蘭的阿姆斯特丹證券交易所、法國的巴黎證券交易所、比利時的布魯塞爾證券交易所，以及葡萄牙的里斯本證券交易所。以 2006 年初合併前數據計算，泛歐證券交易所的上市公司總市值達

到 29,000 億美元，為全球第五大證券交易所。

2007 年 4 月，紐約證券交易所與泛歐證券交易所合併，成為紐約泛歐證券交易所，這是第一家全球性的證券交易所，也是目前全世界最大的證券交易所。

2.美國證券交易所

相對於紐約證券交易所的上市公司而言，美國證券交易所 (AMEX) 的掛牌上市公司，規模比較小，且成立的時間也比較短。雖然美國證券交易所也屬於全國證券交易所，不過該交易所的年度總成交股值，僅占美國總交易股值的 5%。

㈡區域證券交易所

區域證券交易所的年度總成交股值，占美國總交易股值的 10%，規模比較大的交易所，例如：波士頓證券交易所 (Boston Stock Exchange)。

六、美國的櫃檯買賣市場

㈠特　色

櫃檯買賣市場在臺灣俗稱店頭市場，一般在店頭市場交易的股票，都是公開發行不久，且規模比較小的公司。但是美國的店頭市場中，也有知名企業掛牌交易。例如：美國道瓊工業指數的三十家標竿企業中，微軟 (Microsoft) 與英特爾 (Intel) 股票，就在櫃檯買賣市場中，透過自營商 (dealers) 之現貨持有，用議價方式與投資人交易。

㈡報價系統

美國全國券商協會在 1971 年，發展出那斯達克自動報價系統 (National Associate of Securities Dealers Automated Quotation system, NASDAQ system)。該系

> ◎那斯達克市場
> 那斯達克為全球第一個採用電子系統交易的股市，該系統稱為那斯達克自動報價系統，該系統使櫃檯買賣市場的交易更為順暢。

統使櫃檯買賣市場的交易更為順暢，所以美國店頭市場也俗稱為那斯達克市場。

七、美國的期貨與選擇權市場

㈠美國的期貨市場

美國最大的兩個期貨交易所都在芝加哥市，包含：1848 年成立的芝加哥期貨交易所 (Chicago Board of Trade, CBOT)，以及 1874 年成立的芝加哥商業交易所 (Chicago Mercantile Exchange, CME)。

芝加哥期貨交易所的交易標的物是以玉米、大豆等穀物為主。至於芝加哥商業交易所的交易標的物則為奶油、家禽等易腐壞的農產品。

㈡美國的選擇權市場

美國的選擇權市場起步比期貨市場晚一百年。芝加哥選擇權交易所 (Chicago Board Options Exchange, CBOE) 成立於 1973 年，為美國第一間選擇權交易所，主要從事於股票選擇權的交易。除此以外，該交易所也提供標準普爾 500 (S&P 500)、標準普爾 100 (S&P 100)、那斯達克 100 (NASDAQ 100)，以及道瓊工業指數 (DJII) 等股價指數選擇權。

美國的選擇權市場，除了股票與股價指數選擇權之外，也提供各種標的物所衍生的選擇權契約。例如：芝加哥期貨交易所提供玉米等農產品的選擇權，也有公債選擇權。

芝加哥商業交易所提供銅及黃金的金屬選擇權，也交易活牛選擇權與豬肚選擇權。費城交易所 (Philadelphia Stock Exchange, PSE) 的選擇權交易，則以外匯選擇權為主。

除此以外，大多數提供期貨契約的交易所，也提供期貨選擇權的商品，例如：芝加哥期貨交易所，就提供玉米期貨選擇權的契約。

八、中國的證券市場

1978 年 12 月，在中國共產黨第十一屆三中全會上，中共領導階層提出「四個現代化」，從農業、工業、科技與國防等方向，進行全面的經濟改革。

改革開放後，公司規模逐漸擴充，也需要更多的資金融通管道。因此，上海證券交易所在 1990 年成立，受到中國證券監督管理委員會（簡稱證監會）的監督與管理。接著，深圳證券交易所也於 1991 年成立。

中國證券市場的掛牌上市股票，大多是國營企業，分別是：A 股與 B 股。除此以外，中國的公司也可選擇在香港掛牌，從而產生在次級市場流通的 H 股及紅籌股。這四類股票分別說明如下：

㈠ A　股

A 股的資本額較大，種類較多，流通性較佳，並以傳統產業、生化與高科技產業，以及網路產業的公司為主。A 股面值為人民幣 1 元，且只有中國身分的法人與個人，才可以購買。

㈡ B　股

B 股的資本額較小，發行公司是以傳統產業為主。B 股的報價方式有兩種，上海證券交易所掛牌的 B 股，以美元報價；深圳證券交易所的 B 股，則以港幣報價。B 股的買賣對象，原先只限中國境外的人士。在 2001 年後，才開放給具有中國身分的法人與個人購買。

㈢ H　股

H 股為中國境內發行，且經過證監會批准後，在香港掛牌上市的股票。H 股大多為國營企業，所以在香港又稱為「國企股」。中國的大型國營企業，可選擇同時發行 A 股、B 股與 H 股，以從不同的證券市場、不同類型投資人方面，募集所需資金。

㈣紅籌股

紅籌股也是香港掛牌上市的中資企業股票。紅籌股有兩種類型，第一類為中國的國營企業，這些公司選擇不經過證監會批准，而以香港的子公司名義，在香港掛牌上市。例如：中旅集團。第二類的紅籌股，則是中國公司購買香港公司的「空殼」後，取得在香港上市的資格，例如：首長國際。

第三節　共同基金

投資信託公司 (investment trust companies) 之主要業務標的，為以投資組合理論配合實務應用所產生的共同基金 (mutual funds)。臺灣第一家投資信託公司成立於 1983 年，為國際證券投資信託公司。接著，政府也允許光華、建弘與中華等投資信託公司成立。早期投資信託公司之成立原因，是為了引進海外資金。

財政部於 1988 年解除銀行設立信託部之限制後，證券市場也逐漸開放，為了滿足投資人的各種需求，共同基金的種類也越來越多。本節的重點在於介紹共同基金的各種類型。至於投資組合理論的介紹，則留待第四章至第八章再加以說明。

一、依管理方式不同區分的共同基金

共同基金依基金成立後，經理人是否持續地參與基金管理，區分為兩大類型，包含：單位信託投資基金 (unit trust investment funds)，以及管理型投資基金 (management investment funds)。說明如下：

㈠單位信託投資基金

單位信託投資基金屬於非管理型的基金，也就是經理人買入各種證券

後，組合中的成分就不再改變。投資信託公司成立單位信託投資後，將信託基金分割成許多股份 (shares)，然後發行可贖回信託憑證 (redeemable trust certificates)，銷售給投資大眾。

㈡管理型投資基金

相對於單位信託投資基金,管理型投資基金是經理人買入各種證券後，會因時制宜地調整證券的種類與權重。管理型投資基金依其贖回條款之不同，區分為：封閉基金 (closed-end funds) 與開放基金 (open-end funds)。

1.封閉基金

封閉基金於基金成立時，規模是固定不變的，意即基金的存續期間內不接受投資人申購和贖回要求。投資人決定賣出此種基金時，只能選擇在證券市場出售。因為封閉基金的賣出價格，是由當時市場供需決定，所以成交價格與基金的淨值間，大多不會相等。

2.開放基金

開放基金是基金成立後，投資人可用基金的當時淨值，將持有股份回賣給投資信託公司。目前臺灣證券市場中的基金，大多屬於開放基金。

二、依投資標的不同分類的共同基金

共同基金除了從管理與贖回的角度分類外，也可依投資標的之不同，區分為九種常見類型，包含：貨幣基金 (money market funds, MMF)、債券基金 (bond funds)、不動產基金 (real estate investment trusts, REITs)、股票基金 (equity funds)、產業鎖定基金 (sector specific funds)、指數基金 (index funds)、平衡基金 (balanced funds)、混和基金 (commingled funds) 與避險基金 (hedge funds)。說明如下：

㈠貨幣基金

貨幣基金是以貨幣市場之證券為標的的短期信用工具，例如：國庫券、

商業本票與承兌匯票，作為投資標的所形成之基金。除此以外，又可依基金組成的貨幣別加以細分。

㈡債券基金

債券基金又稱為固定收益基金 (fixed income funds)，此種基金主要用來投資各種債券，例如：政府公債、抵押擔保證券 (mortgage backed securities) 或公司債。公司債的基金，又依投資標的之信用與收益情況，區分為：保本型債券基金、高收益型債券基金與債信評等不佳的垃圾債券基金。

㈢不動產基金

不動產基金之投資標的，為不動產或不動產抵押貸款，可區分為兩種類型。權益信託基金 (equity trusts funds) 將資金用來購買不動產；抵押信託基金 (mortgage trusts funds) 則投資於抵押貸款與建設貸款。

㈣股票基金

股票基金為經理人選擇股票標的後，所形成的主動式投資組合 (active portfolio)。股票基金又分為收益基金 (income funds) 與成長基金 (growth funds)。收益基金的組成中，著重於高股利率的股票；至於成長基金之投資標的，則大多為產生資本利得的股票。

㈤產業鎖定基金

產業鎖定基金之投資標的，在於特定產業的股票。例如：生化製藥、金融、或電子類股。

㈥指數股票型基金

指數股票型基金之投資標的為股價指數，此種基金與股票基金的最大不同之處，在於指數基金為被動式投資組合 (passive portfolio)。對於指數股票

型基金的經理人而言，他們只需使基金的各股成分比例，維持與指數的比例相同即可。此外，從股票及債券占基金的權重差異來看，又可區分為消極性平衡基金（投資債券權重較大）與積極性平衡基金（投資股票權重較大）。

㈦平衡基金

平衡基金之投資標的中，股票與債券的權重都很高。因此，平衡基金的特色，為保本之前提下（投資債券），也具有成長的優點（投資股票）。

㈧混和基金

混和基金為不同類型之基金的組合。舉例來說：混和基金的資金，用來購買市場中的債券基金與指數基金，「間接」地持有債券與股票，再切割成小單位 (units)，然後銷售給投資大眾。

㈨避險基金

避險基金經理人之投資標的，為價格失去均衡的證券，且投資決策偏重於多類資產的相對評價。舉例來說：假設現在公債利率遠低於抵押擔保債券利率，造成抵押債券的價格相對偏低，公債的價格偏高。

此時，經理人就會因為價格失衡，估計未來市場將會自動調整，使得抵押債券價格上升，公債價格下降。所以經理人就於現在購買抵押債券，並且放空 (short sale) 公債。放空又稱為「融券」，這種行為是經理人先向投資人借公債來賣，並在事先約定好的時間一到，購買公債還給原先的投資人，結清融券的部位。

因為經理人並非單方面的預期利率走向，而是著重在「相對」利率的走勢，所以具有避開利率風險的特性，這是人們稱這種基金為避險基金的主要原因。

避險基金除了購買債券外，因為面對的政府管制較少，所以經理人也常將資金用來購買衍生性商品，或炒作不同國家的貨幣。

舉例來說：1997 年的亞洲金融風暴由泰國開始後，延伸到印尼、南韓等其他新興國家。雖然金融風暴的主因，在於這些國家的經濟基本面不好，例如：巨額貿易赤字、龐大的短期海外債務、高估的本國幣值，以及腐壞的財務金融系統。

另方面來說，避險基金經理人透過外匯市場的炒作，放空這些國家的貨幣，不但使亞洲新興國家的幣值大貶，造成這些國家無法清償短期外債後，幣值又再加速貶值，也因此而增加了金融風暴的廣度與深度。

投資學知識家

　　除了亞洲金融風暴外，發生在 2008 年底的馬多夫騙局屬於近期的例子。馬多夫 (B. Madoff) 為美國前那斯達克主席，他創立了馬多夫對沖避險基金。持有該基金的會員需先繳交會費。該會員將來所賺的收益，主要來自於其他新會員的會費，而不是公司本業的獲利。

　　隨著加入的會員越來越多，當流入資金低於支付金額時，公司最後「紙包不住火」就宣布破產。這種騙局的著名例子，為美國 1919 年的龐茲 (C. Ponzi) 使用，所以後來又稱為龐茲騙局，馬多夫透過「龐茲騙局」從不知情的投資大眾，詐騙了高達五百億美元的金額。

　　臺灣在 1990 年發生的鴻源公司倒閉，屬於龐茲騙局的一種，就是臺灣俗稱的「老鼠會」。

本章習題

一、單選題

（　）1.臺灣的股票承銷價格，在 2005 年 3 月 1 日以後，用下列何種方式
　　　　訂定？　(A)擬價法　(B)訂價法　(C)議價法　(D)競價法。

（　）2.下列哪種類型的股票，不在中國或香港交易？　(A) A 股　(B) B 股
　　　　(C) C 股　(D) H 股。

（　）3.下列哪種基金不屬於共同基金？　(A)不動產基金　(B)償債基金
　　　　(C)平衡基金　(D)避險基金。

（　）4.下列何種基金不屬於完全投資在公司債的基金？　(A)保本型債券
　　　　基金　(B)高收益型債券基金　(C)垃圾債券基金　(D)平衡基金。

（　）5.下列何者不屬於 1997 年亞洲金融風暴發生的原因？　(A)低估的本
　　　　國幣值　(B)巨額貿易赤字　(C)龐大的短期海外債務　(D)腐敗的財
　　　　務金融系統。

二、簡答題

1.證券發行有兩種方式，請說明。

2.證券購買人有六種，請說明。

3.證券商有三種類型，請說明。

4.證券發行時的價格決定方法有四種，請說明。

5.證券發行時的銷售方式有三種，請說明。

6.臺灣的次級市場有三種類型，請說明。

7.美國的交易所為雙元掛牌的制度，請說明。

8.美國道瓊工業指數的三十家標竿企業中,有哪兩間公司在店頭市場掛牌?
請說明。

9.中國證券市場的兩個交易所為何? 請說明。

10.中國證券市場的 A 股與 B 股,有何不同? 請說明。

11. 中國的國營企業，在次級市場流通的股票有四種類型，請說明。

12. 何謂 H 股？請說明。

13. 何謂紅籌股？請說明。

14. 共同基金依基金成立後，經理人是否持續地參與基金管理，區分為兩大類型，請說明。

15. 管理型投資基金依其贖回條款之不同，區分為兩種，請說明。

16. 何謂封閉基金？請說明。

17. 何謂開放基金？請說明。

18. 共同基金依投資標的之不同，區分為九種常見類型，請說明。

19. 不動產基金中，權益信託基金與抵押信託基金的基本差異為何？請說明。

20. 何謂避險基金？請說明。

CHAPTER 4

風險與風險趨避

◆ 第一節　風險與風險溢酬

◆ 第二節　風險趨避與效用函數

◆ 第三節　投資組合風險

投資活動的過程中，一般包含兩項重要分析工作。首先，投資人對市場中可購買的證券進行個別分析，以評估該證券的風險與報酬率。其次，則是將資金分散於不同證券，以形成最適的投資組合。

本書第二部分探討最適投資組合，內容有第四章〈風險與風險趨避〉、第五章〈固定權數資產配置〉、以及第六章〈變動權數資產配置〉。本章屬於近代投資組合理論 (portfolio theory) 的說明，內容探討與風險有關的三項主題。

第一節說明風險與風險溢酬之定義。第二節介紹投資人的效用函數，以及風險與報酬率的抵換關係。最後，第三節探討在投資組合的形成過程中，投資人關心的不是個別證券之風險與報酬率，而是該證券在加入一個投資組合後，對舊有投資組合之風險與報酬率所造成的影響。

第一節　風險與風險溢酬

投資活動的風險 (risks)，代表未來投資結果的不確定。投資結果的不確定愈高，表示風險愈高；相對來說，投資結果的不確定愈低，則風險愈低。以下可用一個簡單例子，說明近代的投資理論中，如何衡量投資活動的報酬率與風險。

> ◎風　險
> 於某一特定期間裡，因為投資所產生的不確定性，造成投資者所期望達到的目標與實際的結果有落差，而產生損失的情況。

一、單一股票的投資報酬率

假設投資人大明用 100 萬元購買黑松公司發行的股票。他認為一年後該股票的市場價格，與當時的糖價息息相關。糖價漲跌的機率以 P_{is} 表示，假設糖價有 $20\%(P_{1s})$ 的機率下跌，造成黑松公司的飲料生產成本下降，此時黑松股票的市場價值將上升為 190 萬元（注意此處的下標 s 表示為「情境、狀況」）。

如果糖價不變的機率為 $60\%(P_{2s})$，則黑松股票價值為 105 萬元。最後，

糖價上升機率為 $20\%(P_{3s})$，而黑松股票價值下降為 60 萬元。基於這些假設，此項投資的期望年投資報酬率應如何衡量呢？

首先，我們將上述三種未來可能的市場價值，轉換成相對應的投資報酬率。接著，再計算該項投資的期望投資年報酬率 (以下簡稱期望報酬率)。

股票在投資當時的期望報酬率 (r) 由兩部分構成。第一部分為資本利得率 (capital gain rate)，等於股票在一年後的市場價值 (P_1)，減去目前市場價值 (P_0) 後，再除上目前的市場價值。

第二部分為股利率 (dividend rate)，等於該股票在一年後發放的股利 (d_1)，除上該股票在目前的市場價值。股票期望報酬率以公式 (4–1) 表達於下方：

$$r_0 = \frac{p_1 - p_0}{p_0} + \frac{d_1}{p_0} \qquad (4\text{–}1)$$

根據公式 (4–1)，大明購買黑松股票的過程中，如果該公司並未支付股利，則一年後的期望報酬率有 20% 的機率 (r_{1s}) 為 $90\%(= (190 - 100)/100)$。有 60% 的機率 (r_{2s}) 為 $5\%(= (105 - 100)/100)$。最後，此項投資也有 20% 的機率 (r_{3s}) 的期望報酬率為 $-40\%(= (60 - 100)/100)$。

投資黑松股票的期望報酬率 (r)，等於一年後各種投資結果的期望報酬率 (r_{is})，乘上各報酬率相對應的機率 (P_{is}) 後，再加總計算而得。期望報酬以公式 (4–2) 表達於下方：

$$r = \sum_{i=1}^{n} P_{is} r_{is} \qquad (4\text{–}2)$$

在大明的例子中，假設未來有三種情況發生，所以 (4–2) 式簡化為 $r = \sum_{i=1}^{3} P_{is} r_{is} = P_{1s} r_{1s} + P_{2s} r_{2s} + P_{3s} r_{3s}$。代入相關數字後，$r = 0.2 \times 0.9 + 0.6 \times 0.05$

+ 0.2 × (−0.4) = 0.13，代表購買黑松股票的期望報酬率為 13%。

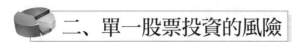

二、單一股票投資的風險

根據公式 (4−1) 及 (4−2) 得知期望報酬率後，接著要問的是：在 13% 的期望報酬率之下，投資風險如何衡量？風險是以期望報酬率為基準，計算該報酬率的標準差 (σ) 作為代表。

期望報酬率之標準差，等於投資活動中各種可能情況的期望報酬率 (r_{is}) 與偏離期望報酬率 (r) 相差的平方，乘以各情況相對應的機率 (P_{is})，加總後再開根號計算而得。投資風險 (σ) 的計算以公式 (4−3) 表達於下方：

$$\sigma = \sqrt{\sum_{i=1}^{n} P_{is} \times (r_{is} - r)^2} \qquad (4-3)$$

大明的例子中，一年後的投資有三種情況，所以 (4−3) 式簡化為 $\sigma^2 = \sum_{i=1}^{3} P_{is}(r_{is} - r)^2 = P_{1s}(r_{1s} - r)^2 + P_{2s}(r_{2s} - r)^2 + P_{3s}(r_{3s} - r)^2$。代入相關數字後，$\sigma^2 = 0.2 \times (0.9 - 0.13)^2 + 0.6 \times (0.05 - 0.13)^2 + 0.2 \times (-0.4 - 0.13)^2 = 0.1786$。

因此，投資黑松股票之期望報酬率的變異數 (σ^2) 為 0.1786。該項投資的風險為 42.26%(= $\sqrt{0.1786}$)。

根據 (4−1)、(4−2)、及 (4−3) 式，得到購買黑松股票的期望報酬率為 13%、風險為 42.26%。除此以外，大明也可以購買其他資產。

假設他選擇一年到期的國庫券 (treasury bill) 進行投資，且票面利率為 5%。國庫券為財政部發行的短期債券，在沒有違約風險 (default risks) 存在的假設下，一年後的財富變化情況只有一種，那就是加上利息後，由目前的 100 萬元變成 105 萬元。

為了衡量投資國庫券的期望報酬率及風險，可再次地運用公式 (4−2) 及 (4−3)。期望報酬率的計算方面，因為未來只有一種情況發生，所以 (4−2)

式簡化為 $r = P_{1s} \times r_{1s}$。代入相關數字後，$r = 1.0 \times 0.05 = 0.05$，購買國庫券的期望報酬率為 5%。

國庫券的風險方面，因為假設未來只有一種情況產生，公式 (4–3) 簡化為 $\sigma^2 = P_{1s} \times (r_{1s} - r)^2$。代入相關數字後，$\sigma^2 = 100\% \times (5\% - 5\%)^2 = 0$，所以國庫券的期望報酬率之變異數 ($\sigma^2$) 為 0。該項投資的風險為變異數再開根號，$\sigma = \sqrt{0} = 0$，表示國庫券為無風險的證券。

比較上述兩項投資，我們發現黑松股票的風險 42.26%，遠高於國庫券的風險 0%。在假設大明是理性投資人 (rational investor) 的前提下，黑松股票的期望報酬率必須高於無風險利率，才能吸引他購買。股票的期望報酬率 (13%) 高於無風險利率 (5%) 的部分為 8%(= 13% – 5%)，稱為黑松股票的風險溢酬 (risk premium)。

第二節　風險趨避與效用函數

本節介紹風險趨避 (risk averse) 與效用函數 (utility function) 的概念❶。當我們說投資人為風險趨避時，表示投資人並不喜歡風險。因此，投資人在多項資產中選擇時，高風險資產就必須提供較高的期望報酬率。

舉例來說，前一節的大明比較黑松股票與國庫券時，因為黑松股票的風險較高，所以黑松股票的期望報酬率也必須夠高，他才願意購買。

---

❶ 薩穆爾遜 (Samuelson) 在 1970 年得到諾貝爾經濟獎。他的最重要著作，為延伸其哈佛大學博士論文，透過古典熱力學 (classical thermodynamic) 的研究方法，於 1947 年出版的《基礎經濟分析》(Foundations of Economic Analysis)。至於本書所使用的效用函數，可參考薩穆爾遜之研究文獻：Samuelson, P.(1970), "The Fundamental Approximation Theorem of Portfolio Analysis in Terms of Means, Variances, and Higher Moments," *Review of Economic Studies*, 37:4, pp. 537–542.

風險趨避投資人除了要求高風險資產須有高報酬率外，更重要的是：伴隨著資產報酬率的逐漸提升，投資人能夠容忍該資產之風險增加的程度會愈來愈小。

另方面來說，風險趨避投資人在購買資產時，伴隨著資產風險的逐漸增加，投資人要求的報酬率會增加得愈來愈多。對於這兩項論點，可透過投資人的效用函數加以說明。

 一、風險趨避投資人的效用函數

風險趨避投資人的效用函數 (u)，可採用三項變數加以衡量，分別是：資產的期望投資報酬率 $E(r)$，投資人的風險趨避係數 (A)，以及該資產的風險 (σ)。效用函數與三項變數間之關係，以公式 (4–4) 表達於下方：

$$u = r - 0.5A\sigma^2 \qquad\qquad (4\text{--}4)$$

此公式引進一個新的概念：風險趨避係數 A 值。風險趨避係數用來衡量投資人的風險趨避程度，愈不偏愛風險的人，風險趨避係數的值愈大。

除此以外，人也可能在不同年紀有不同的風險趨避係數。舉例來說：大明在三十歲的風險趨避係數為 4，他在七十歲的風險趨避係數上升為 5，表示大明在年老退休後，比他年輕時更不喜歡風險。

二、期望報酬率及風險的抵換關係

根據 (4–4) 式，我們再次採用前一節的大明例子，說明他願意接受的期望報酬率，以及風險間之抵換 (trade-offs) 關係。

假設大明持有本章第一節介紹的國庫券，年利率為 5%、風險為 0。並

◎風險趨避者
投資人面對的風險增加時，其所要求的額外報酬率須增加方能彌補其承擔之額外風險。此外，與其相對立者為風險愛好者，表示投資人面對的風險增加時，其所要求之額外報酬減少，意即投資人喜好追求風險。至於風險中立者表示投資人面對的風險增加時，其所要求的額外報酬率皆相等，意即投資人對風險的態度是中立的。

且，大明的風險趨避係數值等於 4。公式 (4-4) 計算購買國庫券這項資產後，該投資提供給大明的效用值 (u_B) 為 0.05(= 0.05 − 0.5 × 4 × 0²)。

　　對大明而言，除了購買無風險的國庫券之外，是否在金融市場存在著其他證券，也能提供相同於國庫券持有的效用值呢？假設市場中有 C 證券，此證券的期望報酬率為 6%、風險為 7%。透過公式 (4-4) 之運用，大明購買 C 證券得到的效用值 (u_C) 也是 0.05(= 0.06 − 0.5 × 4 × 0.07²)。

　　相似於 C 證券，假設大明能在市場中找到 D 證券、或 E 證券進行投資，其中 D 證券的期望報酬率為 7%、風險 10%；而 E 證券的期望報酬率 8%、風險 12.25%。透過公式 (4-4) 的計算，他購買 D 證券或 E 證券的效用值，也都等於 0.05。

　　表 4.1 說明對風險趨避係數等於 4 的大明而言，購買國庫券、C 證券、D 證券、E 證券這四項資產後，在相同的效用值下，各資產相對應的期望報酬率、風險、風險遞增程度、以及效用值。觀察該表結果，我們發現到：國庫券與 C、D、E 等證券，都能提供大明相同的效用值 0.05。

表 4.1　相同效用下之期望報酬率與風險的抵換關係

單位：%

資產項目	期望報酬率	風　　險	風險遞增程度
B 國庫券	5	0	無
C 證券	6	7	7
D 證券	7	10	3
E 證券	8	12.25	2.25

說明：假設期望報酬率按 1% 遞增、投資人風險趨避係數值等於 4。

三、無異曲線的抵換關係

　　圖 4.1 根據表 4.1 的資料，以縱座標代表期望報酬率、橫座標代表風險，在此二個座標軸所構成的座標平面中，找到 B（國庫券）、C、D、E 這四項

資產的對應座標點，連結這些點後，即可得到對大明而言，效用值都等於 0.05 的無異曲線 (indifference curve)。

觀察表 4.1 與圖 4.1，我們發現從國庫券的期望報酬率 5% 開始，伴隨著資產期望報酬率的提升，大明能容忍該項資產風險增加的程度愈來愈小。舉例來說：C 證券相對於國庫券而言，為了獲得額外 1% 的期望報酬率，大明能夠容忍 C 證券的風險增加值為 7%。

接著，D 證券的期望報酬率相對於 C 證券而言，也是增加了 1%；可是大明現在僅能容忍 D 證券的風險值高於 C 證券 3%，而不再是 7%。表 4.1 的期望報酬率，及風險遞增程度，即在陳述兩者間的抵換關係。

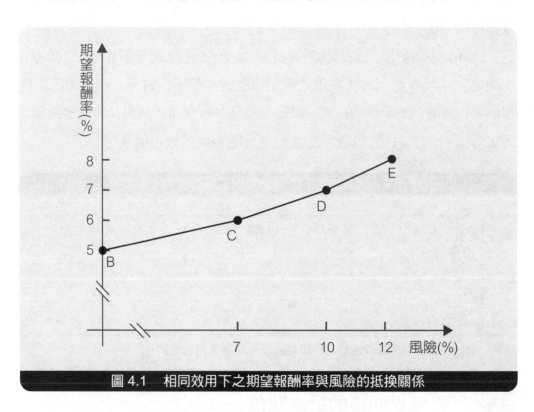

圖 4.1　相同效用下之期望報酬率與風險的抵換關係

對於風險趨避的說明，除了從期望報酬率按 1% 遞增的角度，採用表 4.1 及圖 4.1 說明大明能夠容忍的風險增加程度之外，也可從風險值按 1% 遞增的角度，探討期望報酬率及風險之間的關係。

表 4.2 說明伴隨著投資風險的逐漸增加，一位風險趨避係數等於 4 的投資人，他要求的期望報酬率遞增的程度將會愈來愈大。

假設投資人持有無風險的國庫券，且該證券能提供的效用值為 0.05。接著，市場存在一個風險值為 1% 的 F 證券，那麼在該證券也能提供大明效用值 0.05 的前提下，F 證券的期望報酬率必須上升到多少？

根據表 4.2 的效用計算，$u_F = 0.0502 - 0.5 \times 4 \times 0.01^2 = 0.05$，代表 F 證券的期望報酬率必須上升到 5.02%，才能達到效用值 0.05。比較 B 國庫券與 F 證券，我們瞭解到風險由 0% 上升到 1% 時，大明對 F 證券要求的期望報酬率遞增值為 0.02%(= 5.02% - 5%)。

相同的計算方式，表 4.2 在風險值逐漸遞增 1%、投資人風險趨避係數為 4 的前提下，分別計算出 G、H 兩種證券的期望報酬率。比較表 4.2 中的第二欄及第四欄數據，我們發現當資產的風險從 0% 開始、且按 1% 的速度遞增時，大明要求期望報酬率遞增的程度，將會愈來愈大，分別從 0.02% 上升到 0.06%、再到 0.10%。

表 4.2　相同效用下之期望報酬率與風險的抵換關係

單位：%

資產項目	風　險	期望報酬率	期望報酬率遞增程度
B 國庫券	0	5.00	無
F 證券	1	5.02	0.02
G 證券	2	5.08	0.06
H 證券	3	5.18	0.10

說明：假設風險按 1% 遞增、投資人風險趨避係數值等於 4。

四、無異曲線的平移

探討了效用值固定為 0.05 的無異曲線中，報酬率、風險及風險趨避係數之間的關係後，接著說明無異曲線整條線平移 (shift) 所代表的意義。在此沿用前述大明的例子，假設他除了購買 C、D、E 三種證券外，市場中也

同時存在著 I、J、K 三種證券。

　　I 證券的期望報酬率 7%、風險 7%。因此，當大明購買 I 證券後，在風險趨避係數為 4 的假設下，該證券提供效用值 (u_I) 為 0.06(= 0.07 − 0.5 × 4 × 0.07^2)。

　　相同的計算公式，J 證券的期望報酬率 8%、風險 10%。K 證券的期望報酬率 9%、風險 12.25%。大明持有 J 或 K 證券時，皆可獲得 0.06 的效用值。

　　圖 4.2 表達大明分別購買 C、D、E、I、J、K 這六種證券時，所能得到的效用值。根據圖 4.2 可以得出三點結論：

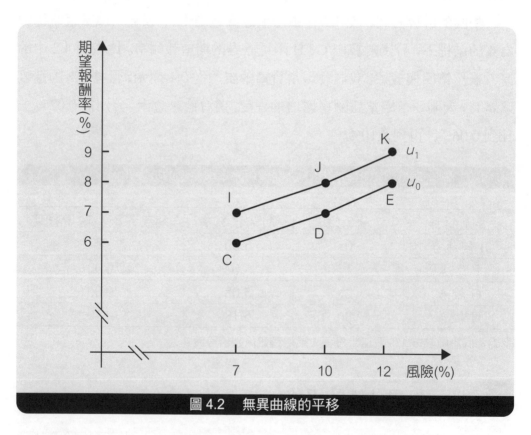

圖 4.2　無異曲線的平移

　　首先，I、J、K 這三種證券在同一條效用值為 0.06 的曲線上，代表大明對這三種證券的偏好程度完全相同。同樣的道理，從效用值的觀點來看，

他認為 C、D、E 這三種證券也沒有差異。

接著，圖 4.2 也告訴我們，當無異曲線往左上方移動時，愈在左上方的無異曲線，效用值愈大。舉例來說：C、D、E 證券連結而成的無異曲線 u_0 效用值為 0.05，小於左上方由 I、J、K 三種證券連結之效用值 0.06 的無異曲線 u_1。

最後，根據平均數與變異數的標準 (mean-variance criterion)，比較圖 4.2 的兩條無異曲線。平均數與變異數的標準告訴我們，當兩種證券進行比較後，如果第一種證券優於第二種證券時，代表第一種證券之風險，在小於或等於第二種證券的同時，第一種證券的期望報酬率大於或等於第二種證券的期望報酬率。

因此，根據圖 4.2 的資料，無異曲線 u_1 中的 I 證券，優於無異曲線 u_0 的 C 證券。因為在相同風險值 7% 之下，I 證券的期望報酬率 7%，高於 C 證券的期望報酬率 6%。

相同的平均數與變異數標準下，無異曲線 u_1 的 I 證券，也優於無異曲線 u_0 的 D 證券。因為在相同的期望報酬率 7% 下，I 證券的風險值 7%，低於 D 證券的風險值 10%。

第三節　投資組合風險

本章第二節探討風險趨避的投資人，在進行單一證券的購買選擇時，該證券的期望報酬率、風險與效用之間的關係。真實生活中，沒有人規定投資人只能購買一種證券。

因此，本節的探討重點，即從投資人能同時購買兩種證券的假設下，計算此兩種證券的投資組合之期望報酬率與風險。除此以外，也探討資產間之相關程度，與對投資組合整體風險所造成的影響。

 一、兩種證券投資組合的報酬率

　　以下討論採用本章第一小節的例子。假設市場中存在一家製造飲料為主的黑松公司，大明購買了該公司的股票，則有 20% 的機率 (P_{1s}) 在一年後的期望報酬率 ($r_{1s\,黑松}$) 為 90%、有 60% 的機率 (P_{2s}) 期望報酬率 ($r_{2s\,黑松}$) 為 5%、以及有 20% 的機率 (P_{3s}) 期望報酬率 ($r_{3s\,黑松}$) 為 −40%。

　　根據這些數據及第一小節的 (4–2) 式，計算出黑松股票的期望報酬率 (r_1) 為 13%。除此以外，根據 (4–3) 式得知該股票的風險 (σ_1) 為 42.26%。

　　假設大明有 100 萬元要投資股票，他用 70 萬元購買黑松股票後，為了降低投資風險，用剩餘 30 萬元購買台糖股票，則該投資組合期望報酬率與風險的計算方式，說明如下:

　　假設台糖股票的期望報酬率與國際糖價息息相關。對於在臺灣生產糖的台糖公司而言，糖價在未來一年的價格下跌機率 (P_{1s}) 為 20%，則投資台糖股票的期望報酬率 ($r_{1s\,台糖}$) 為 −15%。因為當國際糖價下跌時，臺灣的糖價也會下跌，造成台糖公司的收益減少與股價下跌，所以投資台糖股票的期望報酬率為負值。

　　如果糖價不變的機率 (P_{2s}) 為 60%，則投資台糖股票的期望報酬率 ($r_{2s\,台糖}$) 為 −10%。最後，假設糖價在未來一年的上升機率 (P_{3s}) 為 20%，則購買台糖股票將可獲得 80% 的期望報酬率。

　　根據以上資料及第一小節的公式 (4–2)，台糖股票的期望報酬率 (r_2) 為 7%($= P_{1s} \times r_{1s\,台糖} + P_{2s} \times r_{2s\,台糖} + P_{3s} \times r_{3s\,台糖} = 0.2 \times (-0.15) + 0.6 \times (-0.1) + 0.2 \times 0.8$)。

　　除此以外，運用第一小節的 (4–3) 式，台糖股票風險值的平方 (σ_2^2) 為 0.1336($= P_{1s} \times (r_{1s\,台糖} - r_2)^2 + P_{2s} \times (r_{2s\,台糖} - r_2)^2 + P_{3s} \times (r_{3s\,台糖} - r_3)^2 = 0.2 \times (-0.15 - 0.07)^2 + 0.6 \times (-0.1 - 0.07)^2 + 0.2 \times (0.8 - 0.07)^2$)，表示投資組合風

險 (σ_2) 為 36.55%(= $\sqrt{0.1336}$)。

接著計算大明以 70% 的資金購買黑松股票，及 30% 資金購買台糖股票的情況下，投資組合的期望報酬率與風險。計算方法有兩種：

比較簡單的方法是將兩項資產先合併為一個投資組合後，再從投資組合觀點，計算未來各種情況下之投資組合的期望報酬率。接著，將投資組合看成單一資產，利用本章第一節的 (4–2) 與 (4–3) 式，計算投資組合的期望報酬率與風險。過程說明如下：

大明以 70% 的資金 (w_1) 購買黑松股票，30% 資金 (w_2) 購買台糖股票後，糖價有 20% 的機率在未來一年下降。此情況下之投資組合的期望報酬率 (r_{1p}) 為 58.5%(= $w_1 \times r_{1s\,黑松} + w_2 \times r_{1s\,台糖}$ = 0.7 × 0.9 + 0.3 × (−0.15))。

除此以外，國際糖價在未來一年也可能不變，糖價不變的機率為 60%。在此情況下之投資組合的期望報酬率 (r_{2p}) 為 0.5%(= $w_1 \times r_{2s\,黑松} + w_2 \times$ $r_{2s\,台糖}$ = 0.7 × (0.05) + 0.3 × (−0.1))。

最後，國際糖價在未來一年下降的機率為 20%。此情況下之投資組合的期望報酬率 (r_{3p}) 為 −4%(= $w_1 \times r_{3s\,黑松} + w_2 \times r_{3s\,台糖}$ = 0.7 × (−0.4) + 0.3 × (0.8))。

根據上述資訊與公式 (4–2)，計算大明購買黑松與台糖股票投資組合後，期望報酬率 (r_p) 為 11.2%(= $P_{1s} \times r_{1p} + P_{2s} \times r_{2p} + P_{3s} \times r_{3p}$ = 0.2 × 0.585 + 0.6 × 0.005 + 0.2 × (−0.04))。

二、兩種證券投資組合的總風險

得到投資組合的期望報酬率後，接著運用公式 (4–3)，計算此投資組合風險值的平方 (σ_p^2) 為 0.0562(= $P_{1s}(r_{1p} - r_p)^2 + P_{2s}(r_{2p} - r_p)^2 + P_{3s}(r_{3p} - r_p)^2$ = 0.2 × (0.585 − 0.112)^2 + 0.6 × (0.005 − 0.112)^2 + 0.2 × (−0.04 − 0.112)^2)，表示投資組合風險值 (σ_p) 為 23.71%(= $\sqrt{0.0562}$)。

計算投資組合的期望報酬率時，除了將兩項風險資產合併為一個投資組合後，再從投資組合觀點，運用 (4–2) 式計算期望報酬率之外，另一種可行方法是將 (4–2) 式展開後，分別計算個別資產的期望報酬率，再加權計算而得投資組合的期望報酬率。

三、兩種證券投資組合的期望報酬率及風險公式

投資組合的期望報酬率 (r_p)，等於第一項資產金額占總資產的權數 (w_1)、乘上該資產期望報酬率 (r_1) 後，加上第二項資產的權數 (w_2)、乘上該資產期望報酬率 (r_2)。以公式 (4–5) 表達於下方：

$$r_p = w_1 r_1 + w_2 r_2 \tag{4–5}$$

相關資料代入公式 (4–5) 後，大明在投資組合中持有 70% 黑松股票、以及 30% 台糖股票的期望報酬率 (r_p) 為 11.2%($= 0.7 \times 0.13 + 0.3 \times 0.07$)。

計算投資組合的風險時，除了運用公式 (4–3) 外，也可將該式展開，透過求取各資產的個別風險，以及資產之間的共變異數 (covariance)，加權再加總後計算而得❷。

當投資組合資產只有兩種時，公式 (4–3) 展開後，投資組合風險的平方值 σ_p^2，等於第一項資產金額占總資產權數的平方 (w_1^2)、乘上該資產風險的平方值 (σ_1^2)；再加上第二項資產權數的平方 (w_2^2)、乘上該資產風險的平方值 (σ_2^2)；再加上兩倍的第一項資產權數 (w_1)、乘上第二項資產權數 (w_2) 後、再乘上第一項資產與第二項資產的共變異數 ($\text{Cov}(r_1, r_2)$)。上述計算方法，以公式 (4–6) 表達於下方：

---

❷ 標準差、變異數、共變異數的計算，可參考顏月珠 (2003)，《商用統計學》，臺北：三民書局。

$$\sigma_p^2 = w_1^2 \sigma_1^2 + w_2^2 \sigma_2^2 + 2w_1 w_2 \text{Cov}(r_1, r_2) \tag{4-6}$$

公式 (4-6) 中的共變異數 $\text{Cov}(r_1, r_2)$，用來衡量兩種證券的期望報酬率之間的相關程度。共變異數是計算未來的每種可能情況下，兩種證券的期望報酬率偏離各自期望報酬率的部分，予以相乘 $(r_{is\,黑松} - r_1) \times (r_{is\,台糖} - r_2)$、再乘上各情況相對應的機率 (P_{is}) 後，加總計算而得。共變異數以公式 (4-7) 表達於下方：

$$\text{Cov}(r_1, r_2) = \sum_{i=1}^{n} P_{is}(r_{is\,黑松} - r_1)(r_{is\,台糖} - r_2) \tag{4-7}$$

本例假設未來只有三種情況產生，所以公式 (4-7) 之項數 n 等於 3，且可簡化為：$\text{Cov}(r_1, r_2) = P_{1s}(r_{1s\,黑松} - r_1)(r_{1s\,台糖} - r_2) + P_{2s}(r_{2s\,黑松} - r_1)(r_{2s\,台糖} - r_2) + P_{3s}(r_{3s\,黑松} - r_1)(r_{3s\,台糖} - r_2)$。

代入相關數據後，同時持有黑松與台糖股票的共變異數 $(\text{Cov}(r_1, r_2))$ 為 $-0.1031 (= 0.2 \times (0.9 - 0.13) \times (-0.15 - 0.07) + 0.6 \times (0.05 - 0.13) \times (-0.1 - 0.07) + 0.2 \times (-0.4 - 0.13) \times (0.8 - 0.07))$。

計算出黑松與台糖股票的共變異數之後，相關資料代入公式 (4-6)，並加以計算後，大明持有 70% 黑松股票、及 30% 台糖股票的投資組合風險的平方 (σ_p^2) 為 $0.0562 (= 0.7^2 \times (0.4226)^2 + 0.3^2 \times (0.3655)^2 + 2 \times 0.7 \times 0.3 \times (-0.1031))$，表示投資組合風險值 (σ_p) 為 $23.71\% (= \sqrt{0.0562})$。

在此透過共變異數與公式 (4-6) 而得的投資組合風險值，相等於前述不計算共變異數，而直接採用公式 (4-3) 所得到的答案。

四、單一資產與投資組合的報酬率及風險比較

表 4.3 根據上述計算結果，從期望報酬率與風險的角度，比較黑松股

票、台糖股票，及同時持有黑松與台糖股票的投資組合。

該表的結果顯示：當黑松與台糖的股票期望報酬率間之共變異數為負值時，此兩種股票所形成的投資組合，從平均數與變異數標準來比較時，優於將所有資金購買台糖股票。

因為此時投資組合的期望報酬率 11.2%，不但高於台糖股票的期望報酬率 7%，並且投資組合的風險 23.71%，也低於台糖股票的風險 36.55%。

這樣的結果，使我們瞭解到一件有趣的現象，即是對風險趨避的投資人而言，在特定情況下，該投資人將資金集中在較低風險資產（台糖股票）後，為了提高期望報酬率與降低風險，是有可能將部分低風險資產處分，接著將所獲得的資金，轉而購買比較不偏好的較高風險資產（黑松股票）。

在此所謂的特定情況，為低風險資產與高風險資產期望報酬率間的共變異數為負值。除此以外，公式 (4–6) 也顯示出共變異數的負值愈大時，愈能使投資組合之風險下降到更低。

表 4.3　單一資產與投資組合的期望報酬率與風險之比較

單位：%

	黑　松	台　糖	投資組合
期望報酬率	13	7	11.20
風　險	42.26	36.55	23.71

說明：投資組合中的黑松股票權重為 70%、台糖股票權重為 30%。

另方面來說，從表 4.3 之期望報酬率與風險觀點，比較投資組合與黑松股票時，雖然從平均數與變異數的標準來看，並不能說明投資組合「絕對」優於黑松股票，不過，從期望報酬率及風險變動的相對幅度來看，黑松與台糖股票所形成的投資組合，應該優於黑松股票的單一資產投資。

理由在於對投資人而言，從財富都集中在黑松股票，轉換成將財富中的 70% 分配給黑松股票、30% 分配給台糖股票，在資產轉換後，期望報酬率從原先的 13% 下降到投資組合的期望報酬率 11.2%，代表下降幅度約為

13.8%(=(0.112 − 0.13)/0.13)；但是從風險的角度來看，則此種轉換造成風險下降的幅度高達 43.9%(=(0.2371 − 0.4226)/0.4226)。

　　根據以上探討，投資人因為持有投資組合後，風險下降的幅度，遠高於期望報酬率下降的幅度。因此，對風險趨避的投資人而言，相較於將資金全數購買黑松股票，或許會比較偏好持有黑松與台糖股票所形成的投資組合。

本章習題

一、單選題

( ) 1.已知統一股票的今天價格為每股 15 元。投資人認為一年後該股票的價格，有 30% 的機率為 20 元，60% 的機率為 16 元，10% 的機率為 13 元。在不發放股利的前提下，請問該股票的期望報酬率為何？　(A) 17%　(B) 16%　(C) 12%　(D) 10%。

( ) 2.已知今天統一股票的價格為每股 15 元。投資人認為一年後該股票的價格，有 30% 的機率為 20 元，60% 的機率為 16 元，10% 的機率為 13 元。在不發放股利的前提下，請計算該股票的風險值。　(A) 17%　(B) 16%　(C) 12%　(D) 10%。

( ) 3.假設鴻海股票的期望報酬率為 15%、風險 20%，對於風險趨避係數值為 2 的投資人來說，該股票能提供給他的效用值等於多少？　(A) 15%　(B) 14%　(C) 11%　(D) 9%。

( ) 4.假設某證券的風險為 30%，投資人的風險趨避係數值為 6，請問能夠提供投資人效用達到 3% 的證券，其期望報酬率應為多少？　(A) 30%　(B) 25%　(C) 20%　(D) 15%。

( ) 5.已知投資組合中，統一股票的權重 60%、報酬率 15%、風險 20%。聯電股票的權重 40%、期望報酬率 25%、風險 30%。兩支股票的共變異數為 0.1。請問該投資組合的風險值，最接近下列那一個答案？　(A) 31%　(B) 28%　(C) 23%　(D) 19%。

二、簡答題

1.假設投資人一年前購買台積電股票，當時股價 50 元。一年後的今天，投資人獲得 3 元現金股利後，以市價 52 元出售。請問該投資人的期望報酬率為何？

2.假設投資人購買台塑股票時，預估該股票一年後，期望報酬率 60% 的機

率為 30%，期望報酬率 15% 的機率為 20%，期望報酬率 5% 的機率為 40%，期望報酬率 −20% 的機率為 10%，請計算該股票的期望報酬率。

3. 假設投資人購買鴻海股票時，預估該股票一年後，期望報酬率 60% 的機率為 20%，期望報酬率 10% 的機率為 50%，期望報酬率 −10% 的機率為 30%。已知期望報酬率為 14%，請計算該股票的標準差。

4. 股票的風險溢酬如何計算？請說明。

5. 風險趨避的投資人，購買資產時在期望報酬率與風險之間的要求為何？請說明。

6. 風險趨避投資人的效用函數，可採用三項變數加以衡量，請說明。

7. 已知投資人的風險趨避係數為 2，某股票之年期望報酬率為 12%、風險為 10%。請計算投資人購買該股票所得到的效用值。

8. 已知投資人的風險趨避係數為 4，某股票之年期望報酬率為 12%、風險為 10%。請從效用的角度，計算對該投資人來說，風險為 11% 的股票，期望報酬率必須大於或等於多少，才能吸引該投資人購買。

9. 已知投資人的風險趨避係數為 2，某股票之年期望報酬率為 11%、風險為 10%。請從效用的角度，計算對該投資人來說，期望報酬率為 12% 的股票，風險必須小於或等於多少，才能吸引該投資人購買。

10. 已知 A 股票一年後期望報酬率 30% 的機率 60%、期望報酬率 −10% 的機率 40%。且 A 股票與 B 股票的期望報酬率之間為負相關；B 股票一年後期望報酬率 −15% 的機率 60%、期望報酬率 80% 的機率 40%。請計算投資人以 30% 資金購買 A 股票，70% 資金購買 B 股票的情況下，(1) A 股票與 B 股票的期望報酬率，(2) A 股票與 B 股票的風險，(3) A 股票與 B 股票的共變異數，(4) 投資組合的期望報酬率，(5) 投資組合的風險。

CHAPTER 5

固定權數資產配置

investment

◆ 第一節　無風險資產與風險資產組合

◆ 第二節　資本配置線

◆ 第三節　被動式投資策略

投資人控制投資風險有兩種決策，分別是：資產配置 (asset allocation) 與證券選擇 (security selection)。資產配置對投資人來說，就是在總投資的資產中，包含無風險資產及一個風險資產組合，在他決定購買風險資產組合的資金後，將剩餘資金投資在無風險資產。

該投資人決定投資於風險資產組合的資金後，接下來就是證券選擇的決策，也就是選擇證券以形成最佳的風險資產組合。

本章著重在上述投資決策中，固定權數下之資產配置的探討。證券選擇的原理與原則在第十一章說明。本章第一節說明無風險資產與風險資產組合之間的關係。第二節介紹資本配置線 (capital allocation line, CAL) 的概念。最後，第三節透過被動式投資策略 (passive strategy) 的探討，分析投資人運用資本配置線以提升決策品質的方法。

◎資產配置
資產配置對投資人來說，就是在總投資的資產中，包含無風險資產及一個風險資產組合，在他決定購買風險資產組合的資金後，將剩餘資金投資在無風險資產。

第一節　無風險資產與風險資產組合

第四章以投資人大明為例，說明購買黑松與台糖兩種股票後，該風險資產組合之期望報酬率與風險的計算方法。在此所謂的風險資產組合，是組合中的所有資產都具有風險。舉例來說：黑松股票的風險為 42.26%，台糖股票的風險為 36.55%。

 ## 一、風險下降策略

對大明而言，在投資總財富不變的假設下，一個降低投資風險的方法，就是賣掉部分的風險資產組合後，將獲得的資金購買無風險資產。此種策略稱為風險下降策略 (risk reduction strategy)。

◎風險下降策略
在投資總財富不變的假設下，一個能夠降低投資風險的方法，就是賣掉部分的風險資產組合後，將獲得的資金購買無風險資產。此種策略稱為風險下降策略。

二、以國庫券作為無風險資產

風險下降策略中，投資人大多以財政部發行的國庫券 (treasury bill, T-Bill) 作為無風險資產的代表。為什麼國庫券屬於無風險資產的一種呢？原因有下列三項：

1. 離到期日不遠

國庫券在一年之內到期。因為到期日離現在不遠，所以在投資人持有國庫券的期間中，市場利率變動的幅度不會很大，造成國庫券價格也不會有太大改變。

2. 實質購買力不會受到太大的影響

持有國庫券的期間較短，在該期間內之物價變動不大，所以持有國庫券對投資人的實質購買力不會造成太大影響。

3. 違約風險低

國庫券是財政部發行，正常情況下會保證支付利息與本金，使得國庫券的違約風險 (default risks) 下降到最低，甚至被視為不存在。

 ## 三、風險下降策略的資產配置

本文沿用第四章例子，說明當大明採用風險下降策略時，新投資組合之期望報酬率與風險的計算方法。根據第四章第三節的資料，大明有價值 100 萬元的風險資產組合。組合中包含 70 萬元黑松股票，以及 30 萬元台糖股票，此組合的期望報酬率為 11.2%、風險為 23.71%。

本節假設大明持有上述風險資產組合後，決定透過風險下降策略來降低投資風險。他按照原先風險資產組合的資產比例，出售 40 萬元的風險資產後，將此資金用來購買 40 萬元的國庫券。

因此，當大明採用風險下降策略後，新投資組合包含：40 萬元的國庫券，以及 60 萬元的風險資產組合。因為風險資產組合中，黑松股票與台糖股票的權重比為 7 比 3，所以 60 萬元的風險資產組合中，包含 42 萬元黑松

股票，以及 18 萬元台糖股票。

 四、新投資組合的期望報酬率與風險

經過風險下降策略的調整後，新投資組合的期望報酬率與風險之計算方法，說明如下：

㈠新投資組合的期望報酬率

新投資組合的期望報酬率 (r_c)，等於此組合價值占新組合的權數 (y) 乘上風險資產組合報酬率 (r_p) 後，加上無風險資產在新組合的權數 $(1-y)$ 乘上無風險利率 (r_f)。新投資組合之期望報酬率 (r_c) 的計算方法，以公式 (5–1) 表達於下方：

$$r_c = y \times r_p + (1-y) \times r_f \qquad\qquad (5\text{–}1)$$

根據上述資料與公式 (5–1)，在國庫券年利率為 5% 的假設下，計算大明採用風險下降策略後，新投資組合的期望報酬率 (r_c) 為 8.72%(= 0.6 × 0.112 + 0.4 × 0.05)。

㈡新投資組合的風險值

我們計算風險下降策略實行後，新投資組合的風險值 (σ_c)。根據第四章的 (4–6) 式，當投資組合的資產組成只有兩項時，投資組合風險的平方值 (σ_c^2)，等於風險資產組合占總資產權數的平方 (y^2) 乘上風險資產組合之風險的平方值 (σ_p^2)，加上國庫券占總資產權數的平方 $((1-y)^2)$ 乘上國庫券之風險的平方 (σ_f^2)，再加上此兩項資產占總資產權數的乘積 $(y \times (1-y))$、與兩倍的此兩項資產報酬率的共變異數 $(Cov(r_f, r_p))$。以公式 (5–2) 表達於下方：

$$\sigma_c^2 = y^2\sigma_p^2 + (1-y)^2\sigma_f^2 + 2y(1-y)Cov(r_f, r_p) \tag{5-2}$$

因為國庫券利率是確定在一年之後能夠獲得的報酬，所以國庫券的風險 (σ_f) 為 0。除此以外，相較於黑松與台糖股票所形成的風險資產組合，不論國際糖價在未來如何變動，國庫券支付的利率都維持不變，所以國庫券與風險資產組合的共變異數 ($Cov(r_f, r_p)$) 也等於 0。

總結上述兩項討論，可知風險下降策略實行後，新投資組合風險 (σ_c)，等於風險資產組合占總資產的權數 (y)、乘上該風險資產組合的風險 (σ_p)。新投資組合風險 (σ_c) 的計算，以公式 (5–3) 表達於下方：

$$\sigma_c = y \times \sigma_p \tag{5-3}$$

當風險資產組合占總資產的權數為 60%，且此資產組合的風險為 23.71% 時，在風險下降的策略中，透過公式 (5–3) 運用，則新投資組合風險 (σ_c) 將從原先的 23.71%，下降為 14.23%(= 0.6 × 0.2371)。

五、採取風險下降策略前後的比較

比較大明採取風險下降策略之前與後的情況，在投資財富不變的前提下，雖然購買無風險的國庫券後，總投資風險如他所願，由原先的 23.71% 下降到 14.23%，但是總期望報酬率則由 11.2% 下降到 8.72%。

換句話說，因為無風險資產的期望報酬率偏低，以及無風險資產與風險資產組合的共變異數為 0，造成投資人採用風險下降策略時，雖然新投資組合可有較低風險，不過投資人所承受的代價，就是新投資組合的報酬率，低於原先風險資產組合之期望報酬率。

第二節　資本配置線

資本配置線 (capital allocation line, CAL) 代表在風險下降策略中，投資人持有風險資產組合與無風險資產時，在風險資產組合占總資產的各種比例之下，總投資組合間之期望報酬率與風險的抵換關係。

為了說明資本配置線如何在座標平面畫出，本節沿用前一節的例子。假設大明有 100 萬元，可用來投資國庫券或是兩項風險資產（黑松及台糖股票）所組成的資產組合。

表 5.1 的資產組合 F 代表大明將所有資金用來購買無風險的國庫券。此時風險資產組合占總資產的比例為 0，並且期望報酬率為 5%、風險為 0。

> ◎資本配置線
> 資本配置線代表在風險下降策略中，投資人持有風險資產組合與無風險資產時，在風險資產組合占總資產的各種比例之下，總投資組合間之期望報酬率與風險的抵換關係。

表 5.1　資本配置線之期望報酬率與風險的抵換關係

單位：%

項　　目＼資產組合	F 組合	A 組合	P 組合	B 組合
總資產期望報酬率	5	8.72	11.20	14.30
總資產風險	0	14.23	23.71	35.57
風險資產組合占總資產的比例	0	60	100	150
無風險資產占總資產的比例	100	40	0	−50

資產組合 P 代表大明用所有資金購買 70 萬元黑松股票，以及 30 萬元台糖股票，此時風險資產組合占總資產的比率為 100%。根據第四章第三節的計算結果，此風險資產組合的期望報酬率為 11.2%、風險為 23.71%。

假設大明持有投資組合 P 後，認為風險太高，則在總財富不變的前提下，他決定出售 40 萬元的風險資產，轉而將資金購買無風險的國庫券，此

情況產生投資組合 A。該組合代表大明擁有 60 萬元的風險資產組合，以及 40 萬元的國庫券。依本章第一節的計算結果，顯示組合 A 的期望報酬率為 8.72%、風險為 14.23%。

相對於投資組合 A，如果大明持有投資組合 P 並希望獲得更高的期望報酬率，則他可用無風險利率向市場借錢，持有更高金額的風險資產組合。

舉例來說：表 5.1 的投資組合 B，代表他用無風險利率向市場借 50 萬元後，加上原先的自有資金 100 萬，合計購買了 150 萬元的風險資產組合。此時對大明而言，總資產仍舊維持在 100 萬元，所以風險資產組合占總資產的比例為 150%，而國庫券占總資產的比例為 –50%。

投資組合 B 的期望報酬率，依據第一節的 (5–1) 式運用，計算可得到 14.3%(= 1.5 × 0.112 + (–0.5) × (0.05))；至於組合 B 的風險，則依 (5–3) 式計算而得到 35.57%(= 1.5 × 0.2371)。

依據表 5.1 的資料，以期望報酬率作為座標軸的縱軸，風險為橫軸，且在座標平面中找到 F、A、P、B 所對應的座標點，並將各點連結後，即可畫出資本配置線，如圖 5.1 所示。

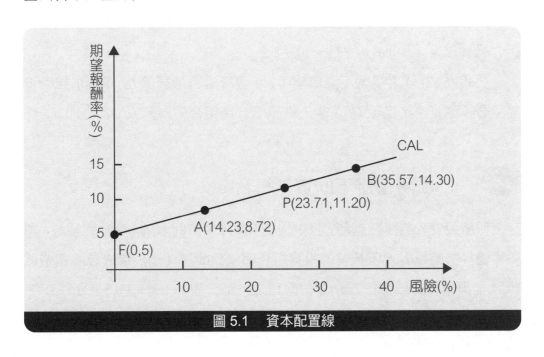

圖 5.1　資本配置線

圖 5.1 的 P 點，代表大明將所有資金都用來購買風險資產組合。P 點左邊，代表投資人有部分資金按無風險利率貸出給政府。舉例來說：A 點代表大明擁有 60 萬元價值的風險資產組合，以及 40 萬元的國庫券。

另方面來說，資本配置線之 P 點右邊，代表購買風險資產組合的部分資金，來自於投資人用無風險利率向市場舉借。舉例來說：B 點代表大明以無風險利率借了 50 萬元，並加上自有資金 100 萬元後，購買了 150 萬元的風險資產組合。

第三節　被動式投資策略

本章第二節說明資本配置線的定義，以及如何用公式 (5–1)、(5–3) 與相關資訊，畫出一條資本配置線。本節進一步說明，當投資人之效用函數已知時，如何運用資本配置線的資訊提升決策品質，並使效用達到最大。

公式 (5–1) 代表投資人採用風險下降策略時，新投資組合報酬率 (r_c)，等於此組合價值占總資產的權數 (y) 乘上風險資產組合的期望報酬率 (r_p) 後，再加上該資產占總資產的權數 ($1 - y$) 乘上無風險資產的期望報酬率 (r_f)。簡言之，$r_c = y \times r_p + (1 - y) \times r_f$。

公式 (5–2) 代表風險下降策略中，新投資組合的風險 (σ_c)，等於風險資產組合占總資產的權數 (y)，乘上該風險資產組合的風險 (σ_p)，亦即 $\sigma_c = y \times \sigma_p$。

一、風險趨避下的資產組合

假設投資人為風險趨避，且效用值 (u) 可用第四章的 (4–4) 式衡量，則效用值等於該投資人所持有的投資組合期望報酬率 (r_c)，減去風險趨避係數 A 值與該組合風險平方 (σ_c^2) 的乘積之一半。亦即 $u = r_c - 0.5 \times A\sigma_c^2$。

整合上述公式 (4–4)、(5–1) 與 (5–3)，再加上一次偏微分的運算方法，

即可計算投資人在考慮風險下降策略時，風險資產組合占總資產的最適權數 (y^*)。說明如下：

將公式 (5–1) 與 (5–3) 代入公式 (4–4)，可得到：$u = y \times r_p + (1 - y) \times r_f -0.5 \times A \times y^2 \times \sigma_p^2$。在這個式子中，$r_p$、$r_f$、$A$、與 σ_p^2 為已知，我們希望知道的是：應該選擇什麼樣比率的 y 值，才可使投資人的效用 (u) 達到最大？因此，我們可在等號兩邊對 y 進行一次偏微分，$\partial u/\partial y = r_p - r_f - A \times y \times \sigma_p^2$，並使偏微分的值等於 0。

經過簡單的移項與運算後，獲得風險資產組合占總資產的最適權數 (y^*) 之計算方法，如公式 (5–4) 所示：

$$y^* = \frac{r_p - r_f}{A\sigma_p^2} \tag{5-4}$$

公式 (5–3) 說明風險趨避係數為 A 值的投資人，在採取風險下降策略時，應選擇在投資組合中持有 y^* 比重的風險資產組合，以及 ($1-y^*$) 比重的無風險資產，才可使其效用達到最大。

其中 y^* 的計算，等於風險資產組合的期望報酬率 (r_p) 與無風險資產的期望報酬率 (r_f) 的差值，除上風險趨避係數值 (A) 與風險資產組合之風險平方 (σ_p^2) 的乘積。

二、風險溢酬與風險對資產組合之影響

公式 (5–4) 的經濟意義，代表風險資產組合的風險溢酬 (risk premium，(r_p-r_f)) 愈高時，投資人持有該組合占總資產的權數將因此而增加。除此以外，當投資人越不喜歡風險或風險資產組合的風險越高時，則風險資產組合占總資產的權數，將會因此而下降。

> **◎風險溢酬**
> 又稱風險貼水，指投資標的物本身隱含的風險愈高，則須提供更多的預期報酬以作為投資人承擔高風險的補償。

關於公式 (5–4) 的運用，我們以大明的例子加以說明，在他的風險投資組合中，黑松股票的投資資產占風險資產組合總價值的 70%，另外的 30% 自有資金購買台糖股票。此風險資產組合的期望報酬率為 11.2%，風險值為 23.71%。

在已知無風險利率為 5%，風險趨避係數值為 4 的假設下，根據 (5–4) 式，$y^* = (r_p - r_f)/(A \times \sigma_p^2) = (0.112 - 0.05)/(4 \times 0.2371^2) = 0.2757$，可得知大明採用風險下降策略時，他持有 27.57% 的風險資產組合，72.43% 的無風險資產時，可使效用達到最大。

換句話說，當大明有 100 萬元可投資時，在風險下降策略中，他應持有大約 72 萬元的無風險資產，以及 28 萬元的風險資產組合。而此風險資產組合包含價值 20 萬元的黑松股票，以及 8 萬元的台糖股票。

 ## 三、風險下降策略在實務應用上所面臨的問題

前述公式 (5–4) 的應用，假設只有兩項風險資產形成的風險資產組合，然後再計算大明的所有投資資金裡，應該如何分配在無風險資產、黑松股票及台糖股票。

真實世界中，大明採用上述之風險下降策略時，可能面臨三項問題。

㈠投資人搜尋標的物的成本非常高

假設大明決定挑選兩種股票以形成風險資產組合時，則在臺灣的股票市場中，目前上市（櫃）公司股票合計有上千種，他可能沒有充分的時間與知識對眾多股票進行相關分析，再從篩選的股票裡透過平均數與變異數的標準中，挑選最適合他的風險資產組合。

㈡投資人的資金有限

假設大明能挑選出兩種股票形成風險資產組合，在有限的資金下，他

不見得能依照公式 (5–4) 的最適權數 (y^*)，將資金予以有效分配。

舉例來說：經過計算後，大明決定購買 26 萬元的聯發科股票。假設聯發科的收盤價為每股 350 元時，代表該公司股票以 35 萬元為單位進行買賣。這個例子中，大明的 26 萬元連一張聯發科股票都買不到，造成他即使知道風險資產組合中的股票權值，也沒辦法有效的分配投資資金。

㈢相同產業內的風險無法透過分散投資而避免

風險資產組合如果由不同產業下之股票組成，從平均數與變異數標準的角度來看，應該優於同產業之股票形成的資產組合。

舉例來說：黑松與台糖股票所形成的風險資產組合，是以食品業股票作為投資組合之標的資產。在特定經濟情況中，例如：今年天氣異常寒冷，造成消費者購買黑松飲料的意願大為降低，也連帶影響到台糖公司的今年獲利。

因此，投資人將資金分散在購買食品業的股票，雖然可以降低投資組合的風險，不過整體食品業的風險，是無法透過食品業股票的分散投資而消除。當投資人購買不同產業的股票，且增加產業種類時，就更有可能降低總投資風險。

基於上述三項原因，對於風險趨避的投資人而言，採用風險下降策略以進行資產配置決定時，常選擇指數型基金 (index funds)，作為持有風險資產組合的代表。接著，再根據本章介紹的公式 (5–4)，決定在此風險下降策略中，投資人應持有的最適權重 (y^*) 之風險資產組合，以及無風險資產之比重 ($1-y^*$)。

關於指數型基金的選擇方面，臺灣第一檔指數股票型基金 (exchanged traded funds, ETFS) 是由寶來證券公司提供，並於 2003 年 6 月 30 日在臺灣證券交易所以「寶來臺灣卓越 50 基金」的名義（俗稱臺灣 50 基金）掛牌上市。

臺灣 50 基金的投資組合，就是臺灣 50 指數的五十檔成分股。在這些

成分股中，包含：電子、金融、塑膠、通訊、紡織、鋼鐵、食品、汽車、通路以及其他等十大類型的產業。因此，對選擇風險下降策略的投資人而言，購買臺灣 50 基金作為風險資產組合的代表時，不必耗費時間與知識，對臺灣股市中上千種的上市（櫃）股票進行分析與瞭解。

　　接著，在收盤價為每股新臺幣 50 元的假設下，投資人花費 5 萬元即可購買一張臺灣 50 基金的股票。換句話說，該基金的投資金額較低，造成投資人容易透過臺灣 50 基金的買賣，有效分配其投資資金。

　　最後，也因為臺灣 50 基金的組成，是由十大類型產業中的上市績優股票所形成，造成當投資人持有該基金時，可有效地降低該基金內每支股票所單獨面對的產業風險。

投資學知識家

　　臺灣 50 指數為臺灣證券交易所，與英國的富時國際合作後所編製的指數。該指數挑選臺灣的上市股票中，市值最大的前五十家公司，作為指數的成分股。

　　臺灣指數系列諮詢委員會，負責對臺灣 50 指數進行審核。委員會於每年之 1 月、4 月、7 月與 10 月中，第一個星期五後的下個星期四進行每季的審核。審核後有關成分股之變動，則在舉行審核會議當月中，第三個星期五後的下個交易日執行。

　　寶來臺灣卓越 50 基金，在交易所掛牌的代號為 0050，該基金依照臺灣 50 指數之標的股票及各股權重，分散投資於臺灣的績優股票。因此，基金經理人不必花時間分析股票，也不必煩惱股票的權重，只要根據審核後的最新資料，調整基金持股的種類與比重。

　　根據臺灣證券交易所的資料，2011 年 6 月的公開說明書裡提到臺灣 50 指數之標的公司，以及該公司股票在指數的權重，表示如下：

臺灣 50 指數之標的公司及指數權重

代　號	名　　稱	權重 (%)	代　號	名　　稱	權重 (%)
1101	臺灣水泥	1.34	2448	晶　元	0.60

1102	亞洲水泥	0.79	2454	聯發科	2.78
1216	統一企業	1.45	2474	可　成	0.79
1301	臺灣塑膠	5.37	2498	宏達電	6.96
1303	南亞塑膠	4.99	2618	長榮航	0.35
1326	臺灣化纖	3.71	2801	彰　銀	0.70
1402	遠東新	1.29	2880	華南金	0.90
1722	台灣肥料	0.55	2881	富邦金	2.36
2002	中國鋼鐵	2.86	2882	國泰金	2.75
2105	正新橡膠	1.06	2883	開發金	1.05
2301	光寶科	0.70	2885	元大金	1.32
2303	聯　電	1.51	2886	兆豐金	1.76
2308	台達電	1.52	2888	新光金	0.57
2311	日月光	1.18	2890	永豐金控	0.70
2317	鴻　海	7.57	2891	中信金	2.09
2324	仁　寶	1.25	2892	第一金	0.95
2325	矽　品	0.89	2912	統一超商	1.08
2330	臺積電	15.37	3008	大立光	0.79
2347	聯　強	0.88	3045	台灣大哥大	1.15
2353	宏　碁	1.10	3231	緯　創	0.82
2354	鴻　準	1.11	3481	奇美電子	1.19
2357	華　碩	1.46	3673	TPK	1.24
2382	廣　達	1.62	4904	遠　傳	0.61
2409	友　達	1.37	5854	合　庫	0.86
2412	中華電信	3.12	6505	台塑化	1.58

資料來源：臺灣證券交易所 (http://www.twse.com.tw)。

本章習題

一、單選題

( )　1.假設投資人持有風險資產組合，價值 100 萬元、報酬率 15%、風險 25%。該投資人決定賣掉 40 萬的風險資產組合，轉而購買期望報酬率為 5% 的國庫券 40 萬元。請問此風險下降策略中，新投資組合的期望報酬率等於多少？　(A) 11%　(B) 12%　(C) 10%　(D) 14%。

( )　2.假設投資人持有風險資產組合，價值 100 萬元、期望報酬率 15%、風險 25%。該投資人決定賣掉 40 萬的風險資產組合，轉而購買國庫券 40 萬元。請問此風險下降策略中，新投資組合的風險等於多少？　(A) 20%　(B) 18%　(C) 16%　(D) 15%。

( )　3.假設投資人持有風險資產組合，價值 100 萬元、期望報酬率 15%、風險 25%。該投資人決定用無風險利率 5%，向金融市場借到 40 萬元後，用來購買風險資產組合。請問此風險增加的策略中，新投資組合的期望報酬率等於多少？　(A) 20%　(B) 19%　(C) 21%　(D) 22%。

( )　4.假設投資人持有風險資產組合，價值 100 萬元、期望報酬率 15%、風險 25%。該投資人決定用無風險利率 5%，向金融市場借到 40 萬元後，用來購買風險資產組合。請問此風險增加的策略中，新投資組合的風險等於多少？　(A) 30%　(B) 32%　(C) 35%　(D) 40%。

( )　5.已知投資人可選擇持有風險投資組合與國庫券。風險資產組合的期望報酬率 15%、風險 25%。無風險利率 5%。假設投資人的風險趨避係數值為 5。請問該投資人採用風險下降策略時，為了使效用達到最大，他應將 100 萬的資產，用來購買多少金額的風險資產組合？　(A) 32%　(B) 30%　(C) 28%　(D) 26%。

二、簡答題

1. 何謂資產配置？請說明。

2. 在本章固定權數的資產配置內容中，曾介紹風險下降策略，請說明。

3. 國庫券為什麼是無風險資產？請說明原因。

4. 假設投資人持有市價 1,000 萬元的風險資產組合，期望報酬率 10%、風險 8%。並且，該投資人按照原先風險資產組合的資產比例，出售 200 萬元的風險資產後，將此資金用來購買 200 萬元的國庫券。已知國庫券的利率為 4%，請計算風險下降後的新投資組合的期望報酬率與風險。

5. 何謂資本配置線？請說明。

6. 假設投資人持有市價 1,000 萬元的風險資產組合，期望報酬率 10%、風險 8%。並且，該投資人按照原先風險資產組合中的資產比例，出售 400 萬元的風險資產後，將此資金用來購買 400 萬元的國庫券。已知國庫券的利率為 6%，請計算風險下降後新投資組合的期望報酬率與風險，並請畫出資本配置線。

7. 風險資產組合占總資產最適權數 (y^*) 之計算公式，為 $y^* = (r_p - r_f)/A\sigma_p^2$，請說明此公式的經濟意義。

8. 已知投資人的風險趨避係數值等於 4，無風險利率 4%、風險資產組合的期望報酬率 10%、風險 20%。請計算該投資人採用風險下降策略時，為了使其效用達到最大，應將 1,000 萬元資金，如何分配於風險資產組合，以及無風險資產。

9. 真實世界中，投資人透過兩種股票購買而形成風險資產組合，並採用風險下降策略時，可能面臨三項問題，請說明。

10. 真實世界採用風險下降策略，以進行投資的資產配置決定時，投資人常選擇何種標的，作為持有風險資產組合的代表？

Note

CHAPTER 6

變動權數資產配置

nvestment

◆ 第一節　兩項風險資產組合的資金
　　　　　配置

◆ 第二節　兩項風險資產組合與無風
　　　　　險資產

◆ 第三節　多項風險資產組合與無風
　　　　　險資產

第四章透過大明的例子，說明他購買 70 萬元黑松股票、30 萬元台糖股票後，風險資產組合的期望報酬率與風險。第五章假設黑松與台糖股票的價值比為 7 比 3 之前提下，大明採用風險下降策略時，如果風險趨避係數值已知，則他願意投資的無風險資產金額，以及黑松與台糖股票的資產配置金額。

本章使用前述例子，並放寬上述兩種股票的「價值比」假設。第一節探討風險資產組合由黑松與台糖股票構成時，兩項資產的價值比應為多少，才能使資產組合的風險達到最低。

接著，第二節以大明為例，說明他採用風險下降策略時，如果風險資產組合只有兩項資產，且風險趨避係數值已知，在追求效用最大的前提下，他需投資的無風險資產金額，以及黑松與台糖股票的個別投資金額。

最後，第三節考量多項風險資產組合中，投資人採用風險下降策略時，將資金配置在無風險資產，以及各風險資產的依據準則。

第一節　兩項風險資產組合的資金配置

第四章透過大明的例子，計算購買黑松及台糖股票後，風險資產組合的期望報酬率與風險。該章的黑松股票期望報酬率 (r_1) 為 13%、風險 (σ_1) 42.26%，且該股票占資產組合總價值的權數 (w_1) 為 70%。除此以外，台糖股票的期望報酬率 (r_2) 7%、風險 (σ_2) 36.55%，且該股票占資產組合總價值的權數 (w_2) 為 30%。

根據上述假設與公式 (4–5)，$r_p = w_1 r_1 + w_2 r_2$，該風險資產組合的報酬率 (r_p) 為 11.2%。並且，以公式 (4–7) 計算出黑松與台糖股票的共變異數為 –0.1031 後，根據公式 (4–6)，$\sigma_p^2 = w_1^2 \sigma_1^2 + w_2^2 \sigma_2^2 + 2 w_1 w_2 Cov(r_1, r_2)$，得知該資產組合的風險 (σ_p) 為 23.71%。

㈠黑松股票權數變動下，資產組合的期望報酬率與風險

本章延續上述計算過程，探討黑松股票「權數變動」的情況下，各權數相對應的資產組合期望報酬率與風險。舉例來說：黑松股票占資產組合價值的權數為 60%，且台糖股票權數為 40% 時，則在黑松股票期望報酬率與風險、台糖股票期望報酬率與風險，以及黑松與台糖股票的共變異數都不變的情況下，代入公式 (4–5)，得知該資產組合的期望報酬率由原先的 11.20%，下降為 10.60%。並且，根據公式 (4–6)，得知該資產組合的風險也從原來的 23.71%，下降到 19.02%。

黑松股票權數從 70% 下降到 20% 的過程中，各權數相對應的資產組合期望報酬率與風險之計算，因為採用上述相同方法而從略，僅將結果列示於下表 6.1：

表 6.1　兩項風險資產組合的期望報酬率與風險

單位：%

黑松股票權數	資產組合的期望報酬率	資產組合的風險
20.00	8.20	24.42
30.00	8.80	19.55
40.00	9.40	16.49
45.66	9.74	15.97
50.00	10.00	16.28
60.00	10.60	19.02
70.00	11.20	23.71

說明：黑松股票的期望報酬率 13%、風險 42.26%。台糖股票的期望報酬率 7%、風險 36.55%。兩支股票之共變異數為 − 0.1031。

表 6.1 的結果顯示：隨著黑松股票權數從 70% 逐漸下降到 20%，資產組合的風險將先下降到 15.97% 後，再隨之上升。舉例來說：黑松股票權數由 60% 下降到 50%、再下降到 40% 時，資產組合風險值由 19.02%、下降到 16.28%、又上升到 16.49%。

㈡資產組合最低風險下的黑松股票權數

此結果代表黑松股票權數在 40% 到 50% 間，存在一個使資產組合風險達到最低的權數 ($w_{\min}$)。此權數的計算過程，是透過公式 (4–6) 的進一步延伸，說明如下：

根據 (4–6) 式，$\sigma_p^2 = w_1^2 \sigma_1^2 + w_2^2 \sigma_2^2 + 2w_1 w_2 Cov(r_1, r_2)$，假設大明將所有資金用來購買黑松及台糖股票時，表示兩項資產占總資產權數的總和為 $1(= w_1 + w_2)$。

在黑松與台糖股票的風險值，以及兩者報酬率之共變異數皆為已知的情況下，公式 (4–6) 簡化為：以資產組合風險平方為因變數，黑松股票權數為自變數的恆等式。換言之，公式 (4–6) 轉換成：$\sigma_p^2 = w_1^2 \sigma_1^2 + (1 - w_1)^2 \sigma_2^2 + 2w_1(1 - w_1)Cov(r_1, r_2)$。

為了計算資產組合最低風險下的黑松股票權數，可在等式兩邊對黑松股票權數進行微分，並且使 $\partial \sigma_p / \partial w_1$ 的值等於 0 的前提下，得到黑松股票權數的數值。黑松股票權數等於台糖股票風險的平方減去共變異數作為分子；分母的部分，則是黑松股票風險的平方，加上台糖股票風險的平方，再減去二倍共變異數。此文字說明的數學式，以公式 (6–1) 表達於下方：

$$w_1 = \frac{\sigma_2^2 - Cov(r_1, r_2)}{\sigma_1^2 + \sigma_2^2 - 2Cov(r_1, r_2)} \tag{6–1}$$

相關資料代入公式 (6–1) 後，計算出大明將全部資金購買黑松及台糖股票時，資產組合最低風險下的黑松股票權數 ($w_{\min}$) 為 45.66%(= $[0.3655^2 - (-0.1031)]/[0.4226^2 + 0.3655^2 - 2 \times (-0.1031)]$)。

換句話說，大明的投資金額為 100 萬元時，如果購買約 46 萬元的黑松股票、54 萬元的台糖股票後，此時資產組合的風險最低。根據公式 (4–6) 的

計算，風險值為 15.97%；另方面，此資產組合的報酬率，則依公式 (4–5) 計算後等於 9.74%。

㈢風險與報酬率間的抵換關係

圖 6.1 表達在各種黑松股票權數下，風險資產組合的期望報酬率與風險。此圖以資產組合的期望報酬率為縱軸，風險為橫軸，並根據表 6.1 的數據，在座標平面找出相對應的座標點後，連結而得。

圖中的資產組合最低風險座標點 A 點，此點及此點以上的 BA 曲線代表從客觀情況來看，投資人能夠接受的各種資產組合。除此以外，這些資產組合間也存在風險與期望報酬的抵換關係。

舉例來說，圖中資產組合最高報酬率之座標點 B 點，代表黑松股票權數為 70% 時，該組合的報酬率 11.2%、風險 23.71%。雖然 B 點的風險值高於 A 點的最低風險值 15.97%，不過 B 點資產組合的報酬率也高於 A 點的報酬率 9.74%。

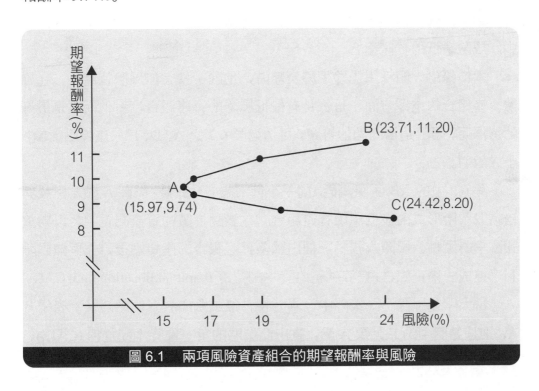

圖 6.1 兩項風險資產組合的期望報酬率與風險

最後，在資產組合最低風險座標點的下方 AC 曲線，代表從客觀情況來看，投資人不願持有的各種資產組合。舉例來說，圖中資產組合最低報酬率之座標點 C 點，代表黑松股票的權數 20% 時，該組合的風險值 24.42%。

就資產組合的風險而論，黑松股票權數為 20% 的組合風險 24.42%，接近於該股票權數為 70% 時的組合風險 23.71%。不過比較 B 點與 C 點的報酬率時，C 點的報酬率 8.2% 低於 B 點的報酬率 11.2%。

因此，當投資人面臨這兩種資產組合時，投資人選擇資產組合最低風險座標點上方，BA 曲線中的各點進行投資，而不購買最低風險座標點下方，AC 曲線中之各種資產組合。

第二節　兩項風險資產組合與無風險資產

第一節的結果顯示，大明購買 46 萬元黑松股票及 54 萬元台糖股票後，資產組合的風險值為 15.97%；並且，此風險值為兩種股票形成的各種組合中，風險最低的資產組合。

本節探討大明採用風險下降策略時，他除了持有無風險資產外，在風險資產組合的選擇方面，是否持有最低風險的資產組合，對他而言是最好的選擇呢? 關於這個問題的答案，可透過圖 6.2 之 A、D、E 三座標點討論，予以說明。

圖 6.2 中的 AB 曲線，根據前一小節的表 6.1 資料。該圖 A 點為黑松與台糖股票所形成的最低風險資產組合。在變動權數的資產配置中，以期望報酬率為縱軸、風險為橫軸，標出風險資產組合的座標點後，並與無風險利率連成一條直線，該直線就稱為資本配置線 (capital allocation line, CAL)。

當大明在風險下降策略中，同時持有無風險證券（F 點）及資產組合 A，則連結圖中的 F 點及 A 點，畫出此策略的第一條資本配置線 (CAL$_1$)。

此資本配置線的斜率 (S_A)，等於持有資產組合 A 的超額報酬 $(r_A - r_f)$，除上資產組合 A 的風險 (σ_A)。換句話說，$S_A = (r_A - r_f)/\sigma_A$。

　　觀察圖 6.2，當資本配置線與 AB 曲線相交，並且斜率愈大時（或者說：資本配置線通過 F 點後，愈往左上方移動），就客觀情況來看，該線就愈能提供更好的投資選擇。因為資本配置線的斜率，代表投資人承擔一單位的風險，所能獲得的超額報酬率。

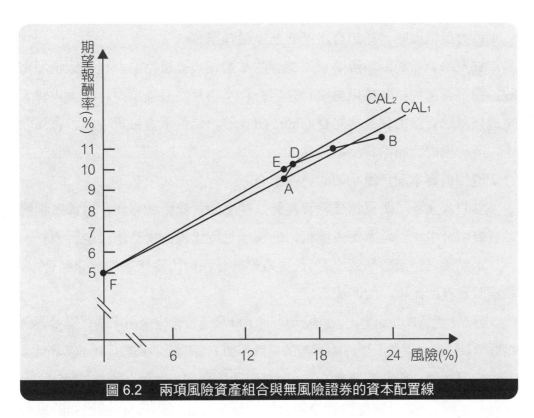

圖 6.2　兩項風險資產組合與無風險證券的資本配置線

　　舉例來說：如果資本配置線往左上方移動，直到與 AB 曲線相切時，連結圖中 F 點及切點 D 點，畫出此策略下的第二條資本配置線 (CAL_2) 時，此資本配置線的斜率 (S_D)，高於第一條資本配置線 (CAL_1) 的斜率。表示投資人不在第一條資本配置線進行資產組合選擇，而是在第二條資本配置線選擇時，在相同風險下，投資人可獲得比較高的投資報酬率。

例如，在第一條資本配置線中，大明選擇圖中的 A 點進行投資，則表示他將 100 萬元全部用來購買股票，包含：46 萬元黑松股票及 54 萬元台糖股票。

相對來說，大明在被動式投資策略中，選擇第二條資本配置線中的 E 點進行投資，亦即在資產組合中，持有部分的無風險資產，以及部分的風險資產組合 D。則資產組合 E 優於資產組合 A，因為在相同風險值 15.97% 下，E 點的報酬率高於 A 點。

上述分析可得到兩項重要結論：

(1)持有最低風險資產組合，不必然是最佳選擇

無風險資產與兩項風險資產組合的被動式投資策略中，從客觀情況來說，投資人選擇持有最低風險資產組合，不必然是最佳選擇。因為投資人透過無風險資產的買入或融賣 (short sale) 後，使得承擔每單位的投資風險下，所能獲取之超額報酬率提高。

(2)選擇與資本配置線相切的資產組合

該投資人除了購買無風險資產外，在風險資產組合方面，選擇各種風險資產組合中，與資本配置線相切的那一點所代表的資產組合進行投資。

本結論可透過數學式之運算，更為準確地探討切點代表的資產組合中，各風險資產的比重。說明如下：

圖 6.2 之 AB 曲線畫出，假設大明將 100 萬元資金完全用來購買黑松與台糖股票。因此，黑松股票占總資產的權數、加上台糖股票權數，應該等於 1。

在得知黑松股票報酬率 (r_1)、台糖股票報酬率 (r_2) 後，根據 (4–5) 式，$w_1 r_1 + w_2 r_2 = r_p$，計算風險資產組合的報酬率 (r_p)。接著，根據已知的黑松股票風險 (σ_1)、台糖股票風險 (σ_2)，以及黑松股票與台糖股票的共變異數 $(Cov(r_1, r_2))$，透過 (4–6) 式計算資產組合的風險 (σ_p)，其中 $\sigma_p = \sqrt{w_1^2 \sigma_1^2 + w_2^2 \sigma_2^2 + 2w_1 w_2 Cov(r_1, r_2)}$。

最後，改變黑松股票占資產組合的權數 (w_1)，透過公式 (4–5) 與 (4–6)，計算相對應的資產組合報酬率與風險，並在圖 6.2 的座標平面中，找尋相對

應的座標點後加以連結，即可以畫出該圖的 AB 曲線。

至於圖 6.2 之第二條資本配置線 (CAL$_2$)、與 AB 曲線的切點 D 點，在風險資產組合中，黑松股票占資產組合的權數是多少？則需透過資本配置線的斜率進一步分析。

資本配置線的斜率 (S_D)，等於持有資產組合 D 的超額報酬 ($r_D - r_f$)，除上資產組合 D 的風險 (σ_D)。換言之，$S_D = (r_D - r_f)/\sigma_D$。

在資本配置線斜率的式子中，將公式 (4–5) 與 (4–6) 代入，則該式分子的部分，等於黑松股票權數 (w_1) 乘上該股票的報酬率 (r_1)，加上 1 減黑松股票權數後、乘上台糖股票報酬率 (r_2)，再減去無風險利率 (r_f)。分母的部分，除了將台糖股票占資產組合的權數，改成 1 減黑松股票權數外，仍舊使用 (4–6) 式。換句話說：

$$S_D = \frac{r_D - r_f}{\sigma_D} = \frac{w_1 r_1 + (1 - w_1) r_2 - r_f}{\sqrt{w_1^2 \sigma_1^2 + (1 - w_1)^2 \sigma_2^2 + 2w_1(1 - w_1)Cov(r_1, r_2)}} \qquad (6\text{--}2)$$

公式 (6–2) 中，因為無風險利率，黑松及台糖股票的報酬率與風險，及黑松與台糖股票的共變異數 ($Cov(r_1, r_2)$) 都是已知，表示該公式中，可將資本配置線斜率 (S_D) 看成因變數，黑松股票占資產組合的權數 (w_1) 作為自變數。然後，在公式 (6–2) 的等號兩邊進行微分，並且令 $\partial S_D/\partial w_1 = 0$。

經過上述運算過程，可求出最大的資本配置線斜率之下，資產組合 D 之黑松股票權數 (w_1^D)，等於下述 (6–3) 式。該式之分子部分：為黑松股票的超額報酬率 ($r_1 - r_f$) 乘上台糖股票風險的平方 (σ_2^2) 後，減去台糖股票的超額報酬率 ($r_2 - r_f$) 乘上台糖與黑松股票的共變異數。

公式 (6–3) 的分母部分：等於黑松股票的超額報酬率乘上台糖股票的風險平方，加上台糖股票的超額報酬率乘上黑松股票的風險平方，減去黑松與台糖股票的超額報酬率之和，再乘上此兩種股票之共變異數。

$$w_1^D = \frac{(r_1 - r_f)\sigma_2^2 - (r_2 - r_f)Cov(r_1, r_2)}{(r_1 - r_f)\sigma_2^2 + (r_2 - r_f)\sigma_1^2 - (r_1 - r_f + r_2 - r_f)Cov(r_1, r_2)} \qquad (6\text{-}3)$$

運用公式 (6–3)，計算大明購買黑松與台糖股票及無風險資產的被動式投資策略，黑松股票在風險資產組合的比重 (w_1^D)。說明如下：

黑松股票報酬率 (r_1) 13%、風險 (σ_1) 42.26%；台糖股票報酬率 (r_2) 7%、風險 (σ_2) 36.55%。在黑松與台糖股票報酬率的共變異數 ($Cov(r_1, r_2)$) 為 –0.1031 及無風險利率為 5% 的假設下，大明採用被動式投資策略時，在風險資產組合中，黑松股票占組合價值的權數 (w_1^D) 為 51.89%(= [(0.13–0.05) × 0.3655² – (0.07 – 0.05) × (–0.1031)]/[(0.13–0.05) × 0.3655² + (0.07–0.05) × 0.4226² – (0.13 – 0.05 + 0.07 – 0.05) × (–0.1031)])；台糖股票占風險資產組合價值的比重 (w_2^D) 為 48.11%(= 1 – w_1^D = 1 – 0.5189)。

大明根據上述權重，分別投資黑松與台糖股票後，風險資產組合的報酬率根據公式 (4–5)，$r_p = w_1 r_1 + w_2 r_2 = 0.5189 × 0.13 + 0.4811 × 0.07 = 0.1011 = 10.11\%$。

另外，根據公式 (4–6)，此投資組合風險的平方 (σ_2) 為 0.0275(= 0.5189² × 0.4226² + 0.4811² × 0.3655² + 2 × 0.5189 × 0.4811 × (–0.1031))，投資組合風險 (σ_p) 為 16.59%(= $\sqrt{0.0275}$)。

本小節最後，運用第五章第三節的 (5–4) 式，假設大明的風險趨避係數值 (A) 為 4 時，在被動式投資策略中，計算他應持有 y^* 比重的風險資產組合，以及 (1 – y^*) 比重的無風險資產。

根據 (5–4) 式，$y^* = (r_p - r_f)/A\sigma_p^2 = (0.1011 - 0.05)/(4 × 0.1659^2) = 0.4642$。

因此，大明購買黑松與台糖股票、以及無風險資產的被動式投資策略中，最適資產配置包含將他的 100 萬資金，購買 46 萬元的風險資產組合及

54 萬元的無風險資產。

在 46 萬元的風險資產組合中，他需買 24 萬元 (= 46 × 0.5189) 的黑松股票，以及 22 萬元 (= 46 − 24) 的台糖股票。

第三節　多項風險資產組合與無風險資產

前小節探討兩項風險資產，以及無風險資產所形成的最適資金配置。本小節根據相同分析方式探討風險資產組合的資產有多項時，在被動式投資策略下，投資人應如何達到最適的資產配置❶。

一、多項風險資產與無風險資產的資金配置

首先計算：各風險資產的報酬率 (r_i) 與風險 (σ_i)，以及風險資產間之共變異數 $(Cov(r_i, r_j))$。

接著，針對多項風險資產，探討各種不同權數 (w_i) 下，多項風險資產組合的報酬率與風險。此部分的計算過程，類似於本章第一小節的計算過程，差別僅在計算的項目中，考慮的是多項資產。

計算多項風險資產組合的期望報酬率 (r_p) 時，可運用公式 (6–4)。當資產組合有多項資產時，該組合的期望報酬率，等於多項資產占組合價值的權數 (w_i) 乘上該資產的個別期望報酬率 (r_i)，再加總計算而得，以公式 (6–4) 表達於下方：

$$r_p = \sum_{i=1}^{n} w_i r_i \qquad (6\text{–}4)$$

---

❶　多項風險資產與無風險資產的資金配置，可參考 1990 年諾貝爾經濟獎得主馬克維茲 (Markowitz) 的研究報告：Markowitz, H. M.(1952), "Portfolio Selection," *Journal of Finance*, 7:1, pp. 77–91.

舉例來說，假設風險資產組合包含三項資產 (n=3)，則 (6-4) 式展開為：
$r_p = \sum_{i=1}^{3} w_i r_i = w_1 r_1 + w_2 r_2 + w_3 r_3$。表示三項風險資產組合的報酬率 ($r_p$)，等於第一項資產占組合價值的權數 ($w_1$) 乘該資產報酬率 ($r_1$)，加上第二項資產的權數 ($w_2$) 乘該資產報酬率 ($r_2$)，再加上第三項資產的權數 ($w_3$) 乘該資產報酬率 ($r_3$)。

得到風險資產組合的期望報酬率 (r_p) 後，接著運用公式 (6-5) 計算組合的風險值 (σ_p)。資產組合包含多項資產時，該組合風險值的平方 (σ_p^2) 等於組合中每項風險資產，乘上一項或兩項資產占資產組合價值的權數 (w_i, w_j)，再乘上該資產與本身或其他風險資產的共變異數 ($Cov(r_i, r_j)$)，加總計算而得，以公式 (6-5) 表達於下方：

$$\sigma_p^2 = \sum_{i=1}^{n} \sum_{j=1}^{n} w_i w_j Cov(r_i, r_j) \tag{6-5}$$

而風險資產組合包含三項資產時，公式 (6-4) 展開為九個項目的加總：
$\sigma_p^2 = w_1^2 Cov(r_1, r_1) + w_1 w_2 Cov(r_1, r_2) + w_1 w_3 Cov(r_1, r_3) + w_2 w_1 Cov(r_2, r_1) + w_2^2 Cov(r_2, r_2) + w_2 w_3 Cov(r_2, r_3) + w_3 w_1 Cov(r_3, r_1) + w_3 w_2 Cov(r_3, r_2) + w_3^2 Cov(r_3, r_3)$。

因為 $Cov(r_1, r_1) = \sigma_1^2$, $Cov(r_2, r_2) = \sigma_2^2$, $Cov(r_3, r_3) = \sigma_3^2$，且 $w_1 w_2 Cov(r_1, r_2) = w_2 w_1 Cov(r_2, r_1)$，$w_2 w_3 Cov(r_2, r_3) = w_3 w_2 Cov(r_3, r_2)$，$w_1 w_3 Cov(r_1, r_3) = w_3 w_1 Cov(r_3, r_1)$，所以該九項目可縮減為：$\sigma_p^2 = w_1^2 \sigma_1^2 + w_2^2 \sigma_2^2 + w_3^2 \sigma_3^2 + 2 w_1 w_2 Cov(r_1, r_2) + 2 w_2 w_3 Cov(r_2, r_3) + 2 w_1 w_3 Cov(r_1, r_3)$。表示三項風險資產組合的風險平方 ($\sigma_p^2$)，等於組合中各資產風險的平方 ($\sigma_1^2$, σ_2^2, σ_3^2)、分別乘上各資產占組合價值之權數的平方 (w_1^2, w_2^2, w_3^2)，加總後再加上這三項資產中，每兩項資產報酬率的共變異數 ($Cov(r_1, r_2)$, $Cov(r_2, r_3)$, $Cov(r_3, r_1)$)、分別乘上各共變異數中，相對應資產在組合所占權數之乘積 ($w_1 \times w_2$, $w_2 \times w_3$, $w_3 \times w_1$)，

再乘上 2，然後加總計算而得。

　　公式 (6–4) 計算多種風險資產組合的期望報酬率後，可在特定報酬率（例如 8%）假設下，找到一種或一種以上的權數組合，使得該組合的加權平均報酬率等於特定報酬率。

　　接著，根據不同的權數組合、各風險資產的風險值 (σ_i)，以及風險資產間的共變異數 $(Cov(r_i, r_j))$，再運用公式 (6–5) 計算特定報酬率下，各種可能權數組合所對應的組合風險值。

　　最後，以資產組合的期望報酬率為縱軸，該組合的風險為橫軸，將多項資產組合的各種期望報酬率與風險，在座標平面中找到相對應的座標點。

　　舉例來說，圖 6.3 表示在不同權數之下，多項風險資產組合的期望報酬率與風險。該圖之 A 點表示資產組合的期望報酬率 8%、風險 10%。D 點代表資產組合的期望報酬率也是 8% 的前提下，如果變動組合中之各項風險資產權數，可獲得風險值為 11% 的資產組合。

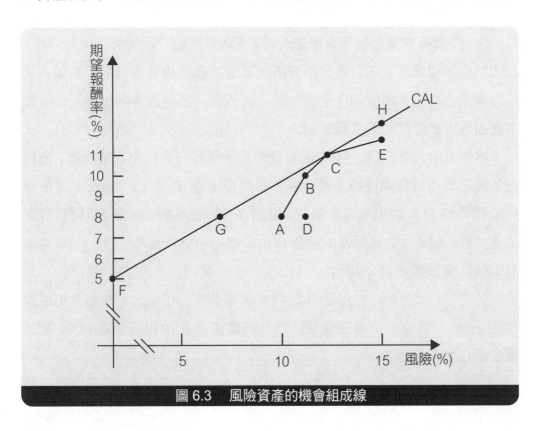

圖 6.3　風險資產的機會組成線

顯然地，資產組合 A 優於資產組合 D，因為根據平均數與變異數的標準，在相同報酬率之下，資產組合 A 的風險低於資產組合 D。

二、風險資產機會組成線

㈠繪製風險資產機會組成線

我們透過電腦軟硬體的協助，在給定多項風險資產的相關資料後，經過大量數學運算，可在圖 6.3 找出許多相對應的座標點，分別代表不同權數下，各資產組合的風險與期望報酬率。

在這許多可能的資產組合座標點中，根據平均數變異數的標準，將各風險值對應下之最高期望報酬率座標點相連結，即可畫出風險資產的機會組成線 (opportunity set of risky assets line)。

㈡風險資產機會組成線的特性

因此，當持有多項風險資產組合時，風險資產機會組成線中之每一點，都代表在各種風險之下，資產組合所能形成的最高投資報酬率。換個方式說：風險資產機會組成線中之每一點，也代表在各種投資報酬率下，風險資產組合所能形成的最低風險值。

舉例來說，圖 6.3 的 AE 曲線，就是多種風險資產在不同權數下，所形成的風險資產機會組成線。在此線下方的座標點 D 點，代表的是報酬率 8%，風險值 11% 的風險資產組合。該圖在 8% 報酬率的前提下，可於風險資產機會組成線中，找到優於組合 D 的資產組合 A。因為組合 A 的風險值為 10%，低於組合 D 的風險。

另方面，我們也可在風險值為 11% 的前提下，在風險資產機會組成線中，找到優於資產組合 D 的 B 點。因為資產組合 B 的報酬率為 10%，高於資產組合 D 的報酬率 8%。

㈢最適資本配置

1.資本配置線

　　畫出風險資產機會組成線後，如果無風險利率為 5%，則在投資人用無風險利率借貸資金的假設下，可畫出一條通過圖 6.3 的 F 點，且與風險資產機會組成線之切點為 C 的直線，此線即為資本配置線。

　　資本配置線代表的意義，為投資人採用被動式投資策略時，該投資人將資金分配在風險資產組合及無風險資產的各選項中，客觀情況來看之最適資本配置。

2.效用曲線決定最適資本配置

　　對於採用被動式投資策略的投資人而言，他選擇資本配置線的那一個座標點進行資金配置？取決於該投資人的「主觀」效用曲線。假設效用曲線與資本配置線的相切點落在 C 點左方，如圖 6.3 的 G 點，表示他願意承受較低的風險，期望的報酬率也較低，於是將資金的部分購買無風險證券後，剩餘資金用來購買風險資產組合 C。

　　另方面來說，效用曲線剛好相切在資本配置線的 C 點，表示投資人將全部資金購買資產組合 C。

　　最後，效用曲線與資本配置線的相切點，落在 C 點右方時，例如圖 6.3 的 H 點，則投資人的期望報酬率較高，願意承受的風險也較高，於是以無風險利率向人借錢，將借來的資金與自有資金加總後，購買資產組合 C。

　　投資人採用被動式投資策略時，因為投資人之間有著不同的風險趨避係數及不同的效用曲線，造成對每位投資人而言，資金的最適配置情況並不見得完全相同。

　　不過，我們需注意的一件事，就是在被動式投資策略下，對基金經理人而言，只要負責提供圖 6.3 的資產組合 C 給所有投資人即可。投資人根據自己本身的風險偏好程度，決定風險資產組合 C 的資金配置比率，即可達到最適資本配置。

 三、以指數股票型基金替代的風險資產組合

在結束本章之前，關於被動式投資策略在真實世界被採用時，還有一點補充。雖然根據多項風險資產的相關資訊，透過電腦軟硬體協助而畫出風險資產機會組成線，對基金經理人而言並不難。不過基金經理人常以「指數股票型基金」，作為圖 6.3 之資產組合 C 的替代資產組合。原因是當基金經理人選擇提供資產組合 C 給投資人時，可能產生以下兩個問題：

1.黑箱作業

首先是黑箱作業的問題。投資人不會明確地知道，資產組合 C 的各項資產權重資料如何產生？

2.常調整資產權重會造成管理及交易成本的增加

當市場無風險利率改變時，資本配置線與風險資產機會組成線的切點也隨之改變。造成基金經理人必須常調整資產組合的資產權重。基金的管理成本與交易成本，也隨著調整次數的增加而增加。

基於以上兩點理由，基金經理人選擇指數股票型基金給採用被動式投資策略的投資人，作為在該策略之風險資產組合的替代資產組合。理論上來說，指數股票型基金所代表的風險資產組合，是不會與資產組合 C 相同。

投資學知識家

臺灣金融市場的共同基金，大多以主動型投資組合 (active portfolios) 的形式存在。經理人透過研究與分析，慎選合適之股票與權重，以進行基金的投資，所以屬於「變動權數的資產配置」。

根據臺灣的投信與投顧工會網頁 (www.sitca.org.tw)，2011 年 7 月時，共有 585 檔共同基金可供投資人選擇。這些共同基金中，股票基金的種類最多，合計 350 種，包含 179 檔投資臺灣股票的基金，與 171 檔跨國投資的股票基金。除了股票基金外，還有 39 檔債券基金、47 檔債券股票平衡基金、67 檔組合基金、12 檔資產證券基金，以及 49 檔貨幣市場基金。

　　評估投資績效時，基金經理人在臺灣的流動率較高，所以用不用一年報酬率衡量短期績效，三年報酬率衡量中期績效。相對地來說，美國及其他先進國家，在評估基金績效時，除了一年、三年的時間考量外，有時會以五年衡量基金的長期績效。

　　以臺灣的基金績效實例來說，2011 年 7 月時，用過去一年的基金報酬率衡量 183 檔股票基金表現，排名前三名的基金名稱與報酬率，分別是：凱基台灣精五門 (50.85%)、富鼎台灣優勢 (43.02%)、統一全天候 (40.42%)。敬陪末座的最後三名，則是：安多利高科技 (−16.53%)、匯達概念股 (−20.99%)、匯達實櫃 (−22.39%)。

　　除了短期報酬評比外，符合三年評比的基金有 172 檔，報酬率最好的前三名，分別是：富邦精銳中小 (78.45%)、富邦高成長 (69.48%)、統一大滿貫 (68.63%)。表現最不好的倒數三名，則為日盛上選 (−25.04%)、華頓中小型 (−25.37%)，以及安多利高科技 (−31.26%)。

 本章習題

一、單選題

( ) 1. 已知中華電信股票的風險為25%，新光金股票的風險21%，且兩支股票的共變異數為10%。請問投資人用100萬買這兩支股票而形成投資組合時，「中華電信」股票的權重應等於多少，才能使投資組合的風險達到最低？　(A) 65%　(B) 60%　(C) 55%　(D) 40%。

( ) 2. 已知中華電信股票的風險為25%，新光金股票的風險為21%，且兩支股票的共變異數為10%。請問投資人用100萬買這兩支股票而形成投資組合時，「新光金」股票的權重應等於多少，才能使投資組合的風險達到最低？　(A) 65%　(B) 60%　(C) 55%　(D) 40%。

( ) 3. 已知廣達股票報酬率15%、風險20%。兆豐金股票報酬率10%、風險15%。兩支股票共變異數20%，且無風險利率5%。請問投資人購買廣達股票、兆豐金股票、無風險資產而形成被動式投資策略中，廣達股票在風險資產組合中的最適比重，應為多少？　(A) 70%　(B) 60%　(C) 40%　(D) 30%。

( ) 4. 已知廣達股票報酬率15%、風險20%。兆豐金股票報酬率10%、風險15%。兩支股票共變異數20%，且無風險利率5%。請問投資人購買廣達股票、兆豐金股票、無風險資產而形成被動式投資策略中，兆豐金股票在風險資產組合中的最適比重，應為多少？　(A) 70%　(B) 60%　(C) 40%　(D) 30%。

( ) 5. 假設投資組合包含三種股票，中鋼股票報酬率15%、風險20%、權重40%。宏碁股票報酬率20%、風險30%、權重50%。富邦金股票報酬率10%、風險15%、權重10%。並且，中鋼與宏碁股票的共變異數0.05，宏碁與富邦金股票的共變異數0.04，中鋼與富

邦金股票的共變異數 0.06。請根據以上資料，計算投資組合的風險。　(A) 19%　(B) 21%　(C) 24%　(D) 27%。

二、簡答題

1. 已知 A 股票之風險 0.2，B 股票之風險 0.3，兩支股票之共變異數為 0.1，請計算大明將全部資金購買 A 及 B 股票時，資產組合最低風險下的 A 股票權數。

2. 何謂資本配置線？請說明。

3. 請說明資本配置線的斜率所代表的經濟意義。

4. 無風險資產與兩項風險資產組合的被動式投資策略中，從客觀情況來說，投資人選擇持有最低風險資產組合，並不是最佳選擇，請說明原因。

5. 無風險資產與兩項風險資產組合的被動式投資策略中，$w_1^D = [(r_1 - r_f)\sigma_2^2 - (r_2 - r_f)Cov(r_1, r_2)]/[(r_1 - r_f)\sigma_2^2 + (r_2 - r_f)\sigma_1^2 - (r_1 - r_f + r_2 - r_f)Cov(r_1, r_2)]$，已知 A 股票之報酬率 10%、風險 40%。B 股票之報酬率 8%、風險 30%。且兩支股票之共變異數 −0.1、無風險利率 5% 的假設下，投資人採用被動式投資策略時，請計算 A 股票占組合價值的權數。

6. 假設投資組合的報酬率 10%、風險 25%、無風險利率 5%，且投資人的風險趨避係數值 A 為 2。在被動式投資策略中，請根據公式 $y^* = (r_p - r_f)/A\sigma_p^2$，計算他應持有風險資產組合的資金比重。

7. 風險資產的機會組成線如何畫出？請說明。

8. 風險資產機會組成線的經濟意義為何？請說明。

9. 資本配置線的經濟意義為何？請說明。

CHAPTER 7

資本資產訂價模型

◆ 第一節　資本市場線

◆ 第二節　資本資產訂價模型之建立

◆ 第三節　資本資產訂價模型之運用

　　本書第四章至第六章的內容是以個別投資人的角度，從有限的證券中探討形成投資組合的資產配置。這種分析是從微觀的角度 (micro perspective)，說明期望報酬率 (expected rate of return) 與風險之間的關係。

　　本章延續前述三章所介紹的投資組合理論，說明資本資產訂價模型 (capital asset pricing model, CAPM) 之建立及運用❶。本模型是從宏觀的角度 (macro perspective)，從全體投資人面對所有證券的前提下，分析必要報酬率 (required rate of return) 與風險之間的關係。

　　本章內容包含四小節，第一節介紹該模型的假設與資本市場線 (capital market line, CML)。第二節基於無套利機會 (no arbitrage opportunities) 的假設下，根據資本市場線的方程式，推導資本資產訂價模型的恆等式。第三節說明資本資產訂價模型的運用。

第一節　資本市場線

　　資本資產訂價模型的建立，是從嚴格的假設 (assumptions) 開始。雖然在真實世界中，各假設不一定完全成立，不過經濟學家在推導模型的過程中，常透過假設所架構的理想世界，探討變數與變數之間的關係。接著透過模型運用，解釋特定之經濟現象。最後，試著放開部分假設，然後修正模型之推導結果，以提升模型的解釋能力。

---

❶　夏普 (Sharpe) 因為建立資本資產訂價模型，而在 1990 年得到諾貝爾經濟獎。資本資產訂價模型的研究文獻，請參考下列三篇： (1) Sharpe, W. (1964), "Capital Asset Prices: A Theory of Market Equilibrium under Conditions of Risk," *Journal of Finance*, 19:3, pp. 425–442. (2) Linter, J. (1965), "The Valuation of Risk Assets and the Selection of Risky Investments in Stock Portfolios and Capital Budgets," *Review of Economics and Statistics*, 47:1, pp. 13–37. (3) Mossin, J. (1966), "Equilibrium in a Capital Asset Market," *Econometrica*, pp. 768–783.

一、資本資產訂價模型的基本假設

以下所述，就是資本資產訂價模型的六項基本假設：

假設一： 投資人在理性決策 (rational decisions) 過程中，從相同風險的各種資產組合中，購買最高投資報酬率的資產組合；或是在相同報酬率之下，購買最低風險的資產組合。換句話說，投資人的決策準則，是根據第六章所介紹的馬克維茲 (Markowitz) 分析方法。

假設二： 資產買賣市場中有許多投資人，每位投資人的財富不多，都是價格的接受者 (price taker)，所以資產價格不會因為個人的交易而受到影響。

假設三： 投資人只能購買公開市場交易的資產。舉例來說：股票、債券與房地產。除此以外，投資人除了用自有資金，也可用無風險利率借貸資金來買賣資產。

假設四： 投資人買賣資產後，投資報酬不需課稅，也不需支付交易成本。換句話說，服務費與佣金等費用雖然在真實世界存在，但是資本資產訂價模型的建立過程中，假設沒有此類成本。

假設五： 投資人的行為屬於短視近利 (myopic)。投資人或許不同，但是他們購買資產後，持有資產的時間相同，也不考慮資產在將來有什麼變化。

假設六： 投資人用相同方法分析資產。因此，每位投資人對經濟的現在與未來，都有相同看法 (homogeneous expectation)。

基於以上六項假設，當所有投資人都透過馬克維茲的分析方法進行投資決策（假設一）。並且，在完全競爭市場中（假設二），投資人只能購買公開交易的資產（假設三）。在不考慮課稅、交易成本（假設四），以及在投資時間長度相同的考量下（假設五），投資人分析各種資產的資訊相同（假設六），則每位投資人估計特定資產之未來現金流量時，將得到相同的預期結果。

因此，所有投資人針對每項資產所做的分析，都得到相同的期望報酬率。除此以外，他們分析資產之間的共變異數矩陣 (covariance matrix) 後，也面臨相同的效率前緣線 (efficient frontier, EF)，如圖 7.1 所示。

二、效率前緣線

效率前緣線是在必要報酬率為縱軸,風險為橫軸所構成的座標平面中,投資人在不同風險值之下,能買到最高報酬率的風險資產組合。換個方式來說,效率前緣線之各點,也代表在不同期望報酬率之下,最低風險值的風險資產組合。

舉例來說:效率前緣線上的資產組合 M,為投資人在必要報酬率 16% 下,風險值為 20% 的最低風險資產組合。當他持有必要報酬率等於 16% 的資產組合 A 時,因為 A 點落在效率前緣線的下方,表示在必要報酬率不變的前提下,調整組合中各資產占資產組合的權重,使得調整後的資產組合風險,由 A 點的 24% 下降到 M 點的 20%。

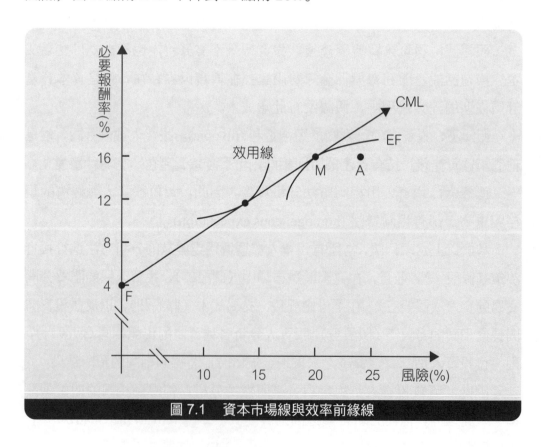

圖 7.1 資本市場線與效率前緣線

　　上述的資產權重調整過程，可透過第六章介紹的公式 (6-4) 及 (6-5)，進一步說明。公式 (6-4) 計算資產組合期望報酬率 (r_p)；公式 (6-5) 則是計算資產組合風險的平方 (σ_p^2)。因此，藉由公式的運算，投資人持有圖 7.1 的資產組合 A，代表可在維持報酬率 16% 的前提下，改變組合中之各資產權數，使得組合風險達到最低水準，也就是由 24% 下降到 20%。

三、資本市場線

　　投資人處於本節的六項假設下，在必要報酬率與風險的座標平面中，畫出效率前緣線後，則連結無風險利率座標點 F，並與效率前緣線相切在 M 點的射線 FM，就是資本市場線 (capital market line, CML)。

　　資本市場線的經濟意義，相似於第六章介紹的資本配置線 (CAL)。換句話說：資本市場線代表投資人採用被動式投資策略時，資金配置在圖 7.1 的風險資產組合 M 或是無風險資產 F 的眾多可能中，從客觀情況來看的各種最佳資本配置。

投資學知識家

　　實務上來說，我們常用加權股價指數中的股票與權重，作為風險資產組合的代表，因為在真實世界中，效率前緣線只是「理論上的假想線」。

　　現行的臺灣加權股價指數 (TAIEX) 是臺灣證券交易所於 1971 年開始編製，樣本包含所有掛牌交易的普通股。臺灣證券交易所的網頁 (www.twse.com.tw) 提供最近十年加權股價指數的月資料，包含：當月開盤指數、收盤指數、最高指數與最低指數。

　　因為股價指數是用百分比的方式，表達股市整體價格變動的「相對」水準，所以相對於股票價格以金額（元）衡量，股價指數對研究人員來說，比較利於長時間的比較。

　　舉例來說，以 2009 年 1 月到 10 月為觀察期，每月最後一個交易日的收盤價為代表，則：1 月（收盤價 4,248 點）、2 月（4,557 點）、3 月（5,210 點）、4

月（5,993 點）、6 月（6,432 點）、7 月（7,077 點）、8 月（6,825 點）、9 月（7,509
點）、10 月（7,340 點）。

上述數字表示這段期間的股市，呈現長期上漲的趨勢。追究其主要原因，
應為 2008 年底從美國雷曼兄弟倒閉開始，引起了的全世界金融風暴，造成臺灣
經濟從 2009 年 1 月的谷底，用大約半年的時間緩慢復甦。

除了觀察 2009 年的資料以外，臺灣證券交易所的網頁也可查到 1999 年以
後的加權指數月收盤價。我們以每年 10 月為觀察期，每月最後一個交易日的收
盤價為代表，則：1999 年（7,854 點）、2000 年（5,544 點）、2001 年（3,903 點）、
2002 年（4,579 點）、2003 年（6,045 點）、2004 年（5,705 點）、2005 年（5,764 點）、
2006 年（7,021 點）、2007 年（9,711 點）、2008 年（4,870 點）、2009 年（7,340 點）
2010 年（8,287 點）。

根據上述的抽樣資料，2007 年的股市表現最好，2001 年的表現最差。除了
2001 年的臺灣整體經濟情況不好外，美國的「911 恐怖攻擊事件」，更造成臺灣
股市於當年 10 月的整體表現雪上加霜。

四、資本市場線與資本配置線的比較

既然資本市場線相似於資本配置線，而描述效率前緣線的公式，也相
同於風險資產的機會組成線，那麼資本市場線與資本配置線，有什麼不同？

㈠資本配置線

基本上來說，投資人採用被動式投資策略時，面對他所能買賣的有限
資產項目（例如：十項資產），就能根據這些資產的必要報酬率，以及資產
之間的共變異數，在必要報酬率與風險的座標平面上，畫出風險資產的機
會組成線，以及資本配置線。

因為畫出資本配置線的過程中，需要考慮投資人所能買賣的特定資產，
所以不同的投資人，將面對不同之風險資產的機會組成線，以及特定的資
本配置線。

㈡資本市場線

相對於資本配置線，資本市場線是在六個假設所架構的理想世界中，一條通過無風險利率的座標點，並與效率前緣線相切的射線。在這些假設之下，投資人或許不同，但是他們都面對相同的效率前緣線，以及資本市場線。

進一步來說，投資人採用被動式投資策略時，每位投資人的風險趨避係數或許不同，就主觀面而言，各投資人在總投資組合中，持有市場資產組合的比重並不相同；但是每位投資人選擇的市場資產組合，都是圖 7.1 的風險資產組合 M。

㈢資本市場線上的報酬率與風險值

資本市場線上各點的報酬率與風險值，可透過第五章介紹的觀念明確定義。

1.報酬率

被動式投資策略下的投資組合報酬率 (r_c)，等於市場組合占總投資組合的權數 (y) 乘上該市場資產組合的必要報酬率 (r_m) 後，再加上無風險資產占總投資組合的權數 ($1-y$) 乘上無風險利率 (r_f)，加總計算而得。以公式 (7-1) 表達於下方：

$$r_c = y \times r_m + (1-y) \times r_f \qquad (7\text{-}1)$$

2.風險值

被動式投資組合的風險 (σ_c)，等於市場資產組合占總投資組合價值的權數 (y)，乘上市場資產組合的風險 (σ_m)。以公式 (7-2) 表達於下方：

$$\sigma_c = y \times \sigma_m \qquad (7\text{-}2)$$

 五、投資人的效用衡量

　　投資人的效用衡量方法，假設同於第四章介紹的效用函數。因此，投資人的效用 (u)，等於投資組合報酬率 (r_c)，減去投資人的風險趨避係數 (A) 與投資組合風險平方 (σ_c^2) 乘積的一半，也就是：$u = r_c - 0.5 \times A\sigma_c^2$。

　　此效用函數下，根據第五章第三節的分析方法，可計算特定投資人，在本節六項假設所建構的理想世界中，當他採用被動式投資策略時，市場資產組合占總投資組合價值的最適權重 (y^*)。此權重等於市場資產組合的超額報酬 $(r_m - r_f)$，除上該投資人的風險趨避係數 (A) 以及市場資產組合風險平方 (σ_m^2) 的乘積。以公式 (7–3) 表達於下方：

$$y^* = \frac{r_m - r_f}{A\sigma_m^2} \qquad\qquad (7\text{–}3)$$

　　當我們在公式 (7–3) 的等號兩邊，都乘上投資人的風險趨避係數後，等號右邊代表每位投資人都面對「相同」之市場資產組合超額報酬與風險平方的比值，$(r_m - r_f)/\sigma_m^2$。等號左邊則為投資人的風險趨避係數與市場資產組合占總投資組合最適權重的乘積。

　　對於偏好風險的投資人而言，他們有比較低的風險趨避係數值，所以採用被動式投資策略時，將持有較高權重的市場資產組合。相對來說，對於不偏好風險的投資人，他們在購買較低權重的市場資產組合後，將剩餘資金投資無風險資產。

　　舉例來說：投資人有 100 萬元可投資，市場資產組合的期望報酬率 (r_m) 16%、風險 (σ_m) 20%，且無風險利率為 4%。則市場資產組合之超額報酬與風險平方的比值為 3(= (0.16–0.04)/0.2²)。

　　如果該投資人的風險趨避係數值 (A) 等於 4，則使他產生最大效用的

投資組合，根據 (7–3) 式之 y^*=3/4=0.75，表示投資人將 100 萬的資金，用來購買 75 萬元的市場資產組合，以及 25 萬元的無風險資產。

第二節　資本資產訂價模型之建立

上小節最後，說明投資人採用被動式投資策略時，用 75 萬元購買市場資產組合，25 萬元投資無風險資產。投資人購買 75 萬元的市場資產組合後，決定採取主動式投資策略 (active investment strategy)，並在此策略下賣掉 1 萬元的無風險資產，轉而購買台糖股票。則台糖股票的必要報酬率 (required rate of return) 至少要等於多少才能吸引投資人購買？資本資產訂價模型的恆等式，可用來回答此類問題，說明如下：

一、採取主動投資策略之前

首先，假設投資人購買台糖股票之前，擁有總投資組合 C，其中包含 75% 的資金購買市場資產組合、25% 為無風險資產投資。因此，總投資組合 C 的期望報酬率 (r_c)，等於市場資產組合占總投資價值的權重 (0.75) 乘上市場資產組合的期望報酬率 (r_m)，加上無風險資產所占的權重 (0.25) 乘上無風險利率 (r_f)。以公式 (7–4) 表達於下方：

$$r_c = 0.75 \times r_m + 0.25 \times r_f \qquad (7\text{–}4)$$

接著，假設未來有 n 種報酬率產生的可能，且每種狀況發生的機率都相同時，則總投資組合 C 之風險平方值估算，根據第四章第一節所介紹的公式，等於投資組合 C 之特定報酬率的觀察值 (r_c^i) 與該組合報酬率 (r_c) 之差值的平方，乘上該特定事件發生的機率 (1/n) 後，加總計算而得。以公式 (7–5) 表達於下方：

$$\sigma_c^2 = \sum_{i=1}^{n} \frac{(r_c^i - r_c)^2}{n} \tag{7-5}$$

然後，假設市場資產組合占總投資價值的權重為 75%，並將公式 (7-4)
代入公式 (7-5) 後，經過簡單的數學運算，即可得知總投資組合 C 的風險
平方值，等於市場資產組合占總投資權重的平方 (0.75^2) 乘上市場資產組合
的風險平方值 (σ_m^2)。其推導過程及公式 (7-6) 表達於下方：

$$\sigma_c^2 = \sum_{i=1}^{n} \frac{(r_c^i - r_c)^2}{n}$$

$$\sigma_c^2 = \sum_{i=1}^{n} \frac{(0.75 \times r_m^i - 0.75 \times r_m)^2}{n}$$

$$\sigma_c^2 = (0.75)^2 \times \sum_{i=1}^{n} \frac{(r_m^i - r_m)^2}{n}$$

$$\sigma_c^2 = (0.75)^2 \times \sigma_m^2$$

$$\sigma_c^2 = (0.75)^2 \times \sigma_m^2 \tag{7-6}$$

公式 (7-2) 與公式 (7-6) 相似。這兩個公式的基本差異之處，在於後者
是前者的特例。公式 (7-2) 的推導過程中，假設各種事件發生的機率不見得
相等；相對來說，公式 (7-6) 則假設未來有 n 種報酬率產生的可能，且每
種情況發生的機率都相同。

二、採取主動投資策略之後

現在，投資人賣出小部分無風險資產，且賣出無風險資產的權重為總
投資組合的 δ 比例。接著，他將獲得的資金購買市場資產組合，以形成代
號為 C_1 的總投資組合，則投資組合 C_1 的報酬率 (r_{c_1}) 計算方法，以公式
(7-7) 表達於下方：

$$r_{c_1} = 0.75 \times r_m + \delta \times r_m + (0.25 - \delta) \times r_f \qquad (7\text{--}7)$$

投資人持有總投資組合 C_1 後，相較於原來的投資組合 C，他的期望報酬率改變值 $(\Delta r_{c_1} = r_{c_1} - r_c)$，經過公式 (7–7) 與 (7–4) 的比較與計算後，等於 δ 比例乘上市場資產組合的超額報酬率 $(r_m - r_f)$。以公式 (7–8) 表達於下方：

$$\Delta r_{c_1} = \delta \times (r_m - r_f) \qquad (7\text{--}8)$$

對持有總投資組合 C_1 的投資人而言，投資組合的風險平方值，其推導過程及公式 (7–9) 表達於下方：

$$\sigma_{c_1}^2 = \sum_{i=1}^{n} \frac{(r_{c_1}^i - r_{c_1})^2}{n}$$

$$\sigma_{c_1}^2 = \sum_{i=1}^{n} \frac{[(0.75 \times r_m^i + \delta \times r_m^i) - (0.75 \times r_m + \delta \times r_m)]^2}{n}$$

$$\sigma_{c_1}^2 = \sum_{i=1}^{n} \frac{[(0.75 \times r_m^i - 0.75 \times r_m) + (\delta \times r_m^i - \delta \times r_m)]^2}{n}$$

$$\sigma_{c_1}^2 = 0.75^2 \times \sigma_m^2 + \delta^2 \times \sigma_m^2 + 2 \times 0.75 \times \delta \times \sigma_m^2$$

$$\sigma_{c_1}^2 = 0.75^2 \times \sigma_m^2 + \delta^2 \times \sigma_m^2 + 2 \times 0.75 \times \delta \times \sigma_m^2 \qquad (7\text{--}9)$$

投資人持有總投資組合 C_1 後，相較於原來的投資組合 C，他面臨的投資風險平方值的改變量，$\Delta \sigma_{c_1}^2 = \sigma_{c_1}^2 - \sigma_c^2$，在 δ 是很小比例的前提下，造成公式 (7–9) 之等號右邊第二項 $(\delta^2 \times \sigma_m^2)$ 的值對投資風險平方值的改變量影響不大，而且遠小於第三項 $(2 \times 0.75 \times \delta \times \sigma_m^2)$ 的值。此時投資風險平方值的改變量，經過公式 (7–9) 與 (7–6) 的比較與計算後，等於 2 乘 0.75、乘 δ、再乘市場資產組合風險的平方值 (σ_m^2)，以公式 (7–10) 表達於下方：

$$\Delta\sigma_{c_1}^2 = 2 \times 0.75 \times \delta \times \sigma_m^2 \qquad (7\text{--}10)$$

對持有投資組合 C_1 的投資人而言，相較於原先擁有的投資組合 C，因為多持有 δ 比例的市場資產組合後，造成投資組合風險平方的邊際價格 (marginal price of portfolio risks) 等於該組合報酬率的改變量 (Δr_{c_1})，除上組合風險平方值的改變量 $(\Delta\sigma_{c_1}^2)$。我們透過公式 (7–8) 與 (7–10) 的同時運用，將投資組合 C_1 之風險平方的邊際價格，以公式 (7–11) 表達於下方：

$$\frac{\Delta r_{c_1}}{\Delta\sigma_{c_1}^2} = \frac{r_m - r_f}{2 \times 0.75 \times \sigma_m^2} \qquad (7\text{--}11)$$

相對於投資組合 C_1，如果投資人出售 δ 比例的無風險資產後，轉而將新增的資金購買台糖股票，以形成投資組合 C_2。在「沒有套利機會存在」的前提下，投資組合 C_2 之風險平方的邊際價格 $(\Delta r_{c_2}/\Delta\sigma_{c_2}^2)$，必須相等於投資組合 C_1 之風險平方的邊際價格，以公式 (7–12) 表達於下方：

$$\frac{\Delta r_{c_1}}{\Delta\sigma_{c_1}^2} = \frac{\Delta r_{c_2}}{\Delta\sigma_{c_2}^2} \qquad (7\text{--}12)$$

上述恆等式如果不成立，例如：投資組合 C_2 之風險平方的邊際價格偏高時，投資人將持續增加台糖股票在組合中的權數，此行為造成投資組合 C_2 之風險平方的邊際價格往下調降，直到公式 (7–12) 的等號成立為止。

換個方向來說，投資組合 C_2 之風險平方的邊際價格偏低時，投資人將使台糖股票在組合中的權數下降，然後投資組合 C_2 之風險平方的邊際價格就會往上調高，直到等於投資組合 C_1 之風險平方的邊際價格。

公式 (7–13) 用來計算投資組合 C_2 的報酬率 (r_{c_2})，此報酬率等於該組

合占總投資的權重 (0.75)、乘上市場資產組合的報酬率 (r_m)，加上該股票占總投資的新增權重 (δ)、乘上台糖股票的報酬率 ($r_{台糖}$) 後，再加上無風險資產占總投資的權重 (0.25 − δ) 乘上無風險利率 (r_f)。以公式 (7–13) 表達於下方：

$$r_{c_2} = 0.75 \times r_m + \delta \times r_{台糖} + (0.25 - \delta) \times r_f \qquad (7\text{–}13)$$

當投資人持有投資組合 C_2 後，相較於原來的投資組合 C，他的投資報酬率改變量，$\Delta r_{c_2} = r_{c_2} - r_c$，等於公式 (7–13) 的等號右邊式子，減去公式 (7–4) 之等號右邊的式子，計算結果以公式 (7–14) 表達於下方：

$$\Delta r_{c_2} = \delta \times (r_{台糖} - r_f) \qquad (7\text{–}14)$$

對於持有投資組合 C_2 的投資人而言，該組合風險的平方值，其推導過程及公式 (7–15) 表達於下方：

$$\sigma_{c_2}^2 = \sum_{i=1}^{n} \frac{(r_{c_2}^i - r_{c_2})^2}{n}$$

$$\sigma_{c_2}^2 = \sum_{i=1}^{n} \frac{[(0.75 \times r_m^i + \delta \times r_{台糖}^i) - (0.75 \times r_m + \delta \times r_{台糖})]^2}{n}$$

$$\sigma_{c_2}^2 = \sum_{i=1}^{n} \frac{[(0.75 \times r_m^i - 0.75 \times r_m) + \delta \times (r_{台糖}^i - r_{台糖})]^2}{n}$$

$$\sigma_{c_2}^2 = 0.75^2 \times \sigma_m^2 + \delta^2 \times \sigma_{台糖}^2 + 2 \times 0.75 \times \delta \times Cov(r_{台糖}, r_m)$$

$$\sigma_{c_2}^2 = 0.75^2 \times \sigma_m^2 + \delta^2 \times \sigma_{台糖}^2 + 2 \times 0.75 \times \delta \times Cov(r_{台糖}, r_m) \qquad (7\text{–}15)$$

此時投資組合 C_2 相較於原來的投資組合 C，投資風險平方值的改變量

$(\Delta\sigma^2_{c_2} = \sigma^2_{c_2} - \sigma^2_c)$，在 δ 是很小數值的假設下，透過公式 (7-15) 與 (7-6) 的比較與計算之後，等於 2 乘 0.75、乘上 δ 後，再乘上台糖股票報酬率 ($r_{台糖}$) 與市場資產組合報酬率 (r_m) 間之共變異數 ($Cov(r_{台糖}, r_m)$)，以公式 (7-16) 表達於下方：

$$\Delta\sigma^2_{c_2} = 2 \times 0.75 \times \delta \times Cov(r_{台糖}, r_m) \qquad (7\text{-}16)$$

最後，根據公式 (7-12)，當投資人採用被動式投資策略後，如果處分掉極小比例 (δ) 的無風險資產，轉而購買不同的風險資產（例如：台糖股票或市場資產組合），則在沒有套利機會存在的前提下，他無論購買何種風險資產，總投資組合風險平方的邊際價格都應相等。

因此，我們將公式 (7-8)、(7-10)、(7-14)、以及 (7-16) 代入公式 (7-12) 後，得知台糖股票報酬率的超額報酬 ($r_{台糖} - r_f$)，等於該股票與市場資產組合報酬率之間的共變異數 ($Cov(r_{台糖}, r_m)$)，除上市場資產組合報酬率的變異數 (σ^2_m) 後，再乘上市場資產組合報酬率的超額報酬 ($r_m - r_f$)，以公式 (7-17) 表達於下方：

$$\frac{\Delta r_{c_1}}{\Delta\sigma^2_{c_1}} = \frac{\Delta r_{c_2}}{\Delta\sigma^2_{c_2}}$$

$$\frac{\delta \times (r_m - r_f)}{2 \times 0.75 \times \delta \times \sigma^2_m} = \frac{\delta \times (r_{台糖} - r_f)}{2 \times 0.75 \times \delta \times Cov(r_{台糖}, r_m)}$$

$$r_{台糖} - r_f = \frac{Cov(r_{台糖}, r_m)}{\sigma^2_m} \times (r_m - r_f)$$

$$r_{台糖} - r_f = \frac{Cov(r_{台糖}, r_m)}{\sigma^2_m} \times (r_m - r_f) \qquad (7\text{-}17)$$

公式 (7–17) 之等號左邊為台糖股票的超額報酬 $(r_{台糖} - r_f)$。等號右邊的第一個部分 $(Cov(r_{台糖}, r_m)/\sigma_m^2)$，定義為台糖股票的 β 係數 $(\beta_{台糖})$。等號右邊的第二個部分，則為市場資產組合的超額報酬 $(r_m - r_f)$。

本小節最後，將公式 (7–17) 推廣到所有的風險資產，而使該式變成資本資產訂價模型恆等式，以公式 (7–18) 表達於下方：

> ◎ β 係數
> β 係數是指個股的股價變動與市場大盤指數變動的相關性，也就是當市值平均上漲或下跌 1% 時，個股的漲跌幅將為 β%。β 值愈大，代表潛在的風險與報酬率也愈高。

$$r_i = r_f + \beta_i \times (r_m - r_f) \tag{7–18}$$

公式 (7–18) 中之特定資產的必要報酬率 (r_i)，等於無風險利率 (r_f)，加上該資產的 β 係數 (β_i) 乘上市場資產組合的超額報酬 $(r_m - r_f)$。而 β 係數 (β_i) 的計算公式 (7–19)，等於特定資產與市場資產組合之報酬率的共變異數 $Cov(r_i, r_m)$，除以市場資產組合報酬率的變異數 (σ_m^2)。以公式 (7–19) 表達於下方：

$$\beta_i = \frac{Cov(r_i, r_m)}{\sigma_m^2} \tag{7–19}$$

第三節　資本資產訂價模型之運用

公式 (7–18) 應用在台積電與台糖的股票購買時，說明了投資人要求的必要報酬率，決定於股票的 β 係數。舉例來說：假設無風險年利率為 4%、市場資產組合的期望報酬率為 16%、且台積電的 β 係數為 1.5。則台積電股票必須提供 22%(= 4% + 1.5 × (16% − 4%)) 的報酬率，才能吸引投資人購買。

相對來說，台糖股票的 β 係數為 0.5 時，投資人買台糖股票的必要報酬率為 10%(= 4% + 0.5 × (16% − 4%))。

上述兩個例子中，因為台積電的 β 係數較高，所以投資人對該公司股票要求的報酬率也高。

一、系統風險指標

β 係數稱為系統風險指標 (systematic risk indicator)。非系統風險 (unsystematic risk) 則是投資人購買特定股票時，面臨的特定公司風險。因為在導出資本資產訂價模型的過程中，假設投資人採用被動式投資策略，所以非系統風險可因分散投資而消除。

公式 (7–19) 說明了一件有趣的現象，就是決定系統風險指標高低的主要因素，在於特定資產與市場資產組合報酬率之間的相關程度。舉例來說：無風險資產的利率固定，不會隨著市場資產組合報酬率的變動而改變，所以無風險資產的 β 係數等於 0。另方面來說，市場資產組合的 β 係數等於 1，因為公式 (7–19) 的分子部分，$Cov(r_i, r_m) = Cov(r_m, r_m) = \sigma_m^2$，剛好與分母相同。

當一個國家的金融市場受到天災、人禍或景氣循環等總體經濟變數影響時，該國市場資產組合的期望報酬率就會隨之改變。舉例來說：美國紐約市在 2001 年 9 月 11 日遭受恐怖攻擊後，該國股市在未來的幾天、甚至幾個月，都呈現股價指數下跌的情況。

股價指數持續下跌時，有些股票的價格下跌幅度高於股價指數下跌的幅度。相對來說，也有些股票的抗跌能力較佳，或甚至不跌反漲！那麼根據過去的經驗，究竟哪一間公司的股票會下跌或上漲?而幅度又是多少呢?

學習系統風險指標（或稱為 β 係數）後，就能回答上述問題。根據過去的實證研究結果，β 係數能夠顯示整體經濟情況改變後，特定資產的期望報酬率在未來可能改變的方向與幅度大小。

一般來說，股票的 β 係數大多為正值。β 係數正值愈大的股票，風險愈高，因為該股票受到股價指數變動的影響也很大；相對來說，根據過去的經驗，β 係數為負值的股票，則代表當股價指數上漲時，這支股票的股價將下跌。

除此以外，我們需要注意到一件事：β 係數是根據過去的實證資料計算而得。當過去影響 β 係數的所有因素都在未來存在，且影響幅度完全相同時，β 係數可準確地預測股價的未來走勢。

可惜的是，「計畫趕不上變化」的這種現象，普遍存在於真實世界。因此，β 係數能提供股票價格未來走勢與變動幅度大小的參考資訊，但是投資人在運用時，必須加入個人對未來的主觀判斷，然後適當地修正 β 係數值。

二、資本資產訂價模型的運用

簡要說明了資本資產訂價模型的恆等式後，接著透過證券市場線 (security market line, SML)，說明該模型的三項運用，分別是：主動式資產管理、β 係數的可加成性，以及加權平均資金成本。

(一)主動式資產管理

證券市場線代表單一證券，或投資組合的 β 係數所對應之必要報酬率。該線的畫出，是以資本資產訂價模型的恆等式為依據。我們以本節介紹的台積電與台糖股票，說明資本市場線。

假設台積電股票 β 係數 1.5、必要報酬率 20%。台糖股票 β 係數 0.5、必要報酬率 10%。當選擇 β 係數作為座標軸的橫軸，投資人要求的必要報酬率為縱軸，則兩座標軸所構成的座標平面中，圖 7.2 的 A 點代表台糖股票，B 點為台積電股票。連結 AB 兩點，以及其他股票與投資組合的相對應座標點，就可畫出證券市場線。

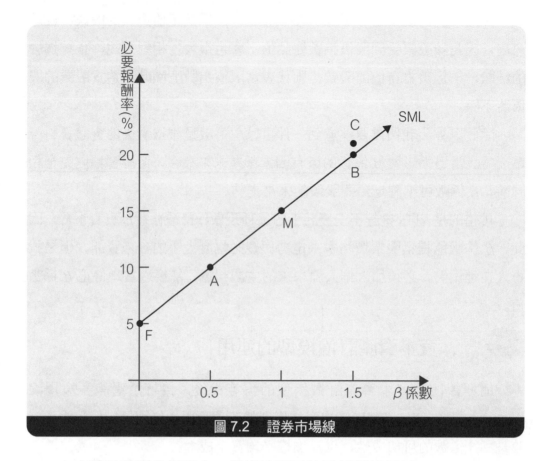

圖 7.2　證券市場線

　　在台積電股票的例子中，假設該股票的目前價格偏低 (under-priced)，投資人購買台積電股票且預期股價可在未來上升到合理的價格，代表投資人於現在投資時，台積電股票的期望報酬率 (expected rate of return) 高於依據資本資產訂價模型而計算的必要報酬率 (required rate of return)。

　　上述論點可用圖 7.2 的 B 點與 C 點加以說明。B 點代表 β 係數為 1.5 的台積電股票、必要報酬率為 20%。當該公司的股價偏低，造成必要報酬率為 21%，如證券市場線上方的 C 點，此時對理性投資人而言，他將處分掉部分的既有資產，轉而購買台積電股票。

　　以上說明使我們瞭解到資本資產模型的第一項運用，也就是主動式的資產管理。進一步來說：投資人採取被動式投資策略，並選擇了配置在無風險資產及市場資產組合的資金後，依據證券市場線的資訊，投資人將「主

動」選擇購買股價低於合理價格的股票。除此以外，我們也可以說：投資人依據證券市場線的資訊，「主動」購買在特定 β 係數下，期望報酬率高於必要報酬率的股票。

㈡ β 係數的可加成性

總投資組合的 β 係數 (β_T)，等於該資產占組合價值的權重 (w_i) 乘上該組合中每項資產的 β 係數 (β_i) 後，加總計算而得，以公式 (7–20) 表達於下方：

$$\beta_T = \sum_{i=1}^{n} w_i \beta_i \qquad\qquad (7\text{–}20)$$

β 係數具有可加成特性，造成對基金經理人或一般投資大眾而言，無論他們採取被動式或主動式的投資策略，總投資組合的 β 係數值都不難算出。接著，運用資本資產訂價模型的恆等式，計算總投資組合的必要報酬率，以利於該投資人在未來評估投資績效。

舉例來說：假設投資人有 100 萬元可用來投資。在被動式投資策略下，75 萬元購買投資報酬率 16% 的市場投資組合，25 萬元購買利率 4% 的無風險資產。

根據公式 (7–20)，該投資人之被動式投資組合的 β 係數為 0.75 (= 75% × 1 + 25% × 0)。運用公式 (7–18)，該組合的必要報酬率為 13% (= 4% + 0.75 × (16% − 4%))。

㈢ 加權平均資金成本

管理者進行投資決策的分析時，常採用淨現值法 (net present value method, NPV method)。淨現值法計算一項長期投資，在未來各期的現金流量 (CF_t)，透過加權平均資金成本 (weighted average cost of capital, WACC)

折現並加總後，得到決策時點之現金流量的總折現值。

　　當總折現值大於 0，代表該計畫可行。相對來說，總折現值小於或等於 0 的投資計畫，站在追求股東價值極大化 (maximize the wealth of current shareholders) 的目標下，就應該放棄。淨現值法以公式 (7–21) 表達於下方：

$$NPV = \sum_{t=1}^{n} \frac{CF_t}{(1 + WACC)^t} \tag{7–21}$$

　　淨現值法的公式中，資金成本應如何估算？當新投資方案的風險近似於公司整體投資風險的假設下，加權平均資金成本等於總負債 (D) 占總資產 (A) 的權重、乘上總負債的加權平均利息成本 (i) 乘上一減公司稅率 (1–t) 後，再加上總權益 (E) 占總資產 (A) 的權重乘上權益的必要報酬率 (r_i)。以公式 (7–22) 表達於下方：

$$WACC = \frac{D}{A} \times i \times (1 - t) + \frac{E}{A} \times r_i \tag{7–22}$$

　　計算加權平均資金成本時，透過公司的資產負債表資訊，得知負債比率 (D/A)、權益比率 (E/A)、加權平均利息成本 (i)、稅率 (t)。至於權益的必要報酬率 (r_i) 估算，對於上市（櫃）公司而言，可運用資本資產訂價模型的恆等式 (7–18) 計算該公司股票的必要報酬率。

　　舉例來說：假設台積電的稅率 30%、負債比 40%、權益比 60%、加權平均利率 5%、β 係數 1.5、無風險利率 4%，且市場資產組合報酬率為 16% 時，運用公式 (7–18)，台積電股票的必要報酬率為 22%(= 4% + 1.5 × (16% − 4%))。

　　接著，透過公式 (7–22) 的運用，可計算台積電的加權平均資金成本為 14.6%(= 40% × 5%(1 − 30%) + 60% × 22%)。

本章習題

一、單選題

（　）1. 下列何者不是資本資產訂價模型的假設？　(A)投資人都很有理性
(B)投資人都是價格的接受者　(C)投資人只能購買公開交易的資產
(D)投資報酬要課稅。

（　）2. 在資本資產訂價模型的假設下，大明與小華都有 100 萬元要投資，且
他們都採用被動式的投資策略。大明和小華的風險趨避係數值分別
為 5 和 2，若大明用 20 萬元購買市場資產組合，請問小華會用多少
錢購買市場資產組合？　(A) 50 萬　(B) 40 萬　(C) 30 萬　(D) 15 萬。

（　）3. 假設無風險利率 5%、市場資產組合的期望報酬率 15%，且華碩股
票的 β 係數為 1.2。請根據資本資產訂價模型，計算該股票的必要
報酬率。　(A) 17%　(B) 16%　(C) 15%　(D) 14%。

（　）4. 已知市場資產組合的風險為 20%，聯發科股票與市場組合報酬率
之共變異數為 0.05。請計算該股票的 β 係數值。　(A) 1.5　(B) 1.25
(C) 1　(D) 0.75。

（　）5. 已知投資組合包含三項資產，分別是：國庫券、聯強股票、日月
光股票。聯強股票的 β 係數為 1.2、權重 50%。日月光股票的 β 係
數為 1.5、權重 20%。請計算該投資組合的 β 係數。　(A) 1.2　(B)
1.1　(C) 0.9　(D) 0.8。

二、簡答題

1. 資本資產訂價模型的六項假設為何？請說明。

2. 何謂效率前緣線？請說明。

3. 何謂資本市場線？請說明。

4. 請說明資本市場線的經濟意義。

5. 請說明資本市場線與資本配置線的基本差異。

6. 資本資產訂價模型恆等式為何?請說明公式及公式中符號所代表的意義。

7. 假設市場無風險年利率為5%、市場資產組合的期望報酬率為15%且A股票的β係數為1.2。請根據資本資產訂價模型,計算A股票的必要報酬率。

8. 何謂系統風險指標?請說明。

9. 請說明市場資產組合的β係數值,以及國庫券的β係數值。

10. 何謂非系統風險?如何降低非系統風險?

11. 影響系統風險指標的主要因素為何?請說明。

12. 請說明β係數所代表的經濟意義。

13. β係數正值愈大的股票,代表的意義為何?β係數為負值時,代表的意義又為何?

14. 請說明資本資產訂價模型的三種常見運用。

15. 運用資本資產訂價模型,進行主動式資產管理時,請問基本原則為何?

16. 何謂β係數的可加成性?

17. 假設投資人有1,000萬元可用來投資。他用750萬元購買β係數為2.0的股票,250萬元購買β係數為0.8的股票,請計算該投資組合的β係數。

18. 假設投資人有1,000萬元可用來投資。他用600萬買市場資產組合,400萬買國庫券,請計算該投資組合的β係數。

19. 請說明淨現值法。

20. 淨現值方法的公式中,資金成本應如何估算?

21. 已知台糖的稅率30%、負債比60%、權益比40%、加權平均利率3%、貝他係數1.2、無風險利率1%,且市場資產組合報酬率為15%,請計算台糖股票的必要報酬率,以及加權平均資金成本。

22. 假設黑松公司正在進行一個為期四年的投資計畫評估。該計畫需於現在投入50億元,並於第一年到第四年的年底產生15億元的現金流入。已知該公司的加權平均資金成本為12%,請問該計畫的淨現金流量等於多少?以及該投資計畫是否可行?

CHAPTER **8**

指數模型與套利訂價模型

investment

◆ 第一節　指數模型理論

◆ 第二節　指數模型應用

◆ 第三節　套利訂價模型

　　第七章介紹的資本資產訂價模型，是以馬克維茲的投資組合理論為基礎。該模型在真實世界運用時有兩項限制。首先，分析所有風險資產，然後建立市場資產組合，無論就人力與物力等各方面來說，並不可行。

　　接著，資本資產訂價模型建構在風險資產的必要報酬率 (required rate of return)、也就是事前報酬率 (ex-ante rate of return)，而不是事後報酬率 (ex-post rate of return)。因為在投資當時，所有的投資人只能根據證券的過去資訊計算事後報酬率，所以大家對事後報酬率的看法一致；而相對地來說，事前報酬率則是「人人有希望、個個沒把握」的莫衷一是看法。

　　為了彌補上述兩項限制，使得資本資產訂價模型的重要觀念，仍能協助投資人做決定，所以介紹單一指數模型（single index model，以下簡稱指數模型）、以及套利訂價模型 (arbitrage pricing theory, APT)。

　　本章內容有三小節：第一節探討指數模型的基本概念。第二節說明指數模型的運用方法。最後，第三節介紹套利訂價模型。

第一節　指數模型理論

　　資本資產訂價模型透過投資組合理論建立效率前緣線時，需要計算各種風險資產的必要報酬率、報酬率的變異數，以及各報酬率之間的共變異數。接著，運用數學最適化的程式 (mathematical optimization program) 及電腦硬體協助，以形成風險資產組合。

　　舉例來說：第六章以黑松與台糖股票為例，說明資本配置線。資本配置線是效率前緣線的簡化曲線，差別在於資本配置線的抽樣組成中，考慮數量有限的風險資產；而效率前緣線是探討所有風險資產。

　　當風險資產組合只有兩種資產時，為了在座標圖畫出資本配置線，需要透過公式 (4–5) 與 (4–6)，計算組合的期望報酬率與風險。

　　根據上述公式，兩項資產所形成的資本配置線中，需要五個估計項目，

包含：兩項資產的期望報酬率 (r_1 與 r_2)、兩項資產的變異數 (σ_1^2 與 σ_2^2)，以及一個共變異數 ($Cov(r_1, r_2)$)。

當風險資產組合包含更多資產項目時，估計項目就因為共變異數的存在而急速增加。舉例來說：臺灣的上市（櫃）公司家數，在 2008 年約有一千兩百家。風險資產組合涵蓋這些股票時，需要估計七十二萬一千八百個項目，包含：一千兩百項資產的期望報酬率 (r_i)、一千兩百項資產的變異數 (σ_i^2)，以及七十一萬九千四百個共變異數 (= 1,200 × 1,199/2)。

上述計算對許多人來說，已經是不可能的任務了，而依據效率前緣線的定義，則又使任務更加困難。理由是效率前緣線考量所有的風險資產，除了股票外，也包含債券及房地產等其他證券。

基於以上理由，夏普 (Sharpe) 提出指數模型，目的在於簡化效率前緣線的運算，使得資本資產訂價模型的重要觀念，在真實世界可以協助投資人做決策❶。

一、指數模型的假設

㈠第一項假設

指數模型的第一項假設，為影響證券投資報酬率的原因，除了公司的特定事件 (firm specific events) 外，就是單一總體經濟指標 (single macroeconomic indicator)。

特定事件在影響單一公司的同時，不會對整體市場造成影響。舉例來說：公司大股東的過世、研發團隊集體離職，或是新產品研發成功，都屬於特定事件。單一總體經濟指標，則是整合利率、匯率、通貨膨脹率、貨幣供需等共同經濟因素後的替代指標。

---

❶ 多項風險資產與無風險資產的資金配置，可參考 1990 年諾貝爾經濟獎得主夏普 (Sharpe) 的研究報告：Sharpe, W. F. (1963), "A Simplified Model of Portfolio Analysis," *Management Science*, 9:2, pp. 277–293.

㈡第二項假設

指數模型的第二項假設，是過去已實現的報酬率，可有效地估計未來的報酬率與變異數。

指數模型最常被用來估算股票的報酬率 (r_i)，而單一總體經濟指標，則以市場加權股價指數的報酬率 (r_m) 為代表。市場股價指數報酬率的計算，相似於股票報酬率的估算公式，等於期末指數值 (P_2) 減去期初指數值 (P_1) 後，再除上期初的指數值 (P_1)，也就是：$r_m = (P_2 - P_1)/P_1$。

指數模型的解釋變數，為股價指數的超額報酬率 (excess rate of return)。此報酬率等於股價指數的報酬率 (r_m) 減掉無風險利率 (r_f) 後的值 $(r_m - r_f)$。

 二、採用超額報酬率的原因

為什麼指數模型要用超額報酬率？因為超額報酬率比報酬率更能顯示股市的榮枯情況。舉例來說：假設臺灣股市的股價指數報酬率，在 2010 年與 1990 年都等於 10% 時，此現象是否代表這兩年的整體股市表現情況相同？答案是必須進一步地比較無風險利率。

假設無風險利率在 2010 年是 2%、1990 年是 7% 時，則股市在 2010 年的表現就優於 1990 年。理由是投資人在 2010 年購買股票時，因為承擔的風險較高，所以可賺取 8% 的超額報酬率 (=10% − 2%)；相對地來說，1990 年購買股票的超額報酬率，就只有 3%。

指數模型的自變數是股價指數的超額報酬率 $(r_m - r_f)$，所以該模型的因變數就是股票的超額報酬率，而不是股票報酬率。股票的超額報酬率，等於報酬率 (r_i) 減無風險利率 (r_f) 後的值 $(r_i - r_f)$。指數模型的公式 (8–1)，表達於下方：

$$r_i - r_f = \alpha_i + \beta_i(r_m - r_f) + e_i \qquad (8-1)$$

公式中的 β 係數 (β_i)，代表衡量股價指數的超額報酬率改變時，單一股票超額報酬率因此而改變的程度。常數項 (α_i) 代表股市的超額報酬率 $(r_m - r_f)$ 等於 0 時，股票超額報酬率的值。最後，殘差項 (e_i) 則代表公司的特定風險 (firm specific risk) 對該股票超額報酬率的事後影響值。

 ## 三、指數模型的優點

指數模型相較於資本資產訂價模型而言，具有以下兩項優點，分別是：運算簡化，以及可用迴歸式估算 β 係數，說明如下：

㈠運算簡化

資本資產訂價模型的風險資產組合，考量臺灣一千兩百家上市（櫃）公司股票，需要估計七十二萬一千八百個項目，如前所述。相同的樣本數之下，指數模型只要估計三千六百零一個項目 $(3n + 1)$，包含：一千兩百項資產的報酬率 (r_i)、一千兩百項資產的變異數 (σ_i^2)、一千兩百項 β 係數 (β_i)，以及一個市場加權指數超額報酬率的變異數 (σ_m^2)。

估計項目在指數模型會劇減的原因，為不再需要衡量股票之間的共變異數，而只要估算 β 係數就可以。進一步地說，對於分析股票共變異數的投資人而言，他們很難探討黑松與台糖、台積電、台塑等眾多股票報酬率之間的相關程度，而衡量股市變動下的黑松股票反應，相對來說就會簡單許多。

㈡迴歸式估算 β 係數

資本資產訂價模型的風險資產組合，是以風險資產的「必要」報酬率為分析基礎。投資人對資產的必要報酬率，我們無法從既有股市資訊獲知，此現象造成結構嚴謹的資本資產訂價模型，無法在真實世界中被測試。既然理論上的風險資產組合，沒辦法透過人們的努力而形成，則 β 係數就估算不出，而資本資產訂價模型也就沒辦法被投資人採用。

相對來說，指數模型則以股價指數，以及股票的「實際」報酬率為基礎。因為這些報酬率都是事後的觀察值，而非事前預估值，所以有衡量比較的基準。不同分析人員根據相同的資料與分析方法，就會得到相同結果。

指數模型公式 (8–1)，$r_i - r_f = \alpha_i + \beta_i \times (r_m - r_f) + e_i$，與資本資產訂價模型公式 (7–18)，$r_i = r_f + \beta_i \times (r_m - r_f)$ 相比較，其實兩模型的 β 係數都相同。

指數模型繞過了形成風險資產組合的限制，假設影響股票超額報酬率的市場因素只有加權股價指數的超額報酬率時，β 係數就可透過計量經濟學的簡單迴歸分析 (simple regression analysis) 加以估算。

第二節　指數模型應用

本節應用指數模型計算虛擬公司甲公司的 β 係數。利用月收盤價資料可以簡化圖形表達，以及方便讀者透過初級統計學 (statistics) 觀念，用計算機估算 β，表 8.1 為 2010 年 12 月至 2011 年 12 月的月收盤價資料❷。

舉例來說：甲公司股票在 2010 年 12 月的月收盤價 44.4 元，代表的是該月最後一個交易日（12 月 31 日）的當日收盤價。股價指數的月收盤價，也是以每月最後一日的當日收盤價為代表。

國庫券利率方面，中央銀行並不是每月都發行國庫券。對於沒有發行國庫券的月份，無風險利率以最近期發行月份的利率為代表。

表 8.1　甲公司股票與股價指數的月收盤價

月　　份	甲公司股票月收盤價	股價指數月收盤價	無風險年利率 (%)
2010 年 12 月	62.0	8,506	1.90
2011 年　1 月	59.9	7,521	1.88
2 月	61.6	8,413	1.92

❷ 實證研究計算 β 係數時，可用三年的月資料予以估算。除此以外，β 係數的長期穩定性，也需一併探討。

3 月	63.1	8,573	1.90
4 月	66.7	8,920	1.92
5 月	65.6	8,619	1.92
6 月	65.0	7,527	1.91
7 月	56.2	7,027	1.95
8 月	58.9	7,046	1.93
9 月	52.5	5,719	1.86
10 月	48.0	4,871	1.73
11 月	40.8	4,460	1.41
12 月	44.4	4,591	0.68

　　表 8.2 說明甲公司與股價指數的超額月報酬率。報酬率的計算在不考慮利息支付情況下，等於期末金額減掉期初金額後，再除上期初金額。

表 8.2　甲公司股票與股價指數的超額月報酬率

單位：%

月　份	甲公司 月報酬率	股價指數 月報酬率	無風險 月利率	甲公司超額 月報酬率	股價指數 超額 月報酬率
2011 年 1 月	−3.39	−11.58	0.157	−3.54	−11.74
2 月	2.84	11.86	0.160	2.68	11.70
3 月	2.44	1.90	0.158	2.28	1.74
4 月	5.71	4.05	0.160	5.55	3.89
5 月	−1.65	−3.37	0.160	−1.81	−3.53
6 月	−0.91	−12.70	0.159	−1.07	−12.86
7 月	−13.54	−6.65	0.163	−13.70	−6.81
8 月	4.80	0.31	0.161	4.64	0.15
9 月	−10.87	−18.83	0.155	−11.02	−18.99
10 月	−8.57	−14.83	0.144	−8.72	−14.97
11 月	−15.00	−8.44	0.118	−15.12	−8.56
12 月	8.82	2.94	0.057	8.77	2.88

　　舉例來說：甲公司股票在 2011 年 12 月份的報酬率 8.82%，等於該股票 12 月底的股價 44.4 元、扣掉 11 月底股價 40.8 元後，再除上 40.8 元。

　　無風險月利率是表 8.1 的無風險「年」利率除上 12 後，計算而得之「月」利率。例如：假設國庫券在 2011 年 12 月份的年利率 0.68%，所以換算成月利率後得到 0.057% (=0.68%/12)。

　　超額月報酬率為月報酬率減去無風險月利率的值。例如：甲公司股票在 12 月份的超額月報酬率 8.77%，等於月報酬率 8.82% 扣掉該月之無風險月利率 0.057%。

　　圖 8.1 根據表 8.2 的資訊，以甲公司股票超額月報酬率為縱軸，股價指數超額月報酬率為橫軸，並將該表的十二個座標點，分別標示於座標平面。接著，透過簡單迴歸分析方法，畫出甲公司股票的月特徵線 (monthly characteristic line)。

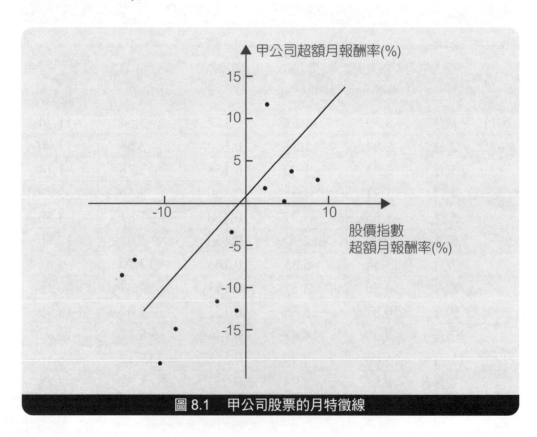

圖 8.1　甲公司股票的月特徵線

特徵線公式為 (8-1)，在此用迴歸方法計算 β 係數的原因，為該公式符合迴歸模型的兩項基本假設，分別是：殘差項 (e_i) 彼此無關，以及殘差項與自變數，即股價指數超額月報酬率 ($r_m - r_f$) 無關。以下，超額月報酬率，直接簡稱超額報酬率。

$$r_i - r_f = \alpha_i + \beta_i \times (r_m - r_f) + e_i \qquad (8-1)$$

本節以下說明，針對甲公司股票與股價指數的超額月報酬率，計算特徵線的 β 值 (β_i) 與 α 值 (α_i) 後，進行統計檢定，並求取該線的 R 平方值 (R square, R^2)。

計算過程所需的五個基本項目與相關結果，分別是：

(1)股價指數超額報酬率的平均值 ($\overline{r_m - r_f}$)，等於：-0.0476。

(2)甲公司超額報酬率的平均值 ($\overline{r_i - r_f}$)，等於：-0.0259。

(3)股價指數超額報酬率之平方的和，$\sum (r_m - r_f)^2$，等於：0.1183。

(4)甲公司超額報酬率之平方的和，$\sum (r_i - r_f)^2$，等於：0.0772。

(5)股價指數與甲公司之超額報酬率乘積的和，$\sum (r_i - r_f)(r_m - r_f)$，等於：$0.0707$。

接著，β 係數 (β_i) 的計算公式，等於加權指數與甲公司超額報酬率乘積的和，扣掉觀察項數乘上兩項超額報酬率平均值之乘積後，再除上股價指數超額報酬率的平方和、扣掉觀察項數乘上股價指數超額報酬率平均值的平方。公式 (8-2) 表達於下方：

$$\beta_i = \frac{\sum (r_m - r_f)(r_i - r_f) - n(\overline{r_m - r_f})(\overline{r_i - r_f})}{\sum (r_m - r_f)^2 - n(\overline{r_m - r_f})^2} \qquad (8-2)$$

根據公式 (8-2)，甲公司股票的 β 係數為 0.6136(= (0.0707 − 12 ×

0.0476 × 0.0259)/(0.1183 − 12 × 0.0476^2))。

特徵線的 α 值 (α_i)，等於甲公司超額報酬率的平均值，減掉 β 係數與股價指數超額報酬率平均值的乘積。公式 (8–3) 表達於下方：

$$\alpha_i = (\overline{r_i - r_f}) - \beta_i \times (\overline{r_m - r_f}) \tag{8–3}$$

經過計算後，甲公司股票的 α 值為 0.0033(= −0.0259 − 0.6136 × (−0.0476))。因此，甲公司股票的指數模型為：$(r_i − r_f) = 0.0033 + 0.6136 \times (r_m − r_f) + e_i$。其中 β 係數為正值且小於 1 時，表示股價指數與甲公司的超額報酬率間，呈現「正相關」的情況。也就是說：股價指數超額報酬率大於 0 且持續增加時，將使甲公司超額報酬率往上調整，而調漲幅度低於股價指數超額報酬率的增加程度。

相對來說，股價指數超額報酬率若是小於 0 且持續下降時，則甲公司超額報酬率將因此而往下調降。此時雖然股市整體表現不佳，但是甲公司股票的抗跌性較好，也就是該股票超額報酬率的調降幅度會低於股價指數超額報酬率的下降程度。

雖然甲公司股票的 β 係數為正值，但是此係數是否達到統計的顯著水準？則需進一步對該係數進行檢定。

為了檢定 β 係數是否為正值，需計算：殘差平方和 ($\sum e_i^2$, sum of square errors, SSE)、平均殘差平方和 (MSE)、β 的變異數 ($Var(\beta_i)$)。然後得到 β 的 t 統計量後，再進行檢定。相關公式表達於下方：

$$\sum e_i^2 = \sum (r_m - r_f)^2 - \alpha_i \sum (r_m - r_f) - \beta_i \sum (r_m - r_f)(r_i - r_f) \tag{8–4}$$

$$MSE = \frac{\sum e_i^2}{(n - 2)} \tag{8–5}$$

$$Var(\beta_i) = \frac{MSE}{\sum(r_m - r_f)^2 - n(\overline{r_m - r_f})^2} \qquad (8\text{-}6)$$

$$t_\beta = \frac{\beta_i}{\sqrt{Var(\beta_i)}} \qquad (8\text{-}7)$$

將資料代入公式 (8-4) 到 (8-7) 後，得到平均殘差平方和 (MSE) 為 $0.00348 (= (0.0772 - 0.0033 \times 12 \times (-0.0259) - 0.6136 \times 0.0707)/10)$。

β 的變異數為 $0.03819 (= 0.00348/(0.1183 - 12 \times 0.0476^2))$，$\beta$ 的 t 統計量 (t_β) 為 $3.14 (= 0.6136/\sqrt{0.03819})$。

t 統計量的絕對值 3.14，大於臨界值 2.306（雙尾，$t(0.975, n-2) = 2.306$），所以在 95% 的信賴水準下，β 係數顯著異於 0。

因此，特徵線方程式的自變數（股價指數超額報酬率），就統計方法的顯著性來看，足以用來解釋因變數（甲公司超額報酬率）的變化情形。

檢定 β 係數後，接著檢定特徵線的縱軸截距 α 值 (α_i)，此時需計算 α 的變異數 $(Var(\alpha_i))$ 與 t 統計量 (t_α)。相關公式表達於下方：

$$Var(\alpha_i) = \frac{MSE}{n} + (\overline{r_m - r_f})^2 \times \frac{MSE}{\sum(r_m - r_f)^2 - n(\overline{r_m - r_f})^2} \qquad (8\text{-}8)$$

$$t_\alpha = \frac{\alpha_i}{\sqrt{Var(\alpha_i)}} \qquad (8\text{-}9)$$

將資料代入公式 (8-8) 與 (8-9) 後，得到 α 的變異數 $(Var(\alpha_i))$ 為 $0.000376 (= 0.00348/12 + 0.0476^2 \times 0.00348/(0.1183 - 12 \times 0.0476^2))$。$\alpha$ 的 t 統計量 (t_α) 為 $0.170 (= 0.0033/\sqrt{0.000376})$。

t 統計量的絕對值小於臨界值 2.306，表示在 95% 的信賴水準下，並沒有顯著異於 0。因此，縱軸截距 (α_i) 就統計檢定結果而言，截距並不存在。

本節最後，計算特徵線的 R 平方值 (R^2)。R 平方代表該線之自變數（股價指數超額報酬率）對因變數（甲公司超額報酬率）的解釋能力。R 平方愈大，則迴歸線的解釋能力愈好。以公式 (8–10) 表達於下方：

$$R = \beta_i \frac{\sqrt{\sum(r_m - r_i)^2 - n(\overline{r_m - r_f})^2}}{\sqrt{\sum(r_i - r_f)^2 - n(\overline{r_i - r_f})^2}} \qquad (8–10)$$

將相關數值代入公式 (8–1)，經過計算後，相關係數 (R) 的值為 0.704(= $0.6136 \times \sqrt{0.1183 - 12 \times 0.0476^2} / \sqrt{0.0772 - 12 \times 0.0259^2}$)。

經過計算，R 平方為 0.4956(=0.704^2)，代表因變數（甲公司超額報酬率）約 50% 的變異，可以透過特徵線方程式 (8–1) 加以解釋。

投資學知識家

上市（櫃）公司股票的 β 值，可運用本章介紹的指數模型計算而得。中華電信理財網的公開資訊，是以一年資料來計算 β 值。在此以臺灣 50 指數的成分股為例，50 家上市公司的 β 值，在 2011 年 9 月 14 日時，介於 0.31 與 1.62 之間。各成分股的代號、公司名稱，以及相對應的 β 值，表示如下：

臺灣 50 指數之標的公司及相對應的 β 值

代　號	名　稱	β 值	代　號	名　　稱	β 值
1101	臺灣水泥	0.94	2448	晶　元	1.01
1102	亞洲水泥	1.03	2454	聯發科	0.86
1216	統一企業	0.89	2474	可　成	1.60
1301	臺灣塑膠	0.92	2498	宏達電	1.62
1303	南亞塑膠	0.75	2618	長榮航	1.16
1326	臺灣化纖	0.98	2801	彰　銀	1.18

1402	遠東新	1.14	2880	華南金	1.12
1722	台灣肥料	1.03	2881	富邦金	0.97
2002	中國鋼鐵	0.44	2882	國泰金	1.18
2105	正新橡膠	0.76	2883	開發金	1.32
2301	光寶科	0.99	2885	元大金	1.25
2303	聯 電	1.13	2886	兆豐金	1.27
2308	台達電	1.05	2888	新光金	1.22
2311	日月光	1.37	2890	永豐金控	1.15
2317	鴻 海	1.18	2891	中信金	1.14
2324	仁 寶	1.17	2892	第一金	1.14
2325	矽 品	1.21	2912	統一超商	0.63
2330	臺積電	0.86	3008	大立光	1.33
2347	聯 強	0.70	3045	台灣大哥大	0.39
2353	宏 碁	1.07	3231	緯 創	1.34
2354	鴻 準	1.46	3481	奇美電子	1.47
2357	華 碩	0.98	3673	TPK	1.36
2382	廣 達	0.93	4904	遠 傳	0.47
2409	友 達	1.33	5854	合 庫	0.90
2412	中華電信	0.31	6505	台塑化	0.83

資料來源：Hinet 理財網 (http://money.hinet.net/stock)。

第三節　套利訂價模型

 一、套利行為與單一價格法則

　　套利訂價模型由羅斯 (Ross) 提出，是以套利 (arbitrage) 觀念為理論基礎而建立的模型[3]。何謂套利？舉例來說：假設臺北市的黃金價格為一兩新臺幣 34,000 元（一兩等於 37.5 克），與臺北市僅一橋之隔

> ◎套 利
> 是指某種實物資產或金融資產擁有兩個價格的情況下，以較低的價格買進，以較高的價格賣出，從中獲得價差的無風險收益。

---

[3]　套利訂價模型，參考：Ross, S. A. (1976), "Arbitrage Theory of Capital Asset Pricing," *Journal of Economic Theory*, 13:3, pp. 314–360.

的三重區金價為每兩新臺幣 30,000 元。人們在三重買一兩黃金後,再帶到臺北賣出。其賣出的交易成本 (transaction costs) 包含: 運送費、保險費、手續費、佣金費,總計新臺幣 1,000 元。

當投資人發現臺北與三重的金價差異,決定在三重買黃金,立刻帶到臺北出售。則扣掉交易成本後,就賺到每兩黃金 3,000 元的利潤 (=34,000–30,000–1,000),這種行為稱為「套利」。

財務管理領域的套利行為,專指投資人透過賣空 (short sale) 與買空行為的交互運用,賺取無風險利潤。只要利潤的取得有不確定時,嚴格來說就不屬於套利。

1. 黃金賣空

從黃金賣空的例子來說,假設住在臺北市的套利者,她向朋友借一兩黃金來賣,並且承諾會在兩小時後將黃金奉還。這項套利行為中,她在臺北市賣黃金得到 34,000 元後,到三重區用 30,000 元買到黃金,緊接著拿回臺北還給友人。扣掉了交易成本後,得到 3,000 元的賣空利潤。

這個例子中,套利者從口袋裡沒有黃金的空開始,經過空賣黃金與還清空賣負債的方式,最後以沒有黃金的空結束。但是她的口袋卻因黃金賣空的交易,憑空多出了 3,000 元的無風險利潤。

2. 黃金買空

從黃金買空的例子來說,有另一位住在三重區的套利者,他向朋友借 30,000 元來買黃金,並且承諾會在兩小時後將 30,000 元奉還。這項套利行為裡,套利者在三重區買一兩黃金後,立即拿到臺北市出售而得到 34,000 元。接著再回到三重區還清友人的 30,000 元借款。扣掉了交易成本後,得到 3,000 元的買空利潤。

這個例子裡的套利者,他從口袋沒有錢的空開始,透過借錢、買黃金、賣黃金,以及還錢的過程,最後口袋多出了 3,000 元的無風險利潤。

經過了上述套利行為後,三重金價因為需求增加而逐漸上升、臺北金

價則因供給增加而逐漸下降，最後兩地的金價達到一致，這個現象就稱為單一價格法則 (the law of one price)。

單一價格法則強調人們的逐利行為，造成市場透過價格運作後，具有「自動調整」的功能。相同資產在不同地方的價格不同時，只要少數人注意到此項商機，套利行為就會產生。

除此以外，單一價格法則告訴我們，在不考慮交易成本的前提下，相同資產在不同地方，應有相同價格。但是在真實世界中，交易成本大多存在。因此，上述例子達到均衡的黃金價格在臺北與三重不見得相等。而且兩地的金價差距，必須在交易成本 1,000 元以內時，套利行為才會停止。

二、套利訂價模型

解釋了套利觀念後，接著說明套利訂價理論。該理論首先探討單一因素模型 (single factor model)，模型中的股票必要報酬率 (r_i)，等於該股票期望報酬率 ($E(r_i)$)，加上總體經濟因素 (F) 對必要報酬率的影響 ($\beta_i \times F$)，再加上公司特定事件產生的必要報酬率 (e_i)。以公式 (8–11) 表達於下方：

$$r_i = E(r_i) + \beta_i \times F + e_i \qquad (8–11)$$

上式之總體經濟因素 (F) 為實際觀察值，至於事前的期望值 ($E(F)$) 則等於 0。舉例來說：假設影響台積電股票的總體經濟因素，為國內生產毛額成長率的期望落差，且 β 係數值 (β_i) 為 1.5。

投資人購買台積電股票時，預估國內生產毛額在未來一年的成長率為 5%。但是一年後的實際額成長率只有 4%，則國內生產毛額成長率的期望落差為 –1%（=4% – 5%）。此項期望落差將造成股票必要報酬率低於期望報酬率 1.5%（=1.5 × –1%）。

影響股票必要報酬率的另一個原因，為公司特定事件產生的必要報酬

率 (e_i)。此報酬率代表事後的觀察值,至於事前的期望值 ($E(e_i)$) 則等於零。

雖然特定事件對單一股票的必要報酬率造成影響,卻不見得能影響其他股票。當基金經理人購買許多種類的股票(例如三十種),然後形成投資組合時,因為特定事件對眾多股票的影響會彼此抵銷,造成特定事件不再對投資組合的必要報酬率產生影響。

舉例來說:國際糖價上升,將使生產糖的台糖公司股價上升,而以糖為原料生產飲料的黑松股價,就可能因此而下跌。當投資組合包含台糖與黑松股票時,國際糖價對投資組合報酬率的影響,就會比單對台糖、或黑松股票報酬率的影響來得小。

因此,對於分散投資良好的投資組合而言,此投資組合的必要報酬率 (r_p),等於該組合的期望報酬率 ($E(r_p)$),加上總體經濟因素 (F) 對必要報酬率的影響 ($\beta_p \times F$)。以公式 (8–12) 表達於下方:

$$r_p = E(r_p) + \beta_p \times F \qquad\qquad (8\text{–}12)$$

圖 8.2 進一步地根據公式 (8–12),以圖形表達投資組合報酬率與總體經濟因素的關連性。假設基金經理人持有投資組合 M,該組合的期望報酬率為 15%,且總體經濟因素的 β 係數 (β_m) 等於 1。

該圖的斜線與縱軸相交點,代表當總體經濟因素的影響不存在時,資產組合的必要報酬率為 15%,剛好等於事前的期望報酬率。當總體經濟因素為 5% 時,則資產組合的必要報酬率 A 點為期望報酬率 15%,加上總體經濟因素影響的 5%(= 1 × 5%),等於 20%。

當 B 投資組合的 β 係數 (β_b) 也等於 1 時,則此組合的必要報酬率應該與 M 組合相同,否則就會有套利行為產生,然後迫使 B 組合的報酬率達到 15%,說明如下:

假設 B 組合的必要報酬率為 5%,則必要報酬率與總體經濟因素的關連性,如圖 8.2 之虛線所示。因為在相同風險係數下,B 組合的必要報酬率

偏低，所以投資人透過放空 B 組合 100 萬元，取得資金並購買 M 組合，接
著在一年之後，賺取無風險利潤 10 萬元。

　　理由在於 100 萬元乘上 15% 的 M 組合必要報酬率，再扣掉支付 100
萬元乘上 5% 的 B 組合必要報酬率後，剩下的就是利潤 10 萬元。此例因為
放空 B 組合與買入 M 組合後，將總體經濟因素的影響完全抵銷，所以投資
不再具有風險。

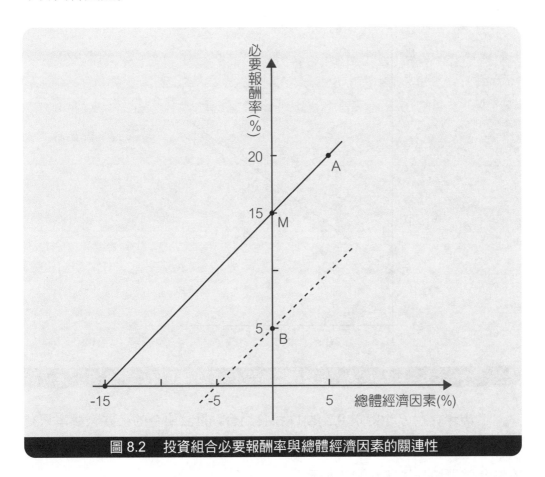

圖 8.2　投資組合必要報酬率與總體經濟因素的關連性

　　既然在套利行為的影響下，相同 β 係數的投資組合都應有相同的必要
報酬率，那麼投資組合之間的 β 不相等時，則必要報酬率與 β 間，又存在
什麼樣的關係呢？我們可用圖 8.3 說明如下：

　　圖中 M 組合的必要報酬率為 15%，總體經濟因素的 β 係數等於 1，且

無風險年利率為 5%。C 投資組合代表基金經理人，將資金平均分配在 M 組合與無風險資產。此時，C 組合的必要報酬率為 10%($= E(r_m)w_m + E(r_f)w_f = 15\% \times 0.5 + 5\% \times 0.5$)。根據第七章介紹的 β 係數可加成特性，C 組合的 β 係數為 0.5($= \beta_m w_m + \beta_f w_f = 1 \times 0.5 + 0 \times 0.5$)。

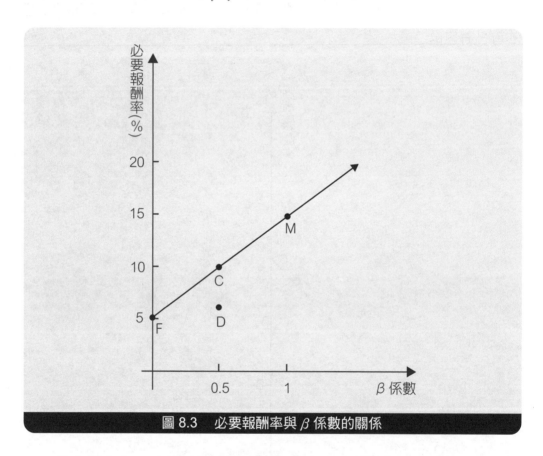

圖 8.3　必要報酬率與 β 係數的關係

　　當市場存在 β 也等於 0.5 的 D 投資組合，且該組合的必要報酬率只有 6% 時，則套利者透過放空 D 組合 100 萬元，買入 C 組合 100 萬元，然後在一年後賺取無風險利潤 4 萬元。

　　理由在於 100 萬元乘上 10% 的 C 組合必要報酬率，再扣掉支付 100 萬元乘上 6% 的 D 組合必要報酬率後，剩下的就是利潤 4 萬元。

　　上述討論得知：套利行為使得特定投資組合的必要報酬率，必須落在

圖 8.3 之斜線上的各座標點。換句話說，投資組合的必要報酬率 (r_i)，等於無風險利率 (r_f)，加上總體經濟因素的 β 係數 (β_i) 與 M 組合超額報酬率 $(r_m - r_f)$ 的乘積。以公式 (8–13) 表達於下方：

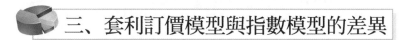

$$r_i = r_f + \beta_i \times (r_m - r_f) \qquad\qquad (8\text{–}13)$$

公式 (8–13) 的 M 組合以市場資產組合代替時，則該線等於資本資產訂價模型的證券市場線 (SML) 方程式。換句話說：套利訂價模型的建立過程中，投資人不需用電腦畫出效率前緣線，也不需真的形成市場資產組合，只要少數專業經理人介入市場並持有完全分散的投資組合後，在套利行為的運作下，證券市場線的恆等式關係就會存在。

三、套利訂價模型與指數模型的差異

㈠指數模型的優點

指數模型的優點，在於跳過了形成市場資產組合的限制，假設影響股票超額報酬率的市場因素，只有股價指數的超額報酬率時，β 係數就可透過計量經濟學的簡單迴歸分析加以估算。

㈡指數模型的缺點

指數模型的缺點，在於假設市場股價指數為影響股票超額報酬的「唯一」總體經濟因素，但是這項假設在真實世界中，不見得必然成立。

舉例來說：2007 年的國際原油價格持續上漲時，造成汽油價格、電費及其他相關物價也跟著調高。消費者為了節省生活開銷而決定暫緩買車。因此，對生產汽車的裕隆公司而言，國際原油價格的高低，或許會大於股市榮枯對該公司股價的影響。

㈢套利訂價模型的優點

　　針對指數模型之缺點的修正，套利訂價模型透過多因素模型 (multi-factor APT)，將通貨膨脹率、利率、原油價格上漲率等因素同時考慮。

　　舉例來說：在兩因素套利訂價模型中，裕隆股票的必要報酬率 ($r_{裕隆}$)，等於該股票的期望報酬率 ($E(r_{裕隆})$)，加上沒有預期到的利率上漲率 ($F_{利率}$) 對必要報酬率造成的影響 ($\beta_{利率} \times F_{利率}$)，加上沒有預期到的原油價格上漲率 ($F_{原油}$) 對必要報酬率造成的影響 ($\beta_{原油} \times F_{原油}$)，再加上特殊事件對必要報酬率的影響 (e_i)。以公式 (8–14) 表達於下方：

$$r_{裕隆} = E(r_{裕隆}) + \beta_{利率} \times F_{利率} + \beta_{原油} \times F_{原油} + e_i \qquad (8\text{–}14)$$

　　該公式中，總體經濟因素不論是沒有預期到的通貨膨脹上漲率或原油價格上漲率，都為事後的實際觀察值。這些總體經濟因素的事前期望值則都等於 0。

　　公式 (8–14) 針對裕隆公司的特性，在該公司必要報酬率的組成中，除了裕隆股票的期望報酬率之外，也將利率與原油價格這兩項總體經濟因素放進因素模型。因此，指數模型的上述缺點，就因此而在套利訂價模型得到改善。

　　假設裕隆股票的期望報酬率為 12%。沒有預期到的利率下跌率為 2%，該利率的 β 係數為 –0.9。沒有預期到的原油價格上漲率為 1%，且該上漲率的 β 係數為 –1.2。在公司特定事件的必要報酬率為 0.4% 的前提下，根據公式 (8–14) 該公司股票的必要報酬率為 13%(= 0.12 + (– 0.9) × (– 0.02) + (– 1.2) × 0.01 + 0.004)。

一、單選題

（　）1.十項風險資產所形成的投資組合，採用投資組合理論時，投資人需要估計的項目有多少？　(A) 85　(B) 65　(C) 50　(D) 31。

（　）2.十項風險資產所形成的投資組合，採用指數模型時，投資人需要估計的項目有多少？　(A) 65　(B) 51　(C) 40　(D) 31。

（　）3.已知台塑股票 10 月 31 日的收盤價為 60 元，11 月 30 日的收盤價為 55 元。且 11 月之無風險年利率為 2%。請計算台塑股票在 11 月的超額月報酬率。　(A) −10.3%　(B) −9%　(C) −11%　(D) −8.5%。

（　）4.根據套利訂價模型，已知影響友達股票的總體經濟因素為國內生產毛額的期望落差。該落差的事後實現值為 1%。假設此期望落差的友達 β 係數為 2，友達之事前期望報酬率為 15%。在公司特定事件的事後報酬率為 0 的前提下，該公司股票的事後投資報酬率為多少？　(A) 13%　(B) 16%　(C) 17%　(D) 18%。

（　）5.根據兩因素的套利訂價模型，假設裕隆股票的期望報酬率為 15%。沒有預期到的利率上漲率 1%，該利率的裕隆 β 係數為：−1.2。沒有預期到的原油價格上漲率為 2%，且該原油價格上漲的裕隆 β 係數為：−1.5。在公司特定事件的必要報酬率為 2.2% 的前提下，該公司股票的必要報酬率為多少？　(A) 13%　(B) 14%　(C) 15%　(D) 16%。

二、簡答題

1.請說明資本資產訂價模型在運用時的兩項限制。

2.請計算三項資產所形成的資本配置線中，需要的估計項目有多少？

3.指數模型由何人提出？

4. 請說明指數模型的兩項假設。

5. 請說明指數模型中的總體經濟指標。

6. 請說明指數模型採用超額報酬率的原因。

7. 請說明指數模型的公式內容。

8. 指數模型相較於資本資產訂價模型而言，具有兩項優點，請說明。

9. 指數模型相對於資本資產訂價模型而言，優點之一為運算簡化，請說明原因。

10. 套利訂價模型由何人提出？

11. 何謂套利？請說明。

12. 何謂單一價格法則？該法則為什麼會存在？為什麼價格在兩地不相等，也可能符合該法則？

13. 套利訂價理論的單一因素模型為何？請運用公式加以說明。

14. 運用套利方法，推導資本資產訂價模型的證券市場線時，有何優點？

15. 請比較套利訂價模型與指數模型的差異。

CHAPTER 9

資本市場效率

nvestment

◆ 第一節　弱式效率市場

◆ 第二節　半強式效率市場

◆ 第三節　強式效率市場與市場異常

　　資本市場之主要目的，在於協助投資人有效率地配置其資本。資本價格適時而又準確地反映資訊時，就有利於投資人進行投資組合的資本配置決定。此時，廠商專注於生產及資本預算的決策。至於投資人呢？則在證券價格充分反映 (fully reflect) 資訊的前提下，購買適合的證券。

　　證券價格充分反映所有資訊時，該市場就具有效率性 (efficiency)。法瑪 (Fama) 將市場效率的理論與實證研究，根據資訊取得的難易程度，區分為：弱式效率市場、半強式效率市場，及強式效率市場❶。以下章節，就因此而區分成三小節。

　　第一節為弱式效率市場的說明與實證方法介紹。第二節探討半強式效率市場。最後，第三節除了說明強式效率市場外，也簡介市場效率方面的異常 (anomaly) 現象。

第一節　弱式效率市場

 一、弱式效率市場的定義

◎弱式效率市場

弱式效率市場之證券的現在價格，反映了所有來自於市場的交易資訊。舉例來說：投資人透過網路等公開管道，取得台積電公司之股價及交易量的所有資訊。此外，投資人已充分利用歷史資訊，而這些資訊也完全反映在目前的交易價格，但是卻無法利用技術分析預測股價的未來走勢。

　　弱式效率市場 (weak form efficient market) 之證券的現在價格，反映了所有來自於過去及現在的市場交易資訊。舉例來說：台積電股票在今天的價格，包含投資人可公開取得該公司股價，以及交易量的所有資訊。

　　股票市場具有弱式效率時，運用股票過去價格與數量資訊來分析今天或未來股價的技術分析方法 (technical analysis)，無法為投資人賺取超額報酬 (excess return)。換句話說，股市達到弱式效率時，投資人所獲得的各式股

---

❶　Fama, E. (1970), "Efficient Capital Markets: A Review of Theory and Empirical Work," *Journal of Finance*, 25: 2, pp.383–417.

票價格分析就不具任何意義了。

 ## 二、市場大多存在弱式效率的現象

假設某個技術分析方法，已經寫在教科書或投資理財的書中，且被投資人廣泛運用。根據這個分析方法，投資人預期台積電股票將會大漲，於是立刻買進股票。此現象造成該公司股價立即上漲，但是只有少數人能因此而獲益。此時，一個看似有效的技術分析方法並不能為絕大多數的投資人帶來超額報酬，所以市場存在弱式效率。

 ## 三、弱式效率的實證介紹

本節以下內容，針對虛擬的甲公司股票 2011 年 10 月到 12 月的收盤價資訊，說明檢驗市場是否具有弱式效率的兩種常見方法，分別是：連檢定 (run test) 以及濾嘴法則 (filter rule)。

㈠連檢定

1.中位數為衡量的標準

統計學的連檢定方法❷，可檢定股價的長期變動是否具有隨機性❸。研究人員挑選特定觀察期間，透過統計檢定方法分析昨天股價高於中位數後，是否也會在今天高於中位數？如果答案是「肯定」時，代表股價變動並不隨機。

相對來說，假設昨天股價高於中位數，並不能保證今天的股價是否也比中位數高時，則投資人就無法運用過去的股價資訊，透過股票買賣而賺取今天或未來的超額報酬。當股市交易的所有股票，都呈現此種現象時，

---

❷ Freund, J. (2004), *Mathematical Statistics with Applications*, NJ: Pearson Prentice Hall.

❸ Alexander, S. (1961), "Price Movements in Speculative Markets: Trends or Random Walks," *Industrial Management Review*, pp.7–26.

該市場就具有弱式效率。

2. Z 檢定與抽樣期間

由於股票交易頻繁，所以樣本期間挑選三個月或甚至更長時間，比較適合使用連檢定中的 Z 檢定方法。

3.針對股價觀察值作排序與轉換

Z 檢定中，先將股價的觀察值排序，然後找出中位數 (median)。接著，高過中位數的股價，以英文字母 A(above) 表示，股價低於中位數時，以字母 B(below) 表示。若股價等於中位數，則當日股價就跳過不計。

股價轉換成 A 與 B 的符號後，就計算連 (run) 的數目。「連」是指單一或連續的 A 或 B。舉例來說：五天收盤價經過中位數的比較後，轉換為 A、A、×、B、A 時，就包含了三個連。其中第一組 (A、A) 形成一個連，× 等於中位數不計算，B 自成一個連，最後的 A 也是一個連。

4. Z 值的計算

連檢定的 A 與 B 之總數分別都大於 20 時就可用 Z 檢定。Z 值等於連的個數 (r) 減連的期望值 ($E(r)$) 後，再除上標準差，以公式 (9–1) 表達於下方：

$$Z = \frac{r - E(r)}{\sigma} \tag{9–1}$$

公式 (9–2) 與 (9–3) 說明連的期望值 ($E(r)$)，以及變異數 (σ^2) 的計算方法，其中 n_1 代表 A 的次數，n_2 為 B 的次數。相關公式說明如下：

$$E(r) = \frac{2n_1 n_2}{n_1 + n_2} + 1 \tag{9–2}$$

$$\sigma^2 = \frac{2n_1 n_2 (2n_1 n_2 - n_1 - n_2)}{(n_1 + n_2)^2 (n_1 + n_2 - 1)} \tag{9–3}$$

5.隨機性的判定

　　Z 統計量的絕對值小於 1.96 時，表示在 95% 的信賴水準下，無法拒絕樣本不隨機的假設，也就是市場符合弱式效率。相對來說，Z 統計量的絕對值大於 1.96，代表樣本不隨機的現象存在。

6.連檢定方法的使用說明

　　表 9.1 列出甲公司 2011 年 10 月到 12 月的收盤價資訊。假設這段期間有六十五個交易日，股價由高到低排序後，中位數股價為 43.4 元。這組觀察值中，高於中位數的天數 (n_1) 有三十二天，低於中位數的天數 (n_2) 有二十九天，等於中位數的天數有四天。

　　舉例來說：10 月 1 日的收盤價 52.5 元高於中位數，當天股價以 A 表示；10 月 22 日股價 42.6 元低於中位數，當天股價以 B 表示；而 11 月 12 日，12 月的 24 日、26 日、29 日股價都等於中位數，所以這些交易日都不計算。

　　相關六十五日的連檢定字母排列，包含：連續十四天的 A 連、六天 B 連、七天 A 連、二十一天 B 連、兩天 A 連、一天 B 連、七天 A 連、一天 B 連、兩天 A 連。所以連 (r) 的數目有九項。我們接著將相關數字代入公式 (9–2)，計算出連的期望值為 31.4(= [(2 × 32 × 29)/(32 + 29)]+ 1)。運用公式 (9–3) 後，得知連的變異數為 14.9(= 2 × 32 × 29 × (2 × 32 × 29 – 32 – 29)/(32 + 29)^2 × (32 + 29 – 1))。將連的數目、期望值、變異數再開根號以計算標準差，並將這些數字代入公式 (9–1) 後，得知 Z 統計值等於：–5.8(= (9 – 31.4)/3.863)。因為 Z 統計量的絕對值為 5.8，高於臨界值 1.96，表示在此觀察期間中，甲公司股票的股價並不隨機。因此，單就該公司的抽樣股票而言，市場的弱式效率並不存在。

表 9.1　2011 年 10 月至 12 月甲公司股票的收盤價					
日　期	價　格	日　期	價　格	日　期	價　格
10 月 1 日	52.5	11 月 3 日	47.0	12 月 1 日	40.8
10 月 2 日	51.4	11 月 4 日	48.0	12 月 2 日	38.0
10 月 3 日	51.4	11 月 5 日	48.0	12 月 3 日	37.2

10 月 6 日	49.0	11 月 6 日	44.7	12 月 4 日	37.1
10 月 7 日	49.7	11 月 7 日	43.5	12 月 5 日	37.2
10 月 8 日	46.3	11 月 10 日	43.2	12 月 8 日	39.8
10 月 9 日	46.1	11 月 11 日	43.1	12 月 9 日	40.8
10 月 13 日	46.7	11 月 12 日	43.4	12 月 10 日	43.7
10 月 14 日	49.9	11 月 13 日	40.5	12 月 11 日	44.9
10 月 15 日	48.2	11 月 14 日	41.7	12 月 12 日	41.8
10 月 16 日	46.6	11 月 17 日	40.8	12 月 15 日	43.5
10 月 17 日	45.0	11 月 18 日	38.5	12 月 16 日	44.5
10 月 20 日	44.2	11 月 19 日	38.0	12 月 17 日	46.0
10 月 21 日	44.1	11 月 20 日	36.8	12 月 18 日	45.0
10 月 22 日	42.6	11 月 21 日	38.5	12 月 19 日	45.0
10 月 23 日	41.2	11 月 24 日	37.3	12 月 22 日	44.6
10 月 24 日	39.8	11 月 25 日	39.9	12 月 23 日	43.9
10 月 27 日	38.3	11 月 26 日	39.0	12 月 24 日	43.4
10 月 28 日	39.7	11 月 27 日	40.9	12 月 25 日	43.1
10 月 29 日	42.0	11 月 28 日	40.8	12 月 26 日	43.4
10 月 30 日	44.9			12 月 29 日	43.4
10 月 31 日	48.0			12 月 30 日	45.2
				12 月 31 日	44.4

㈡濾嘴法則

除了連檢定方法外，另一種常見的技術分析方法為濾嘴法則。濾嘴法則指投資人依據過去股價或股票報酬率的變動情況，訂出特定的買賣規則。以下透過前述表 9.1 的甲公司股價資訊說明濾嘴法則。

假設投資人在 10 月 1 日有 100 萬元，股票可以零股購買且市場不允許融資融券的投資行為。他可以用「買入即忘」(buy and forget) 的策略，選擇當天買股票後，不關心股價漲跌，然後持有這些股票到 12 月底再出售，並且計算損益。

另方面來說，他也可以定下濾嘴法則，例如：股票收盤價連漲三天時，

就在第三天快要收盤時進場購買股票。收盤價連跌三天時，就在第三天股市快收盤時賣出手中持股。

上述兩種投資策略何者較佳？就買入即忘的策略來說，10 月 1 日買價 52.5 元，12 月 31 日賣價為 44.4 元，所以這段期間的投資報酬率為 −15%(=(44.4 − 52.5)/52.5)。換句話說，原先的 100 萬元，到了 12 月底時，只剩下 85 萬元。

另方面來說，在濾嘴法則之下，投資人在 10 月 1 日開始觀望，直到 10 月 30 日股價連漲三天，才在當天快要收盤時進場以每股 44.9 元價格，買 100 萬元股票。接著，11 月 10 日當天即將收盤時，以 43.2 元價格出售所有股票。此時的投資損失為 4 萬元，所以只拿回 96 萬元。

到了 12 月 9 日時，投資人再次進場，以每股 40.8 元的價格買 96 萬元股票。12 月 22 日又以每股 44.6 元的價格出售所有股票。此時投資人的錢就從 96 萬元增加為 105 萬元。然後直到 12 月底為止，因為一直都沒有達到進場買股票的時機，所以投資人最後持有 105 萬元。

比較上述兩項策略時，我們發現濾嘴法則的投資績效，高於買入即忘策略。研究人員進一步將此法則，套用在其他上市（櫃）股票的買賣，當此法則能一體適用時，這個濾嘴法則就能依據過去的股價資訊為投資人賺錢，此時的市場就不具有弱式效率。

第二節　半強式效率市場

 一、半強式效率市場的定義

半強式效率市場 (semi-strong form efficient market) 的效率性高於弱式效率市場。市場符合半強式效率時，今天股價不但反映過去的股價資訊，也反映該股票有關的所有公開資訊。這些公開資訊除了整

> ◎半強式效率市場
> 市場符合半強式效率時，今天股價不但反映過去的股價資訊，也反映該股票有關的所有公開資訊。

體經濟報告及產業分析外，也包含公司的財務報表、生產資訊、管理品質、專利權持有數目、預期盈餘等相關訊息。

 二、半強式效率市場的檢驗方法

弱式效率市場的實證研究中，研究人員檢驗技術分析方法，是否能為投資人賺到錢？至於半強式效率市場的檢驗，則著重在基本分析 (fundamental analysis) 的探討。

基本分析的過程中，投資人分析公司的過去獲利情況以及資產負債表的科目金額配置。接著，探討經營者的管理能力、產品的市場競爭性、產業前景，以及整體經濟的未來發展。

市場具有半強式效率時，代表基本分析所做的努力往往徒勞無功，並不能為投資人賺取超額報酬。相對來說，市場效率雖然達到弱式效率，卻還不到半強式效率時，有些投資人就能透過基本分析方法，買到價格低於價值的股票。這些物美價廉的股票價格回升到應有價值時，投資人賣出股票後，就因此而賺取利潤。

因此，基本分析之目的，不在於找出績優公司，然後買這些「好」公司的股票。投資人關心的重點，在於能否透過買賣股票而賺錢。績優公司的股價高於實際價值時，這種股票不買也罷！

相對來說，投資人太過悲觀地看待某支股票，造成該股票的價格超跌且跌破其價值時，這種股票就反而會是好的投資標的，因為買了之後，應可在未來賺到可觀的投資報酬率。

投資學知識家

巴菲特 (W. Buffett, 1930～) 是美國上世紀最懂得財務投資的人。根據《富比士》(*Forbes*) 雜誌的分析，他是 2008 年全球富豪之榜首。即使經歷了當年底的美國金融風暴，他在 2009 年仍然擁有 400 億美元以上的淨資產，相當於新臺幣 14,000 億元。

　　巴菲特的投資眼光精準，我們以本章術語來說，他透過基本分析方法，購買「價值」遠高過「價格」的股票，打敗市場一般投資大眾的管理績效。因此，嚴格地來說，美國證券市場的半強式效率並不存在。

　　雖然巴菲特很懂得財務投資，他的特別之處不在於理財能力，而是他有著在華人的富豪世界中，很難見到的兩項特質。

　　首先，儘管他非常地有錢，生活卻很儉樸。他還住在 1958 年所購買，位於美國內布拉斯加州 (Nebraska State) 的老房子。那間房子只有五個房間，2009 年的市價為 70 萬美元，相當於新臺幣 2,500 萬元。

　　巴菲特的第二項特質，就是他的感恩惜福及能捨。他認為在自己的財富累積上，「社會」才是真正的幕後功臣。他曾說如果自己生在孟加拉或秘魯等國時，就算有巴菲特的才智，也沒有用武之地。

　　在個人財富的「能捨」方面，他於 2006 年宣布將名下的一千萬股波克夏 (Berkshire Hathaway) 股票，捐贈蓋茲基金會 (Bill & Melinda Gates Foundation)，該基金會由微軟創辦人比爾蓋茲所成立。

　　巴菲特捐給蓋茲基金會的錢，以 2007 年的股價計算，大約為 400 億美元，這是美國有史以來最大的慈善捐款，相當於他個人財產的 85%。

三、半強式效率市場的實證研究

　　半強式效率市場的實證研究中，常用事件研究法 (event study) 探討資訊對股價的影響程度，以及股價的調整速度。進一步來說，也就是評估特定事件，例如：股利發放、股票分割、年度盈餘公布或購買與合併 (Merge and Acquisition, M&A) 等訊息公布，對公司股價造成的影響。

　　法瑪、費雪、堅森及羅爾 (Fama, Fisher, Jensen and Roll, FFJR) 在事件研究法中，提出累積異常報酬 (cumulative abnormal return, CAR) 方法❹，這方法後來被許多研究人員採用。因此，本節以下介紹這個方法。

---

❹　Fama, E., L. Fisher, M. Jensen, and R. Roll (1968), "The Adjustment of Stock Prices to New Information," *International Economic Review*, 10: 1, pp.1–21.

㈠累積異常報酬

本書第八章第二節,運用甲公司股票 2011 年 1 月到 12 月的交易資料,
得知該公司股票的指數模型為:$(r_i - r_f) = 0.0033 + 0.6136 \times (r_m - r_f) + e_i$。
為了計算累積異常報酬,表 9.2 說明 2011 年最後一個交易日,以及 2012 年
前三個交易日中,甲公司股票與股價指數的日收盤價資訊。

日　期	甲公司股票日收盤價	股價指數日收盤價	無風險月利率 (%)
2011 年 12 月 31 日	44.4	4,591	0.59
2012 年 1 月 5 日	46.3	4,698	0.59
1 月 6 日	45.6	4,727	0.59
1 月 7 日	44.6	4,790	0.59

表 9.2　甲公司股票與股價指數的日收盤價

根據表 9.2 資料,透過第八章介紹的方法,計算甲公司股票與股價指數
的日報酬率。接著,將 1 月 5 日的指數報酬率與無風險月利率,代入指數
模型中,得知模型的預期報酬率為 1.78%(= 0.0059/12 + 0.0033 + 0.6136 ×
(0.0233 − 0.0059/12) × 100%)。

甲公司股票在 1 月 5 日的實際報酬率為 4.28%,高過模型計算之期望
報酬率。實際值高過期望值的 2.50%,就稱為 1 月 5 日當天的異常報酬率
(abnormal return, AR)。

相同計算方法,得知甲公司 1 月 6 日的異常報酬率為 −2.24%。假設研
究人員關心 1 月份開始交易後,甲公司在前三個交易日的累積異常報酬率,
則該股票在 1 月 6 日的累積異常報酬,為 1 月 5 日的 2.50%、加上 1 月 6
日的 −2.24% 後,就等於 0.26%。1 月 7 日的累積異常報酬率,為 1 月 6 日
的累積異常報酬 0.26%,加上 1 月 7 日的異常報酬 −3.36% 後,就等於
−3.10%。相關之計算結果,列示在表 9.3。

日　　期	甲公司報酬率	指數報酬率	指數模型預測報酬率	甲公司異常報酬率	甲公司累積異常報酬率
1月5日	4.28	2.33	1.78	2.50	2.50
1月6日	−1.51	0.62	0.73	−2.24	0.26
1月7日	−2.19	1.33	1.17	−3.36	−3.10

表 9.3　甲公司股票的累積異常報酬率

單位：%

 五、以併購案為例說明累積異常報酬率

　　介紹了累積超額報酬率的計算方法後，接著在圖形 9.1 中，以併購案之目標公司 (target company) 為例，說明累積超額報酬率的分析方法。

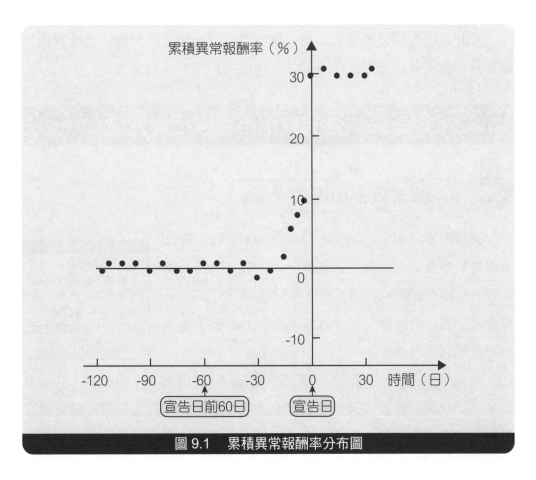

圖 9.1　累積異常報酬率分布圖

該圖以時間為橫軸，累積異常報酬率為縱軸。併購案之宣告日為事件發生的原點（時間 = 0），研究人員分析併購宣告日之前一百二十日（時間 = −120），直到宣告日之後三十日（時間 = 30）的累積異常報酬率。

併購案之目標公司，也就是被收購公司 (acquired company)。一般來說，併購案對被收購公司的股東而言，屬於利多消息。也就是被收購公司的股價，在宣告日後將立即上漲，造成異常報酬率與累積異常報酬率，也隨之增加的現象。

圖 9.1 顯示利多訊息宣告後，對累積異常報酬率所造成的影響。宣告日當天（時間 = 0），被收購公司的累積異常報酬從 10% 跳升到 30%。但是宣告後的一個月內，累積異常報酬就維持在 30% 附近，不再劇烈地上漲或下降，代表併購訊息已經融入了股價。

此時，因為併購消息公布後，被收購公司股價立即反應，造成累積異常報酬率的跳升，所以就市場的效率性來說，符合半強式效率。

第三節　強式效率市場與市場異常

 一、強式效率市場的定義

強式效率市場 (strong form efficient market) 的效率性高於半強式效率市場、更高於弱式效率市場。強式效率市場中，今天股價不但反映與該股票有關之所有公開資訊，也包含公司「內部人士」才能掌握的非公開資訊。

> ◎強式效率市場
> 強式效率市場中，今天股價不但反映與該股票有關之所有公開資訊，也包含公司「內部人士」才能掌握的非公開資訊。

內部人士藉由非公開資訊獲得超額報酬就屬於內線交易 (inside trading)，例如：總經理最近要賣掉公司的值錢土地，並且已經和賣方談好價錢。這件事公開後會造成公司的股價大漲，且目前只有極少數人知道。

此時總經理用低價買進公司股票，然後等買賣土地的訊息公開，公司股價大漲後，再賣出自家公司的股票獲利，這種現象就是「內線交易」的例子。

> ◎內線交易
> 內線交易時，投機者獲得的消息並未公開，該消息能有效地影響證券的市場價格，且於交易後有獲利的情況發生。

當市場具有強式效率時，內線交易即不存在，因為即使是公司的總經理、副總經理等高階主管，或是董事會的成員，也沒辦法透過內線交易而獲利。因為所謂的內線資訊，其實早就反應在股價的變動上。

 ## 二、強式效率市場的檢驗方法

強式效率市場的實證研究中，一般是探討基金經理人的績效表現。理由是基金經理人除了擁有專業知識，對技術分析與基本分析方法有深入瞭解外，更因為人面廣與掌握大量資金，所以比一般投資大眾更有機會，得到上市（櫃）公司在經營方面的內部訊息。

 ## 三、強式效率市場的實證研究

強式效率市場的實證研究中，堅森 (Jensen) 運用公式 (8–1) 的指數模型，$r_i - r_f = \alpha_i + \beta_i \times (r_m - r_f) + e_i$，計算基金的常數項 (α_i) 是否顯著大於 0[5]。

在資本資產訂價模型中，常數項 (α_i) 應該等於 0，所以當基金投資績效的常數項 (α_i) 為正值且顯著異於 0 時，代表這位基金經理人，具有好的資產管理能力而能賺到超額報酬率。

接著，堅森進一步分析，上個研究抽樣期間的「模範」基金經理人，是否也能在下個抽樣期間，持續地打敗市場 (beat the markets)，並賺取超額報酬率？

除了基金經理人的績效衡量外，也可透過累積異常報酬方法，觀察特

---

[5]　Jensen, M. (1969), "Risk, The Pricing of Capital Assets, and The Evaluation of Investment Portfolios," *Journal of Business*, 42: 2, pp. 167–247.

定人士的股票買賣情況。舉例來說：上一節的圖 9.1 中，我們發現除了併購消息公布的當天，異常報酬率從 10% 跳升到 30%，代表市場具有半強式效率之外，被併購公司的股價，已經在併購消息公布前十五天開始，異常報酬就已逐漸上升了。

被併購公司股價的提前反應，是否代表內線交易存在，所以市場不具有強式效率呢？這現象必須對：訊息發動者、市場投資人反應，以及這十五天的總交易量，作進一步的分析。

首先，訊息的發動者是誰？是併購、或被併購一方的決策者？例如：董事或總經理嗎？還是參與併購談判的其他相關人員，例如：法律顧問、財務顧問、會計師、銀行團代表、或甚至是秘書？

找到了訊息發動者，代表有內線人士提前買進被併購公司的股票，接著要看投資大眾如何反應？反應有無過當？

最後，累積異常報酬是從價格變動的相對關係計算而得，並不能代表成交量的關係。併購宣告日前十五天至宣告日當天之間，雖然累積異常報酬率逐漸上升，但是每天成交量卻很少量時，內線交易的現象或許存在，但是否顯著到必須動用社會資源，勞師動眾地探究真相，然後將人繩之以法？這同時也牽涉到成本與效益的管理問題思考。

 ## 四、市場異常的實證研究

除了強式效率市場的說明外，研究人員的實證研究中也發現到股票市場的異常現象 (anomalies)，常見有：低本益比效應 (low P/E ratio effect)、規模效應 (size effect)、一月效應 (January effect)，以及週末效應 (weekend effect)，說明如下：

㈠低本益比效應

霸舒 (Basu) 研究市場效率假說時，發現低本益比

> ◎本益比
> 即股價除以每股稅後盈餘，通常低本益比的股票投資組合較具有投資價值，但這仍要綜合考量公司的經營績效、產業特性，以及未來是否具有成長性等。

(low P/E ratio) 股票投資組合的報酬率，高於高本益比所形成的投資組合，此現象稱為低本益比效應❻。

(二)規模效應

規模效應最早是邊士 (Banz) 發現❼。他以紐約證券交易所的上市股票為樣本，並用市場價值衡量公司規模時，得到大公司股票的年平均報酬率，低於小公司股票報酬率的實證結果。

換句話說，投資人購買小公司的股票、或投資專買小公司股票的共同基金時，一般來說，獲利應高於購買大公司股票所做的投資。

(三)一月效應

瑞格南 (Reinganum) 延續邊士的發現，進一步從月份來探討規模效應❽。根據他的實證結果，認為上述規模效應只發生在美國每年 1 月份的前兩個星期，故稱為一月效應。

(四)週末效應

法藍奇 (French) 的實證研究中，發現投資人常在星期五股市快收盤時，放空股票 (short sale stocks)。等到隔週一下午，再買回股票並結清融券的部位。此現象是在不考慮融券成本的前提下，投資人可賺取超額報酬，稱為

---

❻ Basu, S. (1977), "Investment Performance of Common Stocks in Relation to Their Price-earnings Ratios: a Test of the Efficient Market Hypothesis," *Journal of Finance*, 32: 3, pp. 663–682.

❼ Banz, R. (1981), "The Relationship Between Return and Market Value of Common Stocks," *Journal of Financial Economics*, 9: 1, pp. 3–18.

❽ Reinganum, M. (1983), "The Anomalous Stock Market Behavior of Small Firm in January: Empirical Tests for Tax-Loss Effects," *Journal of Financial Economics*, 12: 1, pp. 89–104.

週末效應❾。

週末效應雖然聽來使投資人興奮，但是獲利的成果有限，且考慮融券成本後就變成無利可圖。所以週末效應雖然存在，且實證結果達到統計的顯著性，卻不具有經濟利益。

 ## 五、臺灣股市效率的實證研究

本章最後，對臺灣股市效率的實證研究結果簡要說明。首先，臺灣股市的效率很高。生活在臺灣的我們，常觀察到有任何的風吹草動時，股市就會立即反應，意即歷史資訊已充分表現在股票市場上。這現象用專業術語來說，就是臺灣股市至少符合弱式效率。

接著，透過教科書介紹的投資方法、國外投資專家的經驗之談，相關的基本分析大多不能為投資人賺到超額報酬。這現象代表：考量所有的投資成本後，臺灣股市的效率性應該略高於弱式效率。

---

❾ French, K. (1980), "Stock Returns and the Weekend Effect," *Journal of Financial Economics*, 8: 1, pp.55–69.

 本章習題

一、單選題

（　）1. 法瑪將市場效率的理論與實證研究，根據資訊取得之難易程度，區分為三種市場，下列何者不屬於其中之一的市場？　(A)弱式效率市場　(B)半弱式效率市場　(C)半強式效率市場　(D)強式效率市場。

（　）2. 當證券的現在價格，只反映所有來自於市場的交易資訊時，此種市場稱為：　(A)弱式效率市場　(B)半弱式效率市場　(C)半強式效率市場　(D)強式效率市場。

（　）3. 當證券的現在價格，不但反映來自於市場的交易資訊，也反映該證券有關的所有公開資訊時，此種市場稱為：　(A)弱式效率市場　(B)半弱式效率市場　(C)半強式效率市場　(D)強式效率市場。

（　）4. 下列何種方法，是研究半強式效率市場所採用的常見方法？　(A)連檢定　(B)濾嘴法則　(C)事件研究法　(D)以上皆非。

（　）5. 當證券的現在價格，不但反映市場的交易資訊與公開資訊，也包含公司內部人士所掌握的資訊時，此種市場稱為：　(A)弱式效率市場　(B)半弱式效率市場　(C)半強式效率市場　(D)強式效率市場。

二、簡答題

1. 法瑪將市場效率性的理論與實證研究，根據資訊取得的難易程度，區分為三種市場，請說明。

2. 請說明弱式效率市場的定義。

3. 何謂技術分析方法？當市場符合弱式效率時，技術分析能否為投資人賺取超額報酬？

4. 檢驗市場具有弱式效率的常見方法有兩種，請說明。

5. 請說明連檢定的「連」如何決定。

6. 請說明濾嘴法則。

7. 請說明半強式效率市場的定義。

8. 半強式效率市場的實證研究中，大多探討何種財務分析方法的有效性？

9. 基本分析之目的，是為了找出「績優」公司來投資嗎？

10. 半強式效率市場的實證研究中，為了探討資訊對股價的影響程度，以及股價的調整速度，常用何種研究方法？

11. 事件研究法最早由哪些人提出？

12. 事件研究法的累積異常報酬，如何計算？

13. 請說明強式效率市場的定義。

14. 強式效率市場的實證研究中，大多是研究何種人士的財務績效？

15. 請列舉並說明四種股票市場的異常現象。

16. 股票市場的異常現象中，何謂低本益比效應？

17. 股票市場的異常現象中，何謂規模效應？

18. 股票市場的異常現象中，何謂一月效應？

19. 股票市場的異常現象中，何謂週末效應？

20. 週末效應如果存在，且具有統計上的顯著性，在絕大多數的情況中，是否能使投資人賺取超額報酬？

CHAPTER 10

固定收益證券

- ◆ 第一節 債券評價

- ◆ 第二節 利率的期間結構

- ◆ 第三節 債券管理

第四章到第八章的內容說明中，假設投資人分析了證券的風險與報酬後，探討投資人如何進行資產配置，才能使其效用達到最適。接下來的連續五章，是打開上述假設，並對證券市場的三種常見證券：固定收益證券 (fixed-income securities)、權益證券 (equity securities) 與衍生性商品 (derivatives products)，從評價方法、風險與報酬的決定因素，以及各類型證券的投資策略等方面加以說明。

本章著重於分析固定收益證券。固定收益證券的特點為投資當時，比較確定證券提供之未來現金流量的資訊。舉例來說：投資人購買一張五年到期的政府公債，利率 8%、面額 100 萬元。該公債每年支付 8 萬元作為利息外，五年後到期時，政府將會償還債券本金 100 萬元。

本章內容包含三小節。第一節簡介債券的評價方法，並分析債券價格與票面利率 (coupon rates)、市場利率 (market interest rates) 的關係。

第二節說明利率的期間結構 (the term structure of interest rates)，並探討期間結構的產生原因。

最後，第三節從風險管理的角度，透過債券存續期間 (duration) 的介紹，說明債券管理的原理與原則。

第一節　債券評價

債券是一種借款的途徑，臺灣常見之債券發行人為政府與上市（櫃）公司。投資人購買債券後，債券發行人就有義務 (obligations) 在未來的特定時間，償還特定金額給債券持有人。債券發行人無法按時支付利息或本金時，就會面臨破產與清算的命運。

傳統的付息債券 (coupon bonds) 中，發行人每半年或一年支付票面利息 (coupon interests) 給債券持有人外，債券到期也需償還本金，或稱為債券面額的金額。

債券的票面利息，等於票面利率乘上債券面額。例如：面額 100 萬元

的臺北市政府公債，票面利率 8%、五年到期、每年付息一次時，投資人購買該債券後，政府除了每年支付 8 萬元利息外，五年後債券到期時，還需償還 100 萬元給投資人。

投資人購買上述債券後，相當於現在借了一筆錢給臺北市政府，所以可在未來取得利息與本金。那麼我們要問的是：投資人現在要支付多少錢，才足以購買該債券呢？要回答這問題，就牽涉到債券的評價。以下針對金錢的時間價值、不同類型債券的評價方法，加以介紹：

一、金錢的時間價值

債券的利息與本金都在未來支付，而金錢具有時間價值 (time value of money)，也就是在正常情況下，未來的 100 萬元折成現在價值時，應該少於 100 萬元。

現值與未來值的換算方法，說明於公式 (10–1)。該式之現值 (present value, PV)，等於未來值 (future value, FV) 乘上相對應的折現因子 (discount factors)。其中，折現因子等於 1 加上折現利率 (i) 後的時間 (t) 次方，再求其倒數，計算而得 $1/(1 + i)^t$。

$$PV = \frac{FV}{(1 + i)^t} \qquad (10–1)$$

上述公式的折現利率稱為市場利率，又稱為到期殖利率 (yield to maturity, YTM)，簡稱殖利率 (yield)。舉例來說：臺北市政府債券的殖利率 10%，則該政府在十年後支付的本金 100 萬元，今天這項債權只值 38 萬元 ($=100/(1.10)^{10}$)。

二、付息債券

臺灣的政府公債與公司債，大多屬於付息債券。面額常見為新臺幣 100

萬元、每年支付利息一次。除此以外，債券發行人也可選擇用不同的面額發行債券，例如：面額 10 萬元或甚至 1,000 萬元。利息支付的條款，也可改為半年付息一次或其他條款。

臺灣政府公債的到期時間，過去曾發行從兩年、三年、五年、七年、十年、十五年、二十年、或三十年不等。由於政府的信用比上市（櫃）公司好、所需資金也較多，所以一般來說，同期間發行的政府公債到期時間，會比公司債要來得長。例如：2008 年發行的各種債券中，公債到期時間大多為十年，至於公司債的到期時間呢？是以五年居多。

為了便於說明債券評價公式的運用，以下舉例說明：假設面額為 100 萬元、三年到期、殖利率 10%、票面利率 8%。分別計算：一年付息一次，以及半年付息一次的債券價格。

1. 一年付息一次

對於一年付息一次的債券而言，債券價格 (P_B) 等於未來每期支付的金額 (CF_t)、乘上該金額所對應的折現因子 ($1/(1+i)^t$) 後，加總計算而得，以公式 (10–2) 表達於下方：

$$P_B = \sum_{t=1}^{n} \frac{CF_t}{(1+i)^t} \qquad (10\text{--}2)$$

根據上述的例子，債券發行人每年支付利息 8 萬元。然後在第三年到期時，連本帶利支付 108 萬元給投資人。這樣的現金流量，在殖利率 10%的條件下，根據公式 (10–2) 可得債券價格約為 95 萬元 ($= 8/(1.1) + 8/(1.1)^2 + 108/(1.1)^3$)。

2. 半年付息一次

對於半年付息一次的債券而言，債券價格 (P_B) 等於未來每期支付的金額 (CF_t)，乘上該金額所對應的折現因子 ($1/(1 + i/2)^t$) 後，加總計算而得。此時因為間隔半年付息一次，所以付息的次數有六次 ($=2 \times 3$)。以公式

(10–3) 表達於下方：

$$P_B = \sum_{t=1}^{2n} \frac{CF_t}{(1 + \frac{i}{2})^t} \qquad (10\text{–}3)$$

舉例來說：面額 100 萬元、半年付息一次，且票面利率 8% 時，表示投資人每隔半年收到利息 4 萬元。然後三年到期時，除了利息收入外，也收到本金 100 萬元。這樣的現金流量，在殖利率每年 10% 的條件下，折現殖利率改為每半年 5%，則該債券價格也大約為 95 萬元 $(= 4/1.05 + 4/(1.05)^2 + 4/(1.05)^3 + 4/(1.05)^4 + 4/(1.05)^5 + 104/(1.05)^6)$。

三、零息債券

除了付息債券外，債券發行人也可發行零付息債券 (zero coupon bonds)，簡稱零息債券。

這種債券還是有支付利息，只是不以票面利息的方式支付。對於零息債券而言，債券價格 (P_B) 等於未來支付的票面金額 (B)，乘上該金額所對應的折現因子 $(1/(1 + i)^t)$ 後，計算而得。以公式 (10–4) 表達於下方：

$$P_B = \frac{B}{(1 + i)^t} \qquad (10\text{–}4)$$

舉例來說：零息債券面額 100 萬元、三年到期、殖利率 10%。投資人購買此債券後，於持有債券的三年間，拿不到任何利息。他們需等到三年後債券到期時，才收到本金 100 萬元。這樣的現金流量，在殖利率 10% 的條件下，債券價格約為 75 萬元 $(= 100/(1.1)^3)$。

四、債券的發行價格

㈠折價發行

上述例子的債券價格，無論是付息債券或零息債券，債券發行價格都低於面額，這種現象稱為折價發行 (sale at a discount)。零息債券都是折價出售，所以又稱為折價債券 (discount bonds)。

相對於零息債券，付息債券除透過折價發行外，還可用溢價或面額出售。當債券的票面利率低於殖利率時，債券折價發行。例如：前述債券票面利率為 8%，在殖利率 10% 的條件下，債券價格約為 95 萬元 (= 8/(1.1)+8/$(1.1)^2$+8/$(1.1)^3$)。此時雖然募集的資金少於面額，可是債券發行人在未來的負擔，也就是每年支付的票面利息也會比較低。

㈡溢價發行

債券的票面利率高於殖利率時為溢價發行 (sale at a premium)。舉例來說：面額 100 萬元、一年計息一次、三年到期，票面利率為 12%，在殖利率 10% 的條件下，運用公式 (10–2)，得知債券價格為 105 萬元 (= 12/(1.1) + 12/$(1.1)^2$ + 112/$(1.1)^3$)。此時雖然可募集比較多的資金，可是債券發行人在未來支付的票面利息也會比較高。

㈢面值發行

債券票面利率等於殖利率時，就以面值出售 (sale at par)。舉例來說：債券面額 100 萬元、一年計息一次、三年到期，且票面利率為 10%，在殖利率 10% 的條件下，運用公式 (10–2)，得知債券價格為 100 萬元 (= 10/(1.1) + 10/$(1.1)^2$ + 110/$(1.1)^3$)。

五、決定殖利率的因素

決定殖利率的因素有許多項，例如：發行當時的市場資金供需情況、投資人的主觀偏好、發行主體的信用程度，都會從客觀與主觀角度，影響到投資人對該債券所要求的殖利率。至於票面利率，其決定權則屬於債券發行主體。

六、到期期間、殖利率與債券價格的關係

政府公債因為違約風險 (default risks) 低於公司債，所以同一時期、相同到期期間的債券相比較時，公債的殖利率較低。相對來說，票面利率的高低，就不見得與違約風險綁在一起。舉例來說：儘管公司債的殖利率較高，但是公司債的票面利率，就有可能高於、等於或低於公債。

表 10.1 除了說明上述計算結果外，假設殖利率不受債券期間長短而影響，而且都等於 10% 的前提下，運用公式 (10–2) 進一步探討債券到期期間為三年、五年、十年的情況中，面額 100 萬元且每年付息一次的債券發行價格，與到期期間、票面利率之關連性。

表 10.1　債券發行價格與到期期間、票面利率之關連性

單位：新臺幣萬元

到期期間 ＼ 票面利率	8%	10%	12%
三　年	95	100	105
五　年	92	100	108
十　年	88	100	112

說明：假設殖利率無論到期期間長短都等於 10%。債券價格四捨五入求至整數。

該表結果可歸納出三項結論。

(1)票面利率等於殖利率時，無論到期期間長短，債券發行價格都等於面額。例如：票面利率與殖利率都等於 10% 時，無論到期期間是三年、

　　五年、還是十年，債券發行價格都是面額 100 萬元。

⑵票面利率低於殖利率時，債券發行價格都低於面額。並且，到期期間愈長時，折價的情況就愈嚴重。例如：票面利率 8% 時，三年到期的債券價格為 95 萬元，五年到期的價格降到 92 萬元，十年到期的價格最低，只有 88 萬元。

⑶債券票面利率高於殖利率時，債券的發行價格都高於面額；並且，到期期間愈長時，債券溢價的情況就愈明顯。舉例來說：票面利率 12% 時，三年到期的債券價格為 105 萬元，五年到期的價格上升為 108 萬元，十年到期的價格最高，等於 112 萬元。

　　表 10.2 假設票面利率 8% 的前提下，運用公式 (10–2)，探討債券到期期間為三年、五年、十年的情況中，面額 100 萬元、且每年付息一次的債券發行價格，與到期期間及殖利率之關連性。

表 10.2　債券發行價格與到期期間、殖利率之關連性

單位：新臺幣萬元

到期期間 ＼ 殖利率	6%	8%	10%
三　年	105	100	95
五　年	108	100	92
十　年	115	100	88

說明：　假設票面利率無論到期期間的長短都等於 8%。債券價格四捨五入求至整數。

　　觀察該表結果，除了上述三項結論依然存在外，我們得到另一項新結論：債券價格與殖利率間，具有反向的關係。殖利率愈高時，債券價格就愈低，以圖 10.1 表示。

　　舉例來說：票面利率 8% 固定不變時，對十年到期的債券而言，殖利率 6% 的價格為 115 萬元，高於殖利率 8% 的價格 100 萬元、更高於殖利率 10% 的價格 88 萬元。相同結論，也適用於五年到期及三年到期的債券。

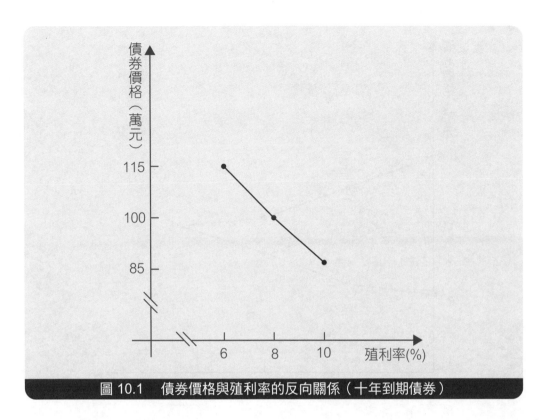

圖 10.1　債券價格與殖利率的反向關係（十年到期債券）

　　本節最後，透過圖 10.2 說明債券發行後的價格與時間之關係。假設面額 100 萬元、一年計息一次、票面利率 8%、殖利率 10%、三年到期，則此債券為折價發行，藉由公式 (10–2) 計算可得發行價格為 95 萬元 (= 8/(1.1) + 8/(1.1)^2 + 108/(1.1)^3)。

　　債券發行一年且支付利息後，價格將上升約為 96.5 萬元 (= 8/(1.1) + 108/(1.1)^2)。接著，債券發行兩年且支付第二年利息後，價格又進一步上升約為 98 萬元 (= 108/(1.1))。最後，債券發行三年，且支付第三年利息後，價格就回升到面額 100 萬元。

　　對於折價發行的債券來說，在殖利率不變的假設下，隨著到期日愈來愈近，價格逐漸回升到面額；相對地來說，溢價發行的債券，價格則會隨著到期日的逼近，而愈來愈低，當價格降到面額時，就是債券到期日。

　　舉例來說：面額 100 萬元、一年計息一次、票面利率 12%、殖利率 10%、三年到期，則此債券溢價發行，並且代入公式 (10–2) 後得知發行價格約為 105 萬元 (= 12/(1.1) + 12/(1.1)^2 + 112/(1.1)^3)。

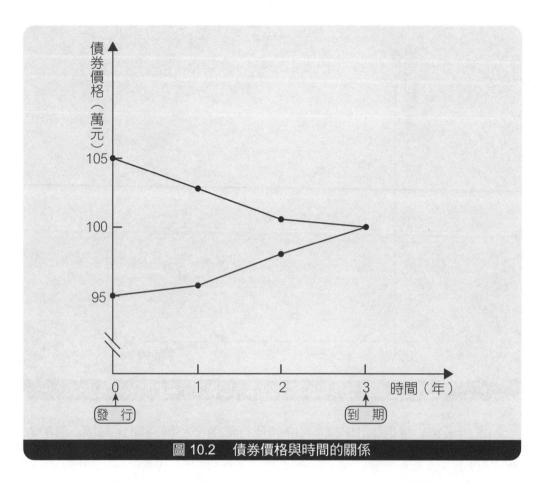

圖 10.2　債券價格與時間的關係

債券發行一年且支付利息後，價格將下降約為 103 萬元 (= 12/(1.1) + 112/(1.1)^2)。接著，債券發行兩年且支付第二年利息後，價格又降約為 101 萬 8,000 元 (= 112/(1.1))。最後，債券發行三年，且支付第三年利息後，價格就回到面額 100 萬元。

第二節　利率的期間結構

前小節的表 10.1 中，為了簡化說明起見，對於不同到期期間的債券，都用「相同」殖利率加以折現，然後探討債券價格與到期時間與票面利率之關係。真實世界中的殖利率，在絕大多數情況下是不會固定不變。

舉例來說：證券櫃檯買賣中心於 2011 年 9 月 16 日，透過德意志銀行、

台新銀行等十八家金融公司的報價，公布債券評等 twAAA 級的公司債參考殖利率，一個月利率 0.5297%、三個月利率 0.6144%、六個月利率 0.6921%、一年利率 0.8225%、兩年利率 1.0084%、三年利率 1.1394%、四年利率 1.2434%、五年利率 1.3474%、六年利率 1.4494%、七年利率 1.5513%、八年利率 1.5973%、九年利率 1.6434%、十年利率 1.6894%。

一、殖利率曲線

當我們以橫軸代表債券到期期間、縱軸代表殖利率，並將上述 twAAA 的殖利率資料，以座標點方式表達於座標平面，並將各座標點連結後，就成為殖利率曲線 (yield curve)，如圖 10.3 所示。

殖利率曲線的圖形中，常見有三種。最常見的一種，是殖利率隨著到期期間的增加而增加，如圖 10.3 所示。除此以外，殖利率也可能隨著到期期間的增加而減少；或甚至呈現先增加、後下降的駝峰型殖利率曲線 (hump-shaped yield curve)。

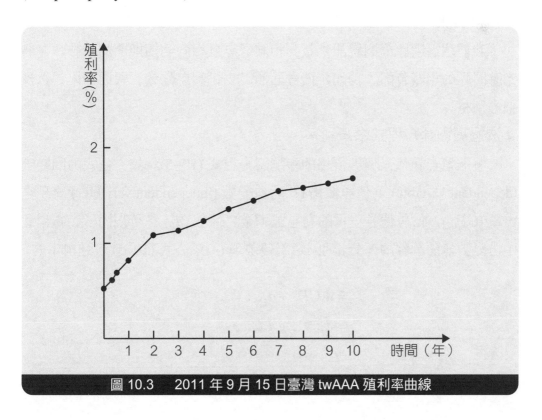

圖 10.3　2011 年 9 月 15 日臺灣 twAAA 殖利率曲線

對於殖利率圖形，我們首先要問的是：殖利率是如何產生？接著才思考，殖利率為什麼會隨著時間增加而改變？

㈠以零息債券畫出殖利率曲線

得知債券殖利率的最簡單方法，就是運用零息債券的資訊。美國公債市場的零息債券種類繁多，各到期時間相對應的殖利率就不難求出，也可畫出公債的殖利率曲線。理由在於運用公式 (10–4)，$P_B = B/(1 + i)^t$，我們知道零息債券價格 (P_B)、票面金額 (B)、到期期間 (t) 後，就可得知該時間對應下的殖利率 (i)。

㈡以附息債券畫出殖利率曲線

雖然透過零息債券的相關資訊，可輕易畫出債券的殖利率曲線，但臺灣的零息債券並不常見，而是以付息債券為主。就付息債券而言，要得知債券的殖利率資訊就會比較困難。說明如下：

1. 搜集資訊

我們透過網路公開資訊，找到相同評等且相同到期期間的債券，在特定時間點的相關資訊。例如：債券面額、支付利息條款、票面利率，以及債券價格。

2. 透過複迴歸方程式求殖利率

將上述資訊代入債券價格的複迴歸方程式 (10–5)。該方程式的因變數 (dependent variable) 為債券價格 (P_B)。自變數 (independent variables) 為現金流量 (CF_{n_n})，代表債券支付的利息或本金。係數 (d_n) 是折現因子。方程式中自變數無法解釋的部分，就歸類為殘差項 (e_n)。公式 (10–5) 表達於下方：

$$P_1 = d_1 CF_{1_1} + d_2 CF_{1_2} + \cdots + e_1$$
$$P_2 = d_1 CF_{2_1} + d_2 CF_{2_2} + \cdots + e_2 \qquad (10\text{–}5)$$
$$\vdots$$
$$P_n = d_1 CF_{n_1} + d_2 CF_{n_2} + \cdots + e_n$$

殘差項存在的原因可歸納為以下兩點：

⑴考慮投資人在到期日前賣出債券的可能性

殘差項為什麼存在？我們將債券的所有現金流量都考慮時，也就是不考慮提前賣出債券的可能性。假如投資人選擇提前賣出債券後，現金流量就不會與公式預測的流量相同，這是誤差的來源之一。

⑵相同評等的債券會有不同的債券條款

除此以外，相同評等的債券，大多具有各種債券條款 (indentures)，這些條款都會影響折現率而造成殖利率不同。所以用複迴歸分析時，就存在殘差項。

舉例來說：具有可買回條款 (call provision) 的債券，提供發行主體選擇對己有利的時機，提前買回債券。因此，針對此條款的存在，投資人將要求比較高的殖利率。

相對來說，對於包含可轉換權的債券而言，投資人可在對自己有利的時機，選擇將債券轉換成股票，所以此種權利存在時，殖利率也會因此而往下調降。

我們運用公式 (10–5)，透過複迴歸分析方法 (multiple regression analysis)，就可估算債券於不同期間的折現因子。因為折現因子 (d_n) 等於 1 加上折現率 (i) 後的時間 (t) 次方，再求其倒數，計算而得 $1/(1 + i)^t$。所以透過折現因子，以及到期時間的資訊運用，就可反推各時間相對應下的殖利率。

二、殖利率曲線所代表的意義

解釋了殖利率曲線的畫出方法後，接著介紹期間結構的理論 (theories of the term structure)，也就是探討殖利率曲線所代表的意義。

㈠殖利率、遠期利率與預期短期利率之關係

在正式進入理論的介紹之前，先說明殖利率、遠期利率 (forward rates)、

期望短期利率 (expected short-term rates) 之關係。

1. 殖利率與遠期利率之關係

舉例來說：假設透過複迴歸分析後，得知公債的一年殖利率 (y_1) 為 8%、兩年殖利率 (y_2) 為 8.995%、三年殖利率 (y_3) 為 9.660%。根據這些資訊，且運用公式 (10–6)，得知公債第二年的遠期利率 (f_2)，以及第三年的遠期利率 (f_3)。該公式的債券殖利率 (y_n) 加上 1，等於 1 加上未來各期間之遠期利率的幾何平均值 (geometric mean)，說明如下：

$$1 + y_n = [(1 + r_1)(1 + f_2)(1 + f_3) \cdots (1 + f_n)]^{\frac{1}{n}} \qquad (10\text{–}6)$$

一年到期公債的殖利率 (y_1) 為 8%，代表公債發行當年的短期利率 (short-term rate, r_1) 也是 8%。兩年期公債殖利率 (y_2) 為 8.995% 時，則公債第二年的遠期利率 (f_2)，透過公式 (10–6) 可得知為 10%(=$(1 + 0.08995)^2$ / $(1+0.08) - 1)$。

接著，三年期公債殖利率 (y_3) 為 9.660% 時，公債第三年的遠期利率 (f_3) 為 11%(= $(1 + 0.09660)^3$ / $[(1 + 0.08) \times (1 + 0.10)] - 1)$。

上述殖利率是於現在時點，透過債券價格及運用公式 (10–5) 後，所觀察到的資訊。接著，運用公式 (10–6) 進一步得知在這些殖利率下，未來每一年的短期利率（也就是遠期利率）。

2. 遠期利率與期望短期利率的關係

遠期利率代表「未來的短期利率」，是透過債券價格資訊而得知的利率，卻不必然等於投資人於現在時點，對未來所做的「期望短期利率」$(E(r))$。投資人期望的短期利率無法在事前 (ex ante) 觀測，只能夠在事後 (ex post) 得知。

舉例來說：公債市場去年的短期利率或前兩年的短期利率，都是事後已經發生的利率（此部分可在中央銀行網站找到相關資訊）。相對來說，除

了該網站可得知當年的短期國庫券利率外，明年或甚至往後數年期望短期利率，就無法在今天查到。

遠期利率與期望短期利率之關係，以公式 (10–7) 表示。該公式中，遠期利率 (f_n) 等於期望短期利率 ($E(r_n)$)，加上流動性貼水 (liquidity premium, P_L)，說明如下：

$$f_n = E(r_n) + P_L \qquad\qquad (10-7)$$

⑴**流動性貼水為正值**

流動性貼水代表投資人對短期資金的偏好程度。流動性貼水為正值時，投資人比較偏好短期投資，而不是長期投資。因此，長期債券除了需要支付預期短期利率外，也需支付足夠的流動性貼水，才能吸引投資人購買。

⑵**流動性貼水為負值**

流動性貼水為負值時，表示投資人偏好長期投資，而非短期投資。

㈡利率期間結構的四項理論

介紹了殖利率、遠期利率、期望短期利率後，接著說明利率期間結構的四項理論。分別是：期望假說 (expectation hypothesis)、流動性偏好理論 (liquidity preference theory)、市場區隔理論 (market segmentation theory)，以及投資期間偏好理論 (preferred habitat theory)。

1. 期望假說

期望假說的支持者認為流動性貼水並不存在。此時遠期利率 (f_n) 等於期望短期利率 ($E(r_n)$)，也就是：$f_n = E(r_n)$。當殖利率曲線為正斜率，也就是隨著到期時間的增加，殖利率也跟著上升時，代表投資人的期望短期利率，是隨著時間增加而上升的趨勢。

2. 流動性偏好理論

流動性偏好理論的支持者認為流動性貼水為正值，所以遠期利率 (f_n)

大於預期短期利率 ($E(r_n)$)。正斜率的殖利率曲線，不必然就代表投資人的預期短期利率，也是隨著時間增加而上升的趨勢。

舉例來說：假設流動性貼水 (P_L) 等於 1%，且期望短期利率在未來三年都等於 8%，所以 $r_1 = E(r_2) = E(r_3) = 8\%$。運用公式 (10–7)，得知第二年與第三年的遠期利率都等於 9%。

此時一年到期債券的殖利率，等於該年短期利率 8%。運用公式 (10–6)，兩年債券殖利率為 $8.499\% (= [(1.08)(1.09)]^{1/2} - 1)$。三年債券殖利率為 $8.666\% (= [(1.08)(1.09)(1.09)]^{1/3} - 1)$。

上述情況中，債券殖利率從一年期的 8%，到兩年期的 8.499%，再到三年期的 8.666%，代表殖利率隨到期時間增加而增加；但是此時的期望短期利率，在三年之中卻維持固定不變。

3.市場區隔理論

期望假說與流動性偏好理論都假設不同到期時間的債券，彼此具有替代性。當長期債券發行主體提供比較好的誘因，也就是在風險貼水方面，支付高於投資人所需時，則投資人就願意放棄短期債券投資，轉而購買長期債券。

相較於預期假說與流動性偏好理論的支持者，市場區隔理論的支持者主張，長期債券與短期債券的需求者間有所區隔。長期債券市場的供給與需求決定了長期殖利率。需要購買長期債券的投資人，不會因為比較長、短期債券的利率後，轉而購買短期債券。相同的道理，短期債券市場的供給與需求也決定了短期殖利率。

因此，利率的期間結構，代表不同到期時間之各債券市場的均衡利率。正斜率的殖利率曲線，如圖 10.3 所示，說明長期債券投資人所要求的殖利率，高於短期債券投資人所要求的利率。

4.投資期間偏好理論

投資期間偏好理論的支持者，認為投資人偏好特定到期時間的債券，但這種偏好並非絕對。當流動性貼水提供的誘因不夠時，債券市場會如市場區隔理論所說，被區隔出長期債券與短期債券市場。

投資期間偏好理論認為,債券發行主體願意提供較高的流動性貼水時,投資人的偏好將會因此而改變。例如:偏好購買短期債券的投資人,因為長期債券的流動性貼水夠高,所以該投資人就不買短期債券,轉而投資長期債券。

投資學知識家

　　中華信用評等公司成立於 1997 年,主要業務為對臺灣債務主體之償債能力,提供獨立且公正的評估意見。該公司的股票,由七位法人股東持有。2010 年底的持股比率中,最大股東是美商標準普爾國際評等公司,擁有 51% 的股權。

　　中華信評不會針對任何評等進行稽核,且有可能參考未經稽核的財務資訊。因此,信用評等的結果僅能提供給投資人參考,中華信評並不附上任何連帶保證。

　　中華信評的評等結果公布於該公司網頁 (www.taiwanratings.com/tw),並區分成八大類型,包含:企業、基金、金融機構、資產證券化、專案融資、債券發行評等表、標準普爾評等表,以及國家主權評等表。在評等報告中,評等等級符號之字首 "tw" 代表臺灣,強調評等結果只適用於臺灣,與標準普爾的國際評等標準不同。

　　評等結果又因長、短期差異,符號表達方式也不同。針對到期時間在一年及以上之債務,也就是長期債務發行主體的信用評等來說:以 "twAAA" 為信用最好的評等。

　　"twAAA" 之下一級的評等為 "twAA",然後是 "twA",再到 "twBBB"。就一年以上的長期償債能力來看,"twBBB" 屬於「適當」的等級,所以是一個重要的分界點。

　　低於 "twBBB" 的信用評等,償債能力就會以「弱」來形容。其中 "twBB" 為「稍弱」、"twB" 為「較弱」、"twCCC" 與 "twCC" 則為「非常弱」的償債能力。

　　最後,"twR" 的等級,代表債務人雖然履行支付義務,但已提出破產申請,或採取類似之行動。受評為 "D" 的等級,則表示債務人出現違約支付的情況。

　　短期債務發行的信用評等,適用於到期時間在一年以內之債務。其中

"twA-1+" 的等級最高、次為 "twA-1"、再次為 "twA-2"、"twA-3"。長期債信
能力屬於 "twBBB" 及以上的債務發行人，短期信用評等一般會在 "twA-3" 的
等級以上。

當短期債信的評等低於 "twA-3" 時，償債能力就會以「弱」來形容。其中
"twB" 為「稍弱」與「較弱」，"twC" 則為「非常弱」的短期償債能力。

最後，短期債信的評等中，最不好的 "twR" 與 "D" 的等級，相同於上述長期
償債能力之說明。以上所述可與下列「長短期信用評等等級對照表」參互見義。

長短期信用評等等級對照表

債信能力	長期信用等級	短期信用等級
最　　強	twAAA	
很　　強	twAA+	twA-1+
	twAA	
	twAA-	twA-1+、twA-1
強	twA+	twA-1
	twA	twA-1、twA-2
	twA-	twA-2
適　　當	twBBB+	twA-2、twA-3
	twBBB	twA-3
	twBBB-	
稍　　弱	twBB+	
	twBB	
	twBB-	twB
較　　弱	twB+	
	twB	
	twB-	twB、twC
非常弱	twCCC+	twC
	twCCC	
	twCCC-	
	twCC	
監管中	twR	twR
不履約	D	D

資料來源：中華信用評等公司網站 (www.taiwanratings.com/tw)。

第三節　債券管理

投資人購買債券後，雖然比較確定未來的現金流量，但仍承受債券的違約風險。債券發行人宣布破產時，投資人就無法按時收到利息與本金了。除此以外，即使發行人不違約，因為殖利率的改變，還可能遭受資本利得 (capital gain) 或資本損失 (capital loss) 的風險。

 一、債券價格與殖利率的反向關係

例如面額 100 萬元、每年付息一次、票面利率 8%，且發行當天之三年、五年到期債券的殖利率也是 8%，運用前述公式 (10–2)，兩種債券都按面額發行。假設債券發行後的隔天，三年、五年到期債券的殖利率突然上升到 10%，則債券價格就因此而下降。理由在於殖利率 10% 的當天，票面利率 10% 的債券才能以面額出售；而昨天票面利率只有 8% 的債券，因為今天的殖利率為 10%，故市價就須低於面額，才能進行買賣。

表 10.3 說明債券價格與殖利率的反向關係。債券發行次日的殖利率上升到 10% 時，運用公式 (10–2)，得知三年到期的債券價格，從昨天購買的 100 萬元，降為今天的 95 萬元，五年期債券價格則降為 92 萬元。

表 10.3　債券價格與到期期間殖利率的關連性

單位：新臺幣萬元

殖利率 ＼ 到期期間	三　年	五　年
發行當天（8%）	100	100
發行次日（10%）	95	92

說明：債券面額 100 萬元、每年付息一次。

 二、債券存續期間

債券存續期間 (duration, D) 的觀念，由麥考利 (F. Macaulay) 提出，用

來衡量債券價格對殖利率變動的敏感程度❶。

存續期間代表債券現金流量的平均時間 (the average lifetime of a debt security's stream of payments)，存續期間越長的債券，其價格受到殖利率變動而引起的影響也越大。

舉例來說：表 10.3 的兩種債券中，五年債券價格受到殖利率調升的影響較大，所以就這兩種債券的存續期間來看，五年債券的存續期間也較長。

三、債券存續期間的計算方法

存續期間的計算方法有兩種，我們先從最原始的定義來看。債券存續期間 (D)，等於支付利息或本金的時間 (t) 乘上該時間相對應的權數 (w_t) 後，加總計算而得，以公式 (10–8) 表達於下方：

$$D = \sum_{t=1}^{T} t \times w_t \tag{10–8}$$

權數的計算公式等於債券每次支付現金流量 (CF_t) 的現值 $(CF_t/(1 + y)^t)$ 占債券今天價格 (P_B) 的權數，以公式 (10–9) 表達於下方：

$$w_t = \frac{CF_t/(1 + y)^t}{P_B} \tag{10–9}$$

舉例來說：延續上述表 10.3 的假設，計算三年到期債券、面額 100 萬元、票面利息 8%、殖利率 8%、每年付息一次的存續期間。根據下表 10.4 的說明，此債券按面額出售，且現金流量有三期。

---

❶ 債券存續期間的介紹，參閱 :Macaulay, F. (1938), *Some Theoretical Problems Suggested by the Movements of Interest Rates, Bond Yields, and Stock Prices in the United States since 1856.* New York: National Bureau of Economic Research.

時　間 (t)	現金流量 (CF_t)	現金流量折現 ($CF_t/(1+y)^t$)	權　數 (w_t)	存續期間 ($t \times w_t$)
1	8	7.41	0.074	0.074
2	8	6.86	0.069	0.138
3	108	85.73	0.857	2.571
合　計	124	100.00	1.000	2.783

表 10.4　債券存續期間的計算說明

說明：假設債券三年到期、面額 100 萬元、票面利息 8%、殖利率 8%、每年付息一次。

透過公式 (10–9) 得知這三期的權數，分別是：第一年為 0.074(= 8/(100 × 1.08))。第二年 0.069(= 8/(100 × 1.08^2))。第三年 0.857(= 108/(100 × 1.08^3))。

接著，運用公式 (10–8) 將這些權數分別乘上相對應的時間權數，加總後計算出該債券的存續期間約為 2.78 年 (= 1 × 0.074 + 2 × 0.069 + 3 × 0.857)。

以相同計算方法，可得知在其他條件不變下，五年到期債券的存續期間為 4.31 年。

 四、存續期間與債券價格的關係

㈠附息債券

說明了存續期間的計算方法後，接著探討存續期間與債券價格之關係。債券價格 (P_B) 變動的百分比 ($\Delta P_B/P_B$)，等於 –1 乘上存續期間 (D)，再乘上殖利率與 1 之和的變動百分比 ($\Delta(1+y)/(1+y)$) 計算而得。以公式 (10–10) 表達於下方：

$$\frac{\Delta P_B}{P_B} = -D \times \frac{\Delta(1+y)}{(1+y)} \tag{10–10}$$

舉例來說：表 10.3 的例子中，三年到期債券、票面利率 8%、每年付

息一次，當殖利率也是 8% 時，債券按面額 100 萬元出售。債券發行次日，殖利率由 8% 跳升為 10% 時，運用公式 (10–2)，得知債券價格下降為 95 萬元。

將上述資訊代入公式 (10–10) 驗證計算的結果。該債券存續期間為 2.78 年，所以等號右邊為 $-0.05(= -2.78 \times 0.02/1.08)$。

因為公式 (10–10) 等號左邊為債券價格變動比例，且債券昨天價格為 100 萬元，所以債券今天下跌 5 萬元 $(= -0.05 \times 100)$，代表債券的今天價格為 95 萬元。

相同計算方式，五年債券的存續期間為 4.31 年，而且發行次日的殖利率由 8% 升為 10%，也就是等號右邊之一加上殖利率的變動百分比約等於 2% 時，則五年債券的今天價格下跌 8%，變為 92 萬元。

存續期間的計算方法，除了透過原始定義之公式 (10–8) 外，也有依該定義轉換成的公式。該公式之存續期間 (D) 影響因素有三項，分別是：殖利率 (y)、票面利率 (c) 以及債券到期時間 (T)，以公式 (10–11) 表達於下方：

$$D = \frac{(1+y)}{y} - \frac{(1+y) + T(c-y)}{c[(1+y)^{T} - 1] + y} \tag{10–11}$$

繼續表 10.3 的例子，三年到期債券的相關資訊代入公式 (10–11)，可以得知每年付息一次的存續期間為 2.78 年 $(= 1.08/0.08 - [1.08 + 3 \times (0.08 - 0.08)]/[0.08 \times (1.08^{3} - 1) + 0.08])$。此處的存續期間，與運用公式 (10–8) 得到的答案相同。

公式 (10–11) 雖然看起來比公式 (10–10) 複雜，但在運算過程中，不需得知權數 (w_t)，所以比較簡便。除此以外，公式 (10–11) 可因債券按面額出售或不支付票面利息，而轉變成更簡單的公式。

債券按面額出售，也就是票面利率 (c) 等於殖利率 (y) 時，將公式 (10–11) 的票面利率符號 (c) 以殖利率符號 (y) 替換，並加以精簡後，以公式

(10–12) 表達於下方：

$$D = \frac{1+y}{y} \times [1 - \frac{1}{(1+y)^T}] \qquad (10\text{–}12)$$

繼續將前述三年到期債券的資訊代入公式 (10–12)，得知每年付息一次的存續期間為 2.78 年 (= 1.08/0.08 × (1 − 1/1.08³))。此存續期間與運用公式 (10–11) 得到的答案相同。

㈡零息債券

假設債券為不支付利息的零息債券時，代表票面利率 (c) 等於 0，則公式 (10–11) 的等號右邊，就簡化到只剩債券的到期時間 (T)。因此，零息債券的存續期間等於到期時間。

舉例來說：三年到期債券、面額 100 萬元的零息債券，不論發行時的殖利率等於多少，存續期間都等於 3 年。

我們接著探討零息債券的存續期間與價格的關係。假設一年到期的零息債券，當殖利率為 8% 時，債券按 92.59 萬元 (= 100/1.08) 出售。債券發行次日，殖利率由 8% 跳升到 10% 時，運用公式 (10–2)，得知債券價格下降到 90.90 萬元 (= 100/1.10)。

我們可將上述資訊代入公式 (10–10) 中，驗證計算的結果。該債券的存續期間為　1　年，所以等號右邊為 −0.0185 (= −1 × 0.02/1.08)。因為公式 (10–10) 的等號左邊為債券價格的變動比率，且債券的昨天價格為 92.59 萬元，所以債券今天下跌 1.71 萬元 (= 92.59 × −0.0185)。因此，債券下跌後的價格，從存續期間的公式來計算為 90.88 萬元，大約等於實際下跌後的 90.90 萬元。

五、債券管理的方法

　　說明了存續期間的計算方法後，本節以下針對消極的債券管理 (passive bond management)，及積極的債券管理 (active bond management) 方法，簡要說明。

㈠消極的債券管理

　　消極的基金經理人，認為債券價格合理，沒有套利 (arbitrage) 賺取無風險利潤的空間，所以專注於控制投資組合的風險。消極的債券管理中，常用方法為免疫策略 (immunization strategy)，使債券之資產與負債的存續期間相同。舉例來說：基金經理人透過淨值免疫策略 (net worth immunization strategy)，使得資產存續期間與負債存續期間相等，造成殖利率變動時，不會影響基金的償債能力。

> **◎免疫策略**
> 使債券之資產與負債的存續期間相同。舉例來說：基金經理人透過淨值免疫策略，使得債券之資產存續期間與負債存續期間相等，造成殖利率變動時，不會影響基金的償債能力。

1.銀行業的消極債券管理方法

　　對於銀行的經營者來說，銀行必須具備良好的償債能力，故會透過上述的淨值免疫策略維持銀行的負債大約等於資產。舉例來說：某銀行（以下簡稱乙銀行）於 2011 年 12 月 31 日的資產負債表中，總資產金額 38,910 億元、負債 36,505 億元，負債占總資產的比率為 94%。

⑴當期淨值的管理

　　淨值就是銀行資產扣掉負債後的剩餘。淨值愈多則股東愈高興；淨值小於 0，則該銀行要宣布破產，所以銀行的經營者會關心現在淨值的管理。

　　除此以外，乙銀行的資產中，以貼現及放款的金額最大，約占總資產的 52%。負債部分是以存款及匯款為主，約占總資產的 82%，如表 10.5 所示。

表 10.5 乙銀行的資產負債表		
乙銀行 資產負債表 2011 年 12 月 31 日 單位：新臺幣億元		
項　目	金　額	百分比
資　產		
存放央行及拆借銀行同業	12,480	32%
貼現及放款	20,458	52%
備供出售金融資產	1,420	4%
其他資產	4,552	12%
總資產	38,910	100%
負　債		
央行及同業銀行存款	2,050	5%
存款及匯款	31,897	82%
其他負債	2,558	7%
負債合計	36,505	94%
股東權益		
股東權益合計	2,405	6%
負債與股東權益合計	38,910	100%

　　銀行資產金額與負債金額相近，但是當市場利率改變時，還是會對淨值造成影響。原因在於銀行負債來自於存款，以短期為主，所以存續期間比較短。相對來說，銀行資產以放款為主，如對家計單位的房屋、汽車放款、或對企業放款，而這些放款的本金收回期限較長，存續期間也較長。

　　因此，當市場利率下跌時，銀行資產增加的速度高於負債增加的速度，造成淨值上升。市場利率上升則會使淨值下降。為了管理利率變動對淨值造成影響的風險，經營者可透過缺口管理 (gap management)，縮短資產與負債間之存續期間差距。

⑵缺口管理

　　舉例來說：銀行對企業的抵押貸款由固定利率改為浮動利率。在浮動

利率下，抵押貸款的價值受到利率改變的影響將會大幅降低，也縮短了資產方面的存續期間。除此以外，銀行也可透過各種方法，例如提高定期存款利率，鼓勵存款戶降低活期存款轉而提高定期存款，以延長負債方面的存續期間。

◎定期存款

相對於活期存款可以作提存的動作，定期存款戶與銀行約定於固定期間內不得動用定期存款帳戶內的金錢。而定期存款戶的存款利率較活期存款的利率高。

2. 退休基金及保險業的消極債券管理

⑴未來價值的管理

相對於銀行的經營者，退休基金與保險基金的經理人，比較關心資產與負債的「未來價值」，而不像銀行經營者般地著重於「現在淨值」的管理。並且，退休基金的經理人或保險公司經營者所面臨的利率風險，也會高於銀行經營者。

我們以 2008 年在臺灣開始實施的國民年金計畫為例，對於符合投保規定的人民，需在二十五歲到六十五歲之間繳交保費。假設該人民八十歲死亡，則其退休金資產，來自於六十五歲前的四十年保費繳交。至於國民年金計畫的負債，則是該人民從六十五歲後的十五年支出。

從上面例子來看，國民年金計畫對於個人的涵蓋時間有五十五年，遠比銀行資產與負債所涵蓋的時間長，所以當市場利率改變時，年金計畫資產與負債所受到的影響也會比較大。類似的情況也存在於軍公教的退休金計畫，以及人壽保險公司的資產與負債。

⑵目標日免疫策略

對於退休基金與保險基金的經理人，他們常採用的消極債券管理方法，為目標日免疫策略 (target date immunization strategy)，說明如下：

假設人壽保險公司的保證投資型保單 (guaranteed investment contract, GIC)，承諾在五年後到期時，支付投資人 146,930 元。當市場利率為 8% 時，因為此種負債相當於五年到期的零息債券，所以運用公式 (10–4) 可知該負債的現值為 10 萬元 $(= 146,933/1.08^5)$。

對於五年到期的零息債券來說，該負債的存續期間等於 5，所以保險公

司採用目標日免疫策略時，用保險基金購買存續期間等於 5 的債券資產。

另方面來說，假設保險公司購買六年到期、面額 10 萬元、票面利率 8%、每年付息一次的債券，且債券發行當時的殖利率為 8%。透過公式 (10–12) 的運用，該債券的存續期間等於 5 年 (= 1.08/0.08 × (1 − 1/1.08^6))。

表 10.6 說明六年到期債券於次日的殖利率分別為 7%、8%、9%，且改變後就固定不變，分別計算債券於第五年的未來值，我們用次日的殖利率 7% 為例，加以說明。

表 10.6　六年到期債券之現金流量未來值

單位：元

時　　間	殖利率 7%	殖利率 8%	殖利率 9%
1	10,486	10,884	11,293
2	9,800	10,078	10,360
3	9,159	9,331	9,505
4	8,560	8,640	8,720
5	8,000	8,000	8,000
5	100,935	100,000	99,083
總　　計	146,940	146,933	146,960

說明：假設發行日殖利率為 8%，發行次日值利率分別為 7%、8%、9%，且之後就固定不變。

保險公司的經營者收到債券的第一筆利息 8,000 元後，將該利息收入以 7% 的利率再投資 (reinvest)，則四年後此利息的本利和，透過公式 (10–1) 可知為 10,486 元 (= 8,000 × 1.07^4)。

經營者針對第二年、三年、四年所收到的利息收入，再投資後的第五年收入，分別為：9,800 元、9,159 元、8,560 元。第五年時，經營者除了於當年收到利息 8,000 元外，也處分掉債券。因為此債券在隔年到期，支付利息與本金共 108,000 元，當殖利率 7% 時，第六年現金流量在第五年只有 100,935 元 (= 108,000/1.07)。

根據上述計算結果，當殖利率於發行次日降為 7% 時，則六年到期債

券在第五年的未來值為 146,940 元 (= 10,486 + 9,800 + 9,159 + 8,560 + 8,000 + 100,935)，接近該保險公司在五年後的負債 146,930 元。

　　上述例子中，資產與負債的存續期間相等，負債固定不變，且資產隨著市場利率變動而改變。殖利率下跌時，利息再投資而於未來累積的價值，會「低於」原先利率不變而累積的金額。另方面來說，第六年的本金與利息支付，折現回第五年的現值，也會因為殖利率下跌，而「高於」原先利率不變而計算的金額。一去一來，最後的資產加總金額，就接近於負債。

　　相同的計算方法，表 10.6 說明殖利率為 8% 時，六年到期債券在第五年的未來值為 146,933 元 (= 10,884 + 10,078 + 9,331 + 8,640 + 8,000 + 100,000)；殖利率為 9% 時，未來值等於 146,960 元 (= 11,293 + 10,360 + 9,505 + 8,720 + 8,000 + 99,083)。

　　這些結果代表不論未來利率變為 7%、8%、或 9%，六年到期債券在第五年的未來值，都接近於該保險公司五年後的負債 146,930 元。換句話說，就算利率有少許改變，該公司的資產與負債也非常接近，達到「免疫」的效果。

　　上述免疫效果，是在殖利率沒有改變很大的情況下才成立。舉例來說，債券發行次日的殖利率跳升為 20%、且於未來五年維持不變時，六年到期債券在第五年的未來值，就變成 149,533 元。此時第五年的資產與負債之差距就拉大，免疫效果就降低。

　　因此，即使採用消極的債券管理方法，經營者仍需因為殖利率的改變，而透過債券買賣，機動調整 (re-balancing) 投資組合的存續期間，以確定未來既定時間點的資產等於負債，達到免疫之目的。

㈡積極的債券管理

　　積極債券管理的方法中，主要分成兩大類型。第一種類型著重於利率的預測；第二種類型著重於尋找債券價格有異常或相對價格產生異常的債券。

1.利率預測

當預期市場利率將下跌時，債券管理者透過債券的買賣，例如：出售短期債券，將所得資金用來購買長期債券以延長債券組合的存續期間。相對來說，預期市場利率將上升時，就縮短債券組合的存續期間。

2.尋找異常價格債券

⑴替代交換

舉例來說：債券基金管理者發現某一公司債的違約風險低於市場投資大眾的預期，也就是這個債券的殖利率偏高而造成價格偏低。此時就應將價格沒有異常的債券出售、轉而購買這種價格低於價值的債券。這種債券管理方法，稱為替代交換 (substitution swap)。

⑵價差交換

假設公司債與政府公債的殖利率相差過大，債券基金管理者預估差異將在未來縮小時，代表相對來說：可能公司債的利率將降低、公債利率會往上調整。可能兩種債券的利率在未來都往上升，但是公債利率的上升幅度較大。也有可能兩種債券的利率都往下降，但是公司債利率的下降幅度較大。

此時，基金管理者將債券組合中的部分公債出售，並將資金轉而購買公司債,此種方法稱為債券市場之間的價差交換 (inter-market spread swap)。當公債與公司債的利率差異真的在未來變小時，相對來說，公司債的報酬就會優於公債。因為公司債的利率降低而造成價格上漲，公債利率上升則價格下跌，以公司債投資所賺到的資本利得，彌補公債的投資損失後仍有剩餘，表示有賺錢。

另方面來說，基金管理者預估公司債與公債的殖利率將在未來逐漸擴大時，就可於現在將債券組合中的部分公司債出售，並將資金轉而購買公債。

 本章習題

一、單選題

（　）1.假設面額 100 萬元的債券，三年到期、票面利率 10%、殖利率 8%、每年付息一次,請計算該債券的發行價格。 (A) 110 萬　(B) 105 萬　(C) 95 萬　(D) 90 萬。

（　）2.假設面額 100 萬元的債券，十五年到期、票面利率 10%、殖利率 10%、每半年付息一次，請計算該債券的發行價格。 (A) 105 萬　(B) 100 萬　(C) 95 萬　(D) 90 萬。

（　）3.殖利率曲線的圖形中，下列何者較少見? (A)殖利率隨到期時間增加而上升　(B)殖利率隨著到期時間增加，而先上升後下降　(C)殖利率隨著到期時間增加，而先下降後上升　(D)殖利率隨到期時間增加而下降。

（　）4.解釋利率期間結構的四項理論中,下列何者不屬於其中之一? (A)預期假說　(B)流動性偏好理論　(C)投資期間偏好理論　(D)套利訂價理論。

（　）5.已知債券依據面額出售，且殖利率為 10%、到期時間五年，請計算該債券的存續期間。 (A) 4.17 年　(B) 4.50 年　(C) 4.63 年　(D) 5.15 年。

二、簡答題

1.請說明固定收益證券的特點。

2.請說明現值與未來值的換算方法。

3.債券面額 100 萬元，兩年到期，殖利率 10%，票面利率 6%，半年付息一次，請計算債券發行價格。

4.零息債券面額 100 萬元，兩年到期，殖利率 10%，請計算債券發行價格。

5.請說明影響債券殖利率的三種因素。

6. 請從債券殖利率及票面利率的關係，說明債券折價、溢價、依面值出售的原因。

7. 公司債的殖利率高於公債，但是公司債的票面利率，卻會高於、等於、或低於公債？請說明原因。

8. 殖利率高於票面利率的付息債券，存續期間愈長時，債券價格會愈高還是愈低？

9. 殖利率低於票面利率的付息債券，存續期間愈長時，債券價格會愈高還是愈低？

10. 對於折價發行的債券來說，殖利率不變的假設下，隨著到期日愈來愈近，債券價格的走勢為何？

11. 對於溢價發行的債券來說，殖利率不變的假設下，隨著到期日愈來愈近，債券價格的走勢為何？

12. 債券價格與殖利率間，存在何種關係？

13. 何謂殖利率曲線？請說明。

14. 請說明三種常見的殖利率曲線圖形。

15. 得知債券殖利率的最簡單方法，為透過何種資訊？

16. 透過網路公開資訊，找到相同評等、相同到期時間的公司債資訊。用複迴歸方法估算的殖利率曲線，誤差的來源為何？請說明。

17. 公司債的一年殖利率8%，兩年殖利率9%。請計算第二年的遠期利率。

18. 遠期利率與投資人的預期短期利率間，有何不同？

19. 請說明遠期利率與預期短期利率之關係。

20. 債券為什麼會有流動性貼水？流動性貼水為正值時，代表何種經濟意義？

21. 請說明利率期間結構的四項理論。

22. 請說明利率期間結構理論中的預期假說。

23. 請說明利率期間結構理論中的流動性偏好理論。

24. 請說明利率期間結構理論中的市場區隔理論。

25. 請說明利率期間結構理論中的投資期間偏好理論。

26.何謂債券存續期間？此概念由何人提出？

27.請說明影響債券存續期間的三項因素。

28.債券兩年到期，面額 100 萬元，票面利息 8%、殖利率 8%，每年付息一次。請計算債券存續期間。

29.市場利率下跌時，請說明對商業銀行及保險公司的淨值影響。

30.請說明積極債券管理的兩種方法。

CHAPTER 11

權益證券基本分析

investment

+ 第一節　普通股評價

+ 第二節　財務報表分析

+ 第三節　財務報表個案分析

廣義來說，任何與股票有關的證券，都稱為權益證券。舉例來說：除了普通股外，不具有可贖回條款的特別股 (non-redeemable preferred stock)，也可視為權益證券的一種。

特別股的評價比較複雜，主要取決於特定條款，例如：召回權、轉換權、贖回權、投票權、股利優先分配權，以及股利可累積權。上市（櫃）公司的特別股發放，在臺灣並不常見，所以本章探討的權益評價方法，偏重於普通股的分析與評價。

第七章推導資本資產訂價模型的恆等式時，說明在六項嚴格假設所建構的理想世界中，理性投資人採取被動式投資策略後，資金只會投資在無風險資產，以及市場資產組合。

既然如此，為什麼本章探討單一股票的分析與評價呢？因為真實世界與資本資產訂價模型的理想世界不同。真實世界中，投資人對特定股票進行分析後，選擇購買價值高於價格的股票，或出售價值低於價格的股票，就有可能獲得超額報酬 (excess rate of return)。

關於普通股的即時價格資訊，我們在股票市場進行交易的時間，打開有線電視，或透過網際網路就可得知。至於股票的價值應如何計算呢？本章透過權益證券的基本分析加以說明。

第一節介紹衡量股票價值的方法。第二節介紹基本分析方法 (fundamental analysis) 中，常見的財務比率分析 (financial ratio analysis)。此方法分析單一公司在不同時間的經營績效，或比較不同公司在相同時間下的經營成果。最後，第三節以台積電公司的個案分析，說明比率分析方法的運用。

◎普通股
普通股為公司的基本股份，持有普通股的股東，具有股東會的表決權。公司支付債息和特別股的股息後，普通股股東享有盈餘分配的權利。除此以外，有優先認股權及剩餘財產分配權。

◎特別股
特別股股東有優先於普通股股東分配股利的權利，故又稱優先股。

第一節　普通股評價

三種常見的普通股評價方法，分別是：資產負債表評價方法的每股淨值法 (book value per share method)、股利成長模型 (dividend growth model)，以及企業現金流量折現法 (enterprise discounted cash flow technique)，說明如下：

一、每股淨值法

每股淨值法的公司股票價值，等於總資產金額扣掉總負債後，除上流通在外的普通股股數，說明如下：

$$普通股每股淨值 = \frac{總資產 - 總負債}{流通在外的普通股股數} \qquad (11\text{-}1)$$

舉例來說：假設莫迪里亞尼 (Modigliani) 及米勒 (Miller) 這兩位學者，在 1961 年共同發表股利無關論的文章後，成立 Momi 公司。該公司在 2010 年的總資產為新臺幣 1,300 億元、總負債 900 億元，且流通在外股數有 10 億股。對於持有該公司股票的投資人而言，普通股每股淨值等於每股 40 元 (= (1,300 − 900)/10)。

㈠每股淨值法的優點

每股淨值計算上市（櫃）公司價值的優點，在於公開透明與容易計算。投資人透過網際網路或其他管道，取得會計師簽證的公司財務報表資料後，根據公式 (11-1) 就可計算出每股淨值。

㈡每股淨值法的缺點

此方法的最大缺點，在於會計資料並不包含公司的未來預測。對於決

定買賣股票的投資人而言，惟有股票在未來的期望報酬率，能大於或等於他要求的報酬率時，才願意購買。

因此，投資人對公司期望的未來表現，影響他在今天的投資決策，而根據過去的經營成果（例如：資產負債表的資訊），採用公式 (11–1) 計算的普通股每股淨值，並不適合作為股票今日價值的主要參考依據。

投 資 學 知 識 家

近代財務管理領域中，最具代表性的公司理財 (corporate finance) 文獻，即 Miller 及 Modigliani 這兩位學者在 1958 年發表的槓桿無關論，以及 1961 年發表的股利無關論。

這兩個理論強調公司既定投資計畫的融資方法裡，無論從資本結構的改變，或是透過股利政策的運用，都不會造成公司股東價值的改變。Modigliani 於 1985 年獲得諾貝爾經濟獎，獲獎原因除了提出終生所得消費理論 (life-cycle consumption theory) 外，另一個原因是表揚他在財務領域的貢獻。

因為 Miller 早年與 Modigliani 合作的上述兩篇文章，在稍後的 1990 年，也獲得諾貝爾經濟獎的殊榮。文章請參考：(1) Modigliani, F., and M. Miller (1958), "The Cost of Capital, Corporation Finance and the Theory of Investment," *American Economic Review*, 48: 3, pp. 261–297. (2) Miller, M., and F. Modigliani (1961), "Dividend Policy, Growth and the Valuation of Shares," *Journal of Business*, 34: 4, pp. 41–433.

二、股利成長模型

股利成長模型是站在未來淨現金流量的觀點，估計股票的今日價值。此模型的假設有三項：公司永續存在、股利年成長率不變，以及股票必要報酬率大於股利成長率。

基於上述假設，推導股利成長模型的恆等式時，可從第四章的公式

(4–1) 開始。假設投資期間為一年，則股票的期望報酬率 (r_0)，等於一年後的市場價值 (P_1)，減去目前市場價值 (P_0)，加上一年後支付的股利 (d_1) 後，再除上目前市場價值 (P_0)。換句話說：$r_0 = (P_1 - P_0 + d_1)/P_0$。

　　對於投資人而言，只有股票的期望報酬率 (r_0) 大於或等於必要報酬率 (k_e)，他才願意購買。期望報酬率是個人的微觀角度，必要報酬率是資本資產訂價模型的因變數，也是從市場的宏觀角度探討該股票的報酬率。從股票市場的宏觀角度來說，對所有買賣股票的投資人而言，股票的加權平均期望報酬率 $(\overline{r_0})$ 必須等於所有投資人對該股票要求的必要報酬率 (k_e) 時，股票的供給和需求才達到平衡。因此，公式 (4–1) 可以轉換成公式 (11–2)。

　　公式 (11–2) 中，股票的必要報酬率 (k_e) 等於一年後的市場價值 (P_1)，減去目前市場價值 (P_0) 加上支付的股利後，再除上目前的市場價值 (P_0)，換言之：

$$k_e = \frac{P_1 - P_0 + d_1}{P_0} \qquad (11\text{–}2)$$

　　公式 (11–2) 經過運算與移項處理，可轉換成公式 (11–3)，此時股票的目前市場價值 (P_0)，等於一年後支付的股利 (d_1)，加上股票期望市場價值 (P_1) 後，再除上 1 加上該股票的必要報酬率 (k_e)，換句話說：

$$P_0 = \frac{d_1 + P_1}{1 + k_e} \qquad (11\text{–}3)$$

　　相同分析方式的再次運用，股票在一年之後的市場價值 (P_1)，等於股票兩年後支付的股利 (d_2)，加上股票兩年後的期望市場價值 (P_2) 後，再除上 1 加上該股票的必要報酬率 (k_e)，以公式 (11–4) 表達於下方：

$$P_1 = \frac{d_2 + P_2}{1 + k_e} \qquad\qquad (11\text{--}4)$$

公式 (11–4) 的 P_1 放進公式 (11–3)，加上股利年成長率 (g) 不變的假設，$d_2 = d_1 \times (1 + g)$，則公式 (11–3) 可展開成為公式 (11–5)，說明如下：

$$P_0 = \frac{d_1}{1 + k_e} + \frac{d_1(1 + g)}{(1 + k_e)^2} + \frac{P_2}{(1 + k_e)^2} \qquad\qquad (11\text{--}5)$$

公式 (11–5) 之股票在兩年後的期望市場價值 (P_2)，可運用上述分析方式一再地展開後，得到股利成長模型中，股票目前市場價值的計算通式。此通式之股票目前市場價值 (P_0)，等於公司未來各期股利的折現值加上第 n 期的市場價值 (P_n) 之折現值，以公式 (11–6) 表達於下方：

$$P_0 = \frac{d_1}{1 + k_e} + \frac{d_1(1 + g)}{(1 + k_e)^2} + \cdots + \frac{d_1(1 + g)^{n-1}}{(1 + k_e)^n} + \frac{P_n}{(1 + k_e)^n} \qquad\qquad (11\text{--}6)$$

股利成長模型有三項假設，說明如下：

(1)假設公司永續存在，也就是 n 趨近於無窮大時，則最後一項 $P_n/(1 + k_e)^n$ 將趨近於 0。

(2)該式等號右邊剩餘的一連串項數，則為一個首項為 $d_1/(1 + k_e)$，且公比為 $(1 + g)/(1 + k_e)$ 的等比級數。

(3)必要報酬率 (k_e) 大於股利年成長率 (g)。

上述三項假設為前提，公式 (11–6) 可進一步簡化成公式 (11–7)。公式 (11–7) 即為常見的股利成長模型恆等式。該式的股票目前市場價值 (P_0)，等於公司一年後支付的股利 (d_1) 除上股票必要報酬率 (k_e) 與股利成長率 (g) 的差值，以公式 (11–7) 表達於下方：

$$P_0 = \frac{d_1}{k_e - g} \qquad (11\text{--}7)$$

㈠股利成長模型的優點

股利成長模型的優點有二項。

1. 重視股票在未來的現金流量

公式 (11–7) 的推導過程中，是從現金流量觀點探討投資人買賣股票最關心的兩件事，分別是：「未來」的股利收入，以及股票在「未來」出售時產生的現金流入。因此，相對於每股淨值法，股利成長模型比較合理。

2. 表達明確且易於比較

股利成長模型用簡單的式子，清楚表達股票價值與股利、股票必要報酬率、股利成長率之間的關係。舉例來說：符合該模型假設條件的兩間公司進行比較時，股利與股票必要報酬率都相同的情況下，股利成長率愈高的公司，該公司的股票價值也會比較高。

㈡股利成長模型的缺點

股利成長模型的缺點為假設股利成長率不變。影響股利發放的因素有許多種，舉例來說：今年獲利情況、管理階層關於股利政策的看法，以及未來是否有好的投資機會？因為影響股利發放的因素很多，所以實證研究時，不易找到股利成長率長期穩定的公司。

三、企業現金流量折現法

企業現金流量折現法❶與股利成長模型，都是站在未來現金流量的觀點計算股票價值。此兩種方法的差異之處，在於現金的定義並不相同。股

---

❶ 從公司理財角度計算公司價值的延伸閱讀，請參考：Koller, T., M. Goedhart, and D. Wessels (2005), *Valuation: Measuring and Managing the Value of Companies*, New York: John Wiley and Sons, Inc.

利成長模型的現金，是公司未來發放的股利；企業現金流量折現法的現金，是公司透過了營運管理後，在未來產生的總現金淨流入。

㈠企業現金流量折現法之步驟

採用企業現金流量折現法時，計算過程分成三個步驟，分別是：財務資料的取得與分析，現金流量的推估，以及運用淨現值法計算股票價值。說明如下：

1.步驟一：財務資料的取得與分析

⑴財務報表的取得與分析

財務資料的取得與分析方面，需取得公司的歷年財務報表，尤其是最近十年的資產負債表與損益表。藉由財務報表的分析，可以瞭解公司的營運狀況及財務結構是否健全。

⑵公司產業結構的瞭解

公司的產業結構方面，先探討公司在市場競爭中的各項條件。舉例來說：公司是否有好的研究發展能力？執行日常例行工作的能力？公司與客戶、供應商之間的議價能力？公司是否在政治、財務、友誼、忠誠度等方面，與其他人或公司有特殊關係？公司產品與其他公司產品的替代性是否很高？公司所處產業的進入與退出障礙是否很大？

⑶總體經濟情勢分析

除了分析公司本身的各項條件外，也必須對公司外的環境因素進行分析。舉例來說：未來的總體經濟發展情況、科技進步的程度、法令修改，甚至包含人口統計變項的改變。

2.步驟二：預估公司的未來現金流量

此處所謂的現金，不是現金流量表的現金。現金流量表根據企業的營運、投資、融資活動的現金變動所編製。相對地來說，企業現金流量折現法的現金，是衡量公司營運過程而產生的所有現金。

因此，預估公司未來所有現金流量時，需先預估銷貨收入 (sales)。接

著，預估公司的營運項目所造成的現金流量，包含：營運成本、營運資金，以及廠房與設備。最後，非營運項目的現金預估，則可能包含：子公司收益，以及利息收入與費用。

當我們編製了未來各年的預估資產負債表與損益表後，就將損益表的本期純益（又稱本期淨利）(net income) 金額，轉換成該年所產生的現金流量。

在此需要注意的是：會計報表中的本期純益金額，並不等於當年度的現金淨流量。原因在於編製會計報表時，會計人員依據一般公認會計準則 (general accepted accounting principles, GAAP)，將一些不會造成現金科目變動的項目，列入本期純益。

舉例來說：公司購買機器設備後，使用機器過程中認列折舊費用。折舊費用從現金流量的觀點來看只是帳面認列，並沒有現金的流入與流出。因此，當財務人員將公司的本期純益調整成未來各年的現金淨流量時，必須將本期純益加上折舊費用。

> **◎一般公認會計原則**
>
> 一般公認會計原則提供一套準則供內部及外部的資訊使用者，製作及閱讀公司的財務報表。除此以外，也包含相關原則之設定，使財務報表能客觀、穩健地表達公司的財務狀況。

3.步驟三：　運用淨現值方法計算公司價值

根據第七章公式 (7–21)，淨現值 (NPV_i) 等於未來各期現金流量 (CF_t)，透過加權平均資金成本 (weighted average cost of capital, WACC) 折成現值並加總後，即可計算股票價值。換句話說：$NPV_i = \sum_{t=1}^{n} CF_t/(1 + WACC)^t$。

運用淨現值法時，需注意到等號右邊式子中，分子與分母的一致性。當預估公司未來的各期現金流量，採用實質金額而不是名目金額時，則分子部分的加權平均成本就必須是實質資金成本。

接著，因為現金流量是未來的預估，所以資金成本也應該是預估的目標資本結構比例，乘上相對應的權益與債券等資金成本後，加總計算而得。

財務人員以淨現值方法估算股票價值後，接著針對預測結果進行確認。

確認過程根據以下問題，對結果進行必要的調整。

舉例來說：預測的股票價值，是否從公司本身及產業競爭角度來看都合理？本公司的銷貨收入成長率與產業的成長率相同嗎？公司是否有足夠的資源承受快速成長？如果公司所處的產業，其他廠商的進入障礙逐漸下降時，那麼本公司的期望投入資本報酬率是否也應調降？

客戶的議價能力改變時，公司的銷貨收入與期望投入資本報酬率，是否應隨之改變？技術進步是否會改變公司在未來的經營風險？公司是否能籌措到足夠資金？應如何融資？最後，公司賺到了錢，則未來的股利政策是否會隨之改變？

說明了企業現金流量折現法的三個步驟後，接著探討此方法的優點與缺點。

㈡現金流量折現法的優點

此方法是上述三種衡量股票價值的方法中，最好的方法。現金流量折現法考慮未來淨現金流量，也從產業結構與企業融資等方面，對現金流量與淨現值，進行詳細的分析與確認。

因此，現金流量折現法所計算的股票價值，不僅協助投資人買賣股票，對公司的經營者而言，也可運用在財務決策的分析。舉例來說：股票公開發行的公司即將上市或上櫃 (initial public offering, IPO)，或公營企業民營化 (privatization) 後選擇上市，皆可運用現金流量折現法計算股票價值。

除此以外，公司間進行合併 (merge) 與購買 (acquisition) 的商業行為，或是母公司分割出獲利不佳的子公司時，也可運用現金流量折現法，得到相較於淨值法與股利折現法而言，更為準確的股票價值衡量。

㈢現金流量折現法的缺點

現金流量折現法的缺點，在於此方法比較複雜、計算費時外，也需要精通財務管理的專家，才能估算出較為準確的股票價值。

第二節　財務報表分析

財務報表分析方法，運用資產負債表、損益表、現金流量表等資料，透過報表中會計科目的相關金額，進行數學運算得到各種財務比率後，並加以分析的方法❷。此方法的優點有二項：⑴將複雜難記的數字轉成簡單比率，使人們易於瞭解公司的財務狀況。⑵透過比率的運用後，不同規模的公司就能進行比較。

財務報表分析時，常用的方法有兩種，包含：共同比分析 (common-size analysis) 與財務比率分析 (financial ratio analysis)。共同比分析將報表中的各項金額，透過特定轉換方式變成百分比，使財務人員能在同一時間，觀看單一報表的組成與變化。

一、共同比分析

共同比分析又依轉換方式之不同，區分為：垂直共同比分析 (vertical common-size analysis) 及水平共同比分析 (horizontal common-size analysis)。垂直共同比為同期間報表各科目之比較與分析，水平共同比則是多年報表比較時的各科目趨勢分析。

㈠資產負債表

資產負債表代表長期經營後，歷年累積所產生的報表，在三年內一般不會有太大改變。因此，財務人員進行資產負債表的共同比分析時，通常只選擇用垂直共同比。資產負債表的垂直共同比，是以該表中各科目金額占當年總資產的百分比，作為分析的基礎。

---

❷　財務報表分析的進一步說明，參閱：Gibson, C. (2011), *Financial Statement Analysis*, Thomson South-Western.

㈡損益表

損益表可以衡量一個年度內的經營成果。對營利事業來說，進行一年內或歷年比較時，同一科目的變動可能很明顯。因此，分析損益表時，大多同時採用垂直共同比與水平共同比。損益表的垂直共同比，是以該表中各科目金額占當年銷售淨額的百分比，作為分析的基礎；至於損益表的水平共同比，則以基準年的各科目金額為分母，該科目歷年金額為分子，計算特定科目的歷年變化百分比。

㈢現金流量表

現金流量表只牽涉到「現金」科目的變動，因為影響公司財務狀況的層面比較小，基於分析效益必須大於成本的原則 (benefits > costs)，所以不使用共同比分析。

二、財務比率分析

財務比率的定義有許多種，為了協助讀者閱讀臺灣上市（櫃）公司的年報❸，在此說明年報中的各種常見比率。此方法從：財務結構、償債能力、經營能力、獲利能力、現金流量分析，以及槓桿度等六大方面，挑選代表性的財務比率進行報表分析。

㈠財務結構

財務結構的二項財務指標，分別是：負債比率 (debt ratio)，以及長期資金占固定資產比。

1.負債比率

負債比率等於總負債金額除上總資產，此比率除了表達公司的財務結

---

❸ 臺灣上市（櫃）公司的財務報表資料可透過「公開資訊觀測站」網站 (http://mops.twse.com.tw) 取得。

構外，也可衡量長期償債能力。一般來說，負債比率愈低時，代表公司的長期償債能力愈強。本比率以公式 (11-8) 表達於下方：

$$負債比率 = \frac{總負債}{總資產} \qquad (11-8)$$

2.長期資金占固定資產比率

固定資產屬於長期資產。企業向外融資以購買長期資產時，使用股票或債券等長期資金進行融資會優於短期融資。長期資金占固定資產比，等於股東權益與長期負債的總和，除上固定資產淨額。一般來說，長期資金占固定資產比率愈高時，表示公司固定資產的資金來源多為長期資金，這是比較正確的融資方式。本比率以公式 (11-9) 表達於下方：

$$長期資金占固定資產比 = \frac{股東權益 + 長期負債}{固定資產淨額} \qquad (11-9)$$

㈡償債能力

短期償債能力不好的公司，即使獲利能力、長期償債能力等各方面表現優良，也可能因為資金周轉失靈，而在短期內面臨破產清算的命運。衡量短期償債能力的指標有三項，分別是：流動比率 (liquidity ratio)、速動比率 (quick ratio)，以及利息保障倍數 (times interest earned)。流動比率與速動比率的資料，來自於資產負債表。利息保障倍數是根據損益表衡量短期償債能力。

1.流動比率

流動比率等於流動資產除上流動負債，以公式 (11-10) 表達於下方：

$$流動比率 = \frac{流動資產}{流動負債} \qquad (11-10)$$

流動比率的數值愈高時，公司的短期償債能力愈好。除此之外，流動比率衡量短期償債能力時，缺點在於流動資產中的存貨及預付費用，變現能力比不上現金。

2.速動比率

我們將流動資產扣掉存貨與預付費用後,剩餘金額與流動負債的比值,就稱為速動比率。一般來說，速動比率的數值愈高時，公司的短期償債能力愈好。本比率以公式 (11–11) 表達於下方：

$$速動比率 = \frac{流動資產 - 存貨 - 預付費用}{流動負債} \qquad (11\text{–}11)$$

3.利息保障倍數

利息保障倍數等於息前稅前純益 (earnings before interest and tax, EBIT)，除上本期利息支出。利息保障倍數的數值愈高時，表示公司支付到期利息的能力愈強。本比率以公式 (11–12) 表達於下方：

$$利息保障倍數 = \frac{息前稅前純益}{本期利息支出} \qquad (11\text{–}12)$$

㈢經營能力

衡量經營能力的指標有七項，包含：應收帳款週轉率 (accounts receivable turnover)、平均收現日數 (average collection period)、存貨週轉率 (inventory turnover)、平均銷貨日數 (average days to sell the inventory)、應付帳款週轉率 (accounts payable)、固定資產週轉率 (fixed assets turnover)，以及總資產週轉率 (total assets turnover)。

1.應收帳款週轉率與平均收現日數

應收帳款週轉率與平均收現日數，衡量企業收現的速度及管理階層的

應收帳款管理能力是否有效率。應收帳款週轉率愈高，平均收現日數愈短時，代表公司在應收帳款的管理能力愈好。這兩項比率以公式 (11–13) 及公式 (11–14) 表達於下方：

$$應收帳款週轉率 = \frac{銷貨淨額}{平均應收帳款} \qquad (11\text{–}13)$$

$$平均收現日數 = \frac{365}{應收帳款週轉率} \qquad (11\text{–}14)$$

2.存貨週轉率與平均銷貨日數

存貨週轉率與平均銷貨日數，衡量企業銷貨的速度及管理階層的存貨管理能力是否有效率，存貨週轉率愈高，平均銷貨日數愈短時，代表公司的存貨管理能力愈好。這兩項比率以公式 (11–15) 及公式 (11–16) 表達於下方：

$$存貨週轉率 = \frac{銷貨成本}{平均存貨} \qquad (11\text{–}15)$$

$$平均銷貨日數 = \frac{365}{存貨週轉率} \qquad (11\text{–}16)$$

3.應付帳款週轉率

應付帳款週轉率是衡量企業付現的速度。應付帳款週轉率愈高，平均付現日數就愈短，公司在應付帳款的管理能力愈差。本比率以公式 (11–17) 表達於下方：

$$應付帳款週轉率 = \frac{銷貨成本}{平均應付帳款} \tag{11-17}$$

4.固定資產週轉率與總資產週轉率

衡量固定資產與總資產的管理能力,以固定資產週轉率與總資產週轉率作為指標。這兩項比率的數值愈高時,代表資產的管理能力愈好,以公式 (11–18) 及公式 (11–19) 表達於下方:

$$固定資產週轉率 = \frac{銷貨淨額}{平均固定資產淨額} \tag{11-18}$$

$$總資產週轉率 = \frac{銷貨淨額}{平均總資產} \tag{11-19}$$

㈣獲利能力

衡量獲利能力的指標有六項,分別是:資產報酬率 (return on assets)、股東權益報酬率 (return on equity)、營業利益占實收資本比率 (ratio of operating income to capital)、稅前純益占實收資本比率 (ratio of income before tax to capital)、純益率 (ratio of net income to net sale),以及每股盈餘 (earnings per share)。衡量以上六項比率時,數值都是愈高愈好。

獲利能力的指標多以損益表的稅後損益金額,作為公式的分子。分母則以資產負債表的科目為主,例如:總資產、股東權益、加權平均流通在外普通股股數。為了分子與分母的一致性起見,計算獲利指標時,通常資產負債表的科目以簡單平均值,或加權平均值作為代表。相關公式表達於下方:

$$資產報酬率 = \frac{稅後純益 + 稅後利息費用}{平均總資產} \tag{11-20}$$

$$股東權益報酬率 = \frac{稅後純益}{平均股東權益淨額} \tag{11-21}$$

$$營業利益占實收資本比率 = \frac{營業利益}{實收資本額} \tag{11-22}$$

$$稅前純益占實收資本比率 = \frac{稅前純益}{實收資本額} \tag{11-23}$$

$$純益率 = \frac{稅後純益}{銷貨淨額} \tag{11-24}$$

$$每股盈餘 = \frac{稅後純益 - 特別股股利}{加權平均流通在外普通股股數} \tag{11-25}$$

㈤現金流量分析

現金流量分析針對現金流量表的科目進行分析。代表性的財務比率有三項，分別是：現金流量比率 (cash flow ratio)、淨現金流量允當比率 (cash flow adequacy ratio)，以及現金再投資比率 (cash reinvestment ratio)，相關公式表達於下方：

$$現金流量比率 = \frac{營業活動淨現金流量}{流動負債} \tag{11-26}$$

$$淨現金流量允當比率$$

$$= \frac{最近五年營業活動淨現金流量}{最近五年(資本支出+存貨增加+現金股利)} \qquad (11\text{-}27)$$

$$現金再投資比率$$

$$= \frac{營業活動淨現金流量-現金股利}{固定資產毛額+長期投資+其他資產+營運資金} \qquad (11\text{-}28)$$

㈥槓桿度

槓桿度的指標有兩項，分別是：營運槓桿度 (degree of operating leverage) 與財務槓桿度 (degree of finance leverage)，相關公式表達於下方：

$$營運槓桿度 = \frac{營業收入淨額-變動營業成本及費用}{營業利益} \qquad (11\text{-}29)$$

$$財務槓桿度 = \frac{營業利益}{(營業利益-利息費用)} \qquad (11\text{-}30)$$

三、財務報表分析的限制

以下探討採用共同比分析及財務比率分析時，需要注意的三個事項。

1.無法呈現未來的經營績效

不論是對公司的股東、債權人，或公司管理階層而言，這些人大多關心今日的決策，會在「未來」產生什麼結果？本節介紹的財務報表分析方法，重點則在於探討公司「從過去到現在」的經營績效，而這就是比率分析之目的。

舉例來說：假設台積電從 2008 年到 2010 年的連續三年中，每股盈餘呈現逐年增加的趨勢。則在 2011 年進行分析時，我們能確定未來的每股盈餘，也將逐年增加嗎？答案是無法確定！

2. 會計報表資料的限制

財務比率分析採用會計報表的資料，而此資料的假設條件，也限制了比率分析方法的解釋能力。

舉例來說：資產報酬率分析獲利能力時，假設公司有一筆三十年前購買的土地，且該土地今日市價超過取得成本時，因為會計人員認列土地的價值為歷史成本法而非市價重估，造成我們根據本節公式計算的資產報酬率數值，可能遠高於真實的資產報酬率。

相對來說，計算資產報酬率時，也可能因為科技進步造成某些生產機器過時而閒置。但就公司的帳面來看，這些機器設備仍有價值。在此情況下，根據財務報表資料而計算的資產報酬率，可能低於實際資產報酬率。

3. 無法衡量非財務面因素

財務比率分析無法衡量非財務面因素。舉例來說：台積電的關鍵研發團隊，昨天離開公司後到聯電任職。從今天的會計報表來看，各科目及相關金額都沒改變，所以財務比率的分析結果也不變。

那麼我們要問的是：該公司昨日持有台積電股票的投資人，今天在相同股價下仍願意繼續持有嗎？該公司的債權人，今天給台積電的信用額度也和昨天一樣嗎？對於這兩項問題，我們可能都得到否定的答案。

儘管財務比率分析方法具有上述三項缺點，不過因為財務報表資料對上市（櫃）公司而言，經營者需要誠實地提供資料給會計師後，會計師依據一般公認會計準則編製財務報表。公司每季需將財務報表公布在網路，以方便所有人使用。因此，對絕大多數人而言，如何妥善地運用財務報表公開資訊，仍是分析公司經營績效的不可或缺方法。

　　美國的安隆 (Enron) 公司於 2001 年宣布破產，這是財務報表不實欺騙投資大眾的著名案例。安隆成立於 1930 年，在宣布破產之前，該公司總計雇用兩萬一千名員工，且 2000 年的營業額為 1,000 億美元，相當於新臺幣 35,000 億元。

　　安隆公司的業務，集中在電力、天然氣與電訊事業。《財富》(Fortune) 雜誌在 1996 年到 2001 年間，連續六年將安隆評鑑為「美國最具創意精神的公司」。一間社會形象這麼良好的大公司，其實經營者最擅長的事就是「做假帳」。

　　安隆公司的高階主管，選擇國外提供租稅優惠的國家，設立境外子公司 (offshore subsidiaries)，然後透過這些紙上公司，隨心所欲地調遣資金。除此以外，安隆主管也與會計師串通，掩飾公司的鉅額虧損，以美化財務報表的報導。

　　隨著經營階層持續地公布「利多」消息，安隆股價在 2000 年 8 月時，達到每股 90 美元的高點。接著，高階主管開始大量地出售持股，安隆股價也隨著各種利空消息的揭露，逐漸下滑到 2001 年 12 月的每股 0.3 美元。最後，安隆公司在該年的年底，走到破產清算與解散的命運。

第三節　財務報表個案分析

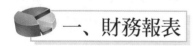

一、財務報表

　　本節透過台積電網頁取得資料，經過本書作者的精簡整理後，說明財務報表的個案分析。

1. 資產負債表

　　表 11.1 為該公司在 2007 年到 2010 年的資產負債表，以下就 2010 年的資料簡要說明。

　　該公司總資產在 2010 年 12 月 31 日的那一天為止，累積到新臺幣 7,012 億元。總資產中以固定資產 3,669 億元的金額最高，流動資產則大多

以現金及有價證券的方式存在，約 1,095 億元。負債方面，該公司負債與股東權益相較，負債金額並不高，且大多以短期負債的方式存在。

表 11.1　台積電歷年資產負債表			
台積電 資產負債表			單位：新臺幣億元
項　目	2010	2009	2008	2007

項　目	2010	2009	2008	2007
資　產				
流動資產				
現金及有價證券	1,095	1,170	1,382	724
應收帳款	493	427	237	451
存　貨	256	188	128	210
預付費用	14	10	12	9
其他流動資產	64	63	40	349
流動資產合計	1,922	1,858	1,799	1,743
固定資產合計	3,669	2,548	2,193	2,346
其他長期投資	1,421	1,368	1,414	1,429
總資產	7,012	5,774	5,406	5,518
負　債				
流動負債				
應付帳款	106	97	43	95
其他短期負債	1,074	629	488	343
流動負債合計	1,180	726	531	438
長期負債	45	49	54	140
其他長期負債	46	48	57	69
總負債	1,271	823	642	647
股東權益				
股　本	2,591	2,590	2,563	2,643
其他股東權益	3,150	2,361	2,201	2,228
股東權益合計	5,741	4,951	4,764	4,871
總負債與股東權益	7,012	5,774	5,406	5,518

說明：應收帳款科目包含應收關係人款項、應收票據及帳款，以及其他應收關係人款項。
資料來源：台積電網頁 (http://www.tsmc.com)，本書作者加以精簡整理。

2.損益表

表 11.2 為台積電 2008 年到 2010 年的損益表。該公司在 2010 年的當年度獲利 1,616 億元，且主要來自於本業方面的銷貨。因為銷貨毛利高達 1,970 億元，而業外淨收益卻僅有 142 億元。

表 11.2 台積電歷年損益表			
台積電 損益表			單位：新臺幣億元
項　目	2010	2009	2008
銷貨收入淨額	4,070	2,857	3,218
銷貨成本	−2,100	−1,591	−1,836
銷貨毛利	1,970	1,266	1,382
營業費用	−421	321	−319
營業利益	1,549	945	1,063
利息費用	−2	−1	−4
其他營業外淨收益	146	5	49
稅前純益	1,693	949	1,108
所得稅費用	−77	−57	−109
本期純益	1,616	892	999

資料來源：台積電網頁，本書作者加以精簡整理。

3.現金流量表

最後，表 11.3 為台積電 2008 年到 2010 年的現金流量表。該公司在 2010 年的當年度現金減少 75 億元。這筆現金改變可從營業活動、投資活動與融資活動等三方面加以分析。

該公司當年的營業活動方面，增加現金 2,220 億元，扣掉投資活動的現金 1,827 億元後，再扣掉融資活動的 468 億元，造成 2010 年 1 月 1 日的現金 1,170 億元，在當年 12 月 31 日時減少至 1,095 億元。

表 11.3　台積電歷年現金流量表

台積電 現金流量表		單位：新臺幣億元	
項　目	2010	2009	2008
營業活動現金流量	2,220	1,559	2,119
投資活動現金流量	−1,827	−920	−311
融資活動現金流量	−468	−851	−1,150
現金改變	−75	−212	658
期初現金	1,170	1,382	724
期末現金	1,095	1,170	1,382

資料來源：台積電網頁，本書作者加以精簡整理。

 二、共同比分析

㈠垂直共同比分析

1.資產負債表的垂直共同比分析

　　表 11.4 為台積電資產負債表的垂直共同比分析。分析時以歷年的資產總額為分母，計算各科目金額占總資產的比重後，再進行說明。

　　表 11.4 可歸納出三項結論。

　　⑴單看 2010 年的比率時，台積電在該年的總資產組成中，88.2% 集中在固定資產、長期投資與現金。固定資產的比重 52.3% 最高，其次為其他長期投資 20.3%，再其次為現金及有價證券 15.6%。並且，這個比重的排名在過去的三年都維持不變。

　　⑵負債占總資產的比重在 2010 年時只有 18.1%，且以其他短期負債的比重 15.3% 最高。而該公司資產的資金來源，主要來自於股東權益，以 2010 年為例，歷年累積下來的每 100 元資產中，約 82 元來自於股東權益。

　　⑶比較連續三年的垂直共同比分析結果時，現金及有價證券的比重呈現下滑的趨勢，2008 年占總資產的 25.6% 降為 2009 年的 20.3% 後，又降

為 2010 年的 15.6%。並且，總負債的比重有逐年上漲的趨勢，2008 年占總資產的 11.9% 上升為 2009 年的 14.3% 後，又再上升為 2010 年的 18.1%。

表 11.4　台積電資產負債表垂直共同比分析

單位：%

項　目	2010	2009	2008
資　產			
流動資產			
現金及有價證券	15.6	20.3	25.6
應收帳款	7.0	7.4	4.4
存　貨	3.7	3.3	2.4
預付費用	0.2	0.2	0.2
其他流動資產	0.9	1.0	0.7
流動資產合計	27.4	32.2	33.3
固定資產合計	52.3	44.1	40.5
其他長期投資	20.3	23.7	26.2
總資產	100.0	100.0	100.0
負　債			
流動負債			
應付帳款	1.5	1.7	0.8
其他短期負債	15.3	11.0	9.0
流動負債合計	16.8	12.7	9.8
長期負債	0.6	0.8	1.0
其他長期負債	0.7	0.8	1.1
總負債	18.1	14.3	11.9
股東權益			
股　本	37.0	44.8	47.4
其他股東權益	44.9	40.9	40.7
股東權益合計	81.9	85.7	88.1
總負債與股東權益	100.0	100.0	100.0

資料來源：台積電網頁，本書作者加以精簡整理。

2. 損益表的垂直共同比分析

損益表進行垂直共同比分析時，為歷年的資料中，以每年的銷貨收入淨額為基準，計算各科目金額占銷貨收入淨額的比重後再進行說明。垂直共同比分析時，包含單一年度損益表之各科目的比較外，也可做為水平的歷年比較。

在此分別以台積電 2008 年到 2010 年的銷貨收入淨額為分母，損益表之其他科目的金額為分子，將表 11.2 轉換成表 11.5 的損益表垂直分析表，該表顯示三項結論，說明如下：

(1)單看 2010 年的比率時，台積電在該年每賺取 100 元的銷貨收入淨額時，需花費 52.6 元的銷貨成本，與 10.3 元的營業費用。就該公司本業而言，平均每 100 元的銷貨收入淨額，賺取 38.1 元的營業利益。

表 11.5　台積電損益表垂直共同比分析

單位：%

項　目	2010	2009	2008
銷貨收入淨額	100.0	100.0	100.0
銷貨成本	51.6	55.7	57.0
銷貨毛利	48.4	44.3	43.0
營業費用	10.3	11.2	9.9
營業利益	38.1	33.1	33.1
利息費用	0.0	0.0	0.0
其他營業外淨收益	3.5	0.1	1.3
稅前純益	41.6	33.2	34.4
所得稅費用	1.9	2.0	3.4
本期純益	39.7	31.2	31.0

(2)該公司 2010 年每賺取 100 元的銷貨收入淨額時，扣掉銷貨成本、營業費用、利息費用、所得稅費用後，再加上營業外淨收益後，可賺取約 39.7 元的本期純益。

(3)說明了損益表在 2008 年的垂直分析後,接著根據表 11.5 的資料,進行垂直共同比的水平比較。該公司的銷貨成本比重,呈現逐年下降的趨勢,由 2008 年的 57.0%,下降到到 2010 年的 51.6%。

因為銷貨成本的比重下降,造成營業利益的比重上升,由 2008 年的 33.1%,上升到 2010 年的 38.1%。簡單地說,台積電平均每賺 100 元的銷貨收入時,2008 年賺到約 33.1 元的營業利益,而 2010 年可以賺到 38.1 元。至於營業外淨收益的比重,對台積電而言並不高,低於 4%。

㈡損益表的水平共同比分析

資產負債表為歷年累積的報表,三年內一般不會有太大的改變,所以通常不會採用水平共同比分析。以下,接著解釋損益表的水平共同比。

水平分析時,無法對單一年度損益表的各科目進行比較,只能進行水平方向的歷年比較。表 11.6 為台積電 2008 年到 2010 年的損益表水平共同比結果。

表 11.6　台積電損益表水平共同比分析

單位: %

項　目	2010	2009	2008
銷貨收入淨額	126.5	88.8	100.0
銷貨成本	114.4	86.7	100.0
銷貨毛利	142.5	91.6	100.0
營業費用	132.0	100.6	100.0
營業利益	150.0	88.9	100.0
利息費用	50.0	25.0	100.0
其他業外淨收益	346.3	12.2	100.0
稅前純益	152.8	85.6	100.0
所得稅費用	55.9	58.8	100.0
本期純益	161.8	89.3	100.0

表 11.6 可歸納出三項結論,分別說明如下:

⑴台積電的銷貨收入淨額在 2010 年上升的幅度高於銷貨成本，使得銷貨毛利的表現亮眼，達到 142.5% 的水準。

⑵2011 年伴隨著銷貨收入淨額的成長，營業費用也在該年大增，所以上升到 132.0% 的水準。

⑶台積電的本期純益在三年裡是先下滑後上升的趨勢，從 2009 年下降到 89.3% 後，上升到 2010 年的 161.8%。

三、財務比率分析

介紹了財務報表的共同比之後，接著說明比率分析，此方法從：財務結構、償債能力、經營能力、獲利能力、現金流量，以及槓桿度等六方面進行分析。以下根據台積電的財務報表，說明這些比率的計算與分析❹。

㈠財務結構

財務結構的二項指標，分別是：負債比率 (debt ratio)，以及長期資金占固定資產比。表 11.7 的資料顯示，2010 年的負債比率為 18.1% (= 1.271/7012)。表示該年底時，該公司歷年累積之 100 億資產的資金來源，有 18.1 億來自於對外舉債。觀察這三年的負債比率，有逐漸上升的趨勢，顯示資產的資金來源中，向外舉債的比率逐漸升高。

表 11.7　台積電的財務結構分析				
分析項目		2010	2009	2008
長期償債能力	負債比率 (%)	18.1	14.3	11.9
	長期資金占固定資產比率 (%)	159.0	198.1	222.3

說明：負債占資產比率 = 總負債 / 總資產。長期資金占固定資產比 =（股東權益 + 長期負債）/ 固定資產淨額。

---

❹ 本節用來計算各財務比率的數字，與台積電公司在網頁公布的財報數字略有出入，但是分析結果大同小異。原因在於本章的分析，是站在「外部投資人」的角度，將該公司報表化繁為簡，並且運用第二節介紹的比率公式加以計算。

衡量財務結構的另一項指標，為長期資金占固定資產的比率。表 11.7 的結果顯示，2010 年的比率為 159.0% (= (5,741 + 91)/3,669)、低於 2009 年的 198.1% (= (4,951 + 97)/2,548)、更低於 2008 年的 222.3% (= (4,764 + 111)/2,193)。顯示該公司在過去的三年裡，愈來愈偏好以長期資金的融資方式來購買固定資產。

㈡償債能力

衡量短期償債能力的指標有三項，分別是：流動比率、速動比率，以及利息保障倍數。表 11.8 的資料顯示，2010 年的流動比率為 162.9% (= 1,922/1,180)，代表該年底時，流動資產約為流動負債的 1.6 倍。

財務人員以流動比率衡量短期償債能力時，大都要求流動比率至少要大於 2，才算具有足夠的短期償債能力。以這項標準來看台積電時，該公司流動比率有逐漸下降的趨勢，並且在 2010 年降到 2 以下，所以從流動比率的惡化而言，這是該公司需要重視與改善的方向。

表 11.8　　台積電的償債能力分析				
分析項目		2010	2009	2008
短期償債能力	流動比率 (%)	162.9	255.9	338.8
	速動比率 (%)	140.0	228.7	312.4
	利息保障倍數（倍）	847.5	950.0	278.0

說明：流動比率 = 流動資產 / 流動負債。速動比率 =（流動資產 − 存貨 − 預付費用）/ 流動負債。利息保障倍數 = 息前稅前純益 / 本期利息支出。

表 11.8 的資料顯示，速動比率這三年也呈現逐漸下降的趨勢，顯示該公司的短期償債能力的惡化。如須進一步確認台積電的短期償債能力時，可與同業的特定公司比較。舉例來說：透過分析聯電的財務報表，比較兩間公司的速動比率，然後決定何者的短期償債能力較佳。

除此以外，財務人員有時以台積電相關產業的速動比率平均值，做為參考與比較的依據，以決定台積電的速動比率，是否優於產業平均值?

短期償債能力的第三個指標，就是利息保障倍數。舉例來說，根據表 11.2 損益表的資料，該公司在 2010 年的利息保障倍數為 847.5(= (1,693 + 2)/2)。表 11.8 的資料顯示，利息保障倍數在這三年都很高，顯示該公司的付息能力很好。

㈢經營能力

衡量管理階層經營能力的指標有七項，包含：應收帳款週轉率、平均收現日數、存貨週轉率、平均銷貨日數、應付帳款週轉率、固定資產週轉率，以及總資產週轉率。

表 11.9 的資料顯示，2010 年的應收帳款週轉率為 8.8 次 (= 4,070/((493 + 427)/2))，代表該公司 2008 年的應收帳款，需要 41.5 天 (= 365/8.8) 時間，才能轉換成現金。

除此以外，該公司的存貨管理能力有惡化的趨勢。從平均銷貨日數來看，2010 年的存貨需要 38.4 天 (= 365/9.5) 才能消化完畢，高於 2009 年的 36.1 天 (= 365/10.1)，更高於 2008 年的 33.5 天 (= 365/10.9)。

固定資產與總資產的經營管理能力，在過去三年的差異不大。固定資產週轉率介於 1.2 次到 1.5 次之間，總資產週轉率則在 0.5 次與 0.6 次之間。

	表 11.9　台積電的經營能力分析			
	分析項目	2010	2009	2008
經營能力	應收帳款週轉率（次）	8.8	8.6	9.4
	平均收現日數（天）	41.5	42.4	39.0
	存貨週轉率（次）	9.5	10.1	10.9
	平均銷貨日數（天）	38.4	36.1	33.5
	應付帳款週轉率（次）	20.7	22.7	26.6
	固定資產週轉率（次）	1.3	1.2	1.4
	總資產週轉率（次）	0.6	0.5	0.6

說明：應收帳款週轉率 = 銷貨淨額 / 平均應收帳款。平均收現日數 = 365/ 應收帳款週轉率。存貨週轉率 = 銷貨成本 / 平均存貨。平均銷貨日數 = 365/ 存貨週轉率。應付帳款週轉率 = 銷貨成本 / 平均應付帳款。固定資產週轉率 = 銷貨淨額 / 平均固定資產淨額。總資產週轉率 = 銷貨淨額 / 平均總資產。

㈣獲利能力

衡量公司獲利能力的指標有六項，分別是：股東權益報酬率、資產報酬率、營業利益占實收資本比率、稅前純益占實收資本比率、純益率，以及每股盈餘。

獲利指標以損益表的稅後純益金額，做為公式的分子。分母則以資產負債表的科目為主，例如：總資產、股東權益，以及普通股發行股數。以台積電 2010 年的財務報表為例，損益表衡量 2010 年 1 月 1 日到 12 月 31 日間，在營運方面的情況。資產負債表則衡量 2010 年 12 月 31 日當天，公司的資產、負債與股東權益等情況。

	表 11.10 台積電的獲利能力分析			
	分析項目	2010	2009	2008
獲利能力	股東權益報酬率 (%)	30.2	18.4	20.7
	資產報酬率 (%)	25.3	16.0	18.4
	營業利益占實收資本比率 (%)	59.8	36.5	41.5
	稅前純益占實收資本比率 (%)	65.3	36.6	43.2
	純益率 (%)	39.7	31.2	31.0
	每股盈餘（元）	6.2	3.5	3.9

說明：股東權益報酬率＝稅後純益／平均股東權益淨額。資產報酬率＝（稅後純益＋稅後利息費用）／平均總資產。營業利益占實收資本比率＝營業利益／實收資本額。稅前純益占實收資本比率＝稅前純益／實收資本額。純益率＝稅後純益／銷貨淨額。每股盈餘＝（稅後純益－特別股股利）／加權平均流通在外普通股股數。

為了分子與分母的一致性起見，計算公司獲利能力指標時，通常資產負債表的科目以簡單平均值，或是加權平均值做為代表。舉例來說：股東權益報酬率方面，是以損益表的稅後純益金額做為分子，而分母則用資產負債表的平均股東權益淨額。

表 11.10 的結果顯示，台積電這三年的獲利情況是先下降後上升的趨勢。舉例來說：2010 年的股東權益報酬率為 30.2%(= 1,616/((5,741 +

4,951)/2)，高於 2009 年的 18.4%(= 892/((4,951 + 4,764)/2)，也高於 2008 年的 20.7%(=999/((4,764 + 4,871)/2)。相同的現象，也存在於營業利益占實收資本比率、稅前純益占實收資本比率、純益率、每股盈餘等獲利能力指標。

㈤現金流量分析

現金流量分析針對現金流量表的科目進行分析。代表性的財務比率有三項，分別是：現金流量比率、淨現金流量允當比率，以及現金再投資比率。這三項比率在計算時，後兩項比率需要用到現金股利的金額，本章所提供的財務報表中，並不包含這項資訊。因此，只能從該公司年報的財務分析報告中，找到相關數字而呈現於表 11.11。

該表的結果顯示，現金流量比與現金流量允當比，是呈現逐漸下滑的趨勢，所以極短期的償債能力有逐漸變差。舉例來說：從現金流量比率來看，每 100 億的短期負債中，2010 年產生的營業活動現金流量為 188.7 億元，低於 2009 年的 214.7 億元，更低於 2008 年的 399.2 億元。

從現金流量允當比率來說，該公式將營運活動現金流量，與公司的短、中期資金需求相比（分母的資本支出、存貨增加額、現金股利），或是與現金再投資比率的中、長期資金相比（分母的固定資產毛額、長期投資、其他投資以及營運資金），都發現到台積電 2008 年的現金管理能力最好，都優於 2009 年與 2010 年。

表 11.11　台積電的現金流量分析				
	分析項目	2010	2009	2008
現金流量	現金流量比率 (%)	188.7	214.7	399.2
	現金流量允當比率 (%)	110.0	122.0	134.8
	現金再投資比率 (%)	11.2	7.0	13.0

說明：現金流量比率＝營業活動淨現金流量／流動負債。現金流量允當比率＝最近五年營業活動現金流量／最近五年（資本支出＋存貨增加＋現金股利）。現金再投資比率＝（營業活動淨現金流量－現金股利）/（固定資產毛額＋長期資產＋其他資產＋營運資金）。

㈥槓桿度

槓桿度的指標有兩項，分別是：營運槓桿度與財務槓桿度。營運槓桿度在計算時，本章所提供的財務報表中，並不包含變動營業成本與費用的金額。因此，只能從該公司年報的財務分析報告中，找到相關數字而呈現於表 11.12。

該表顯示營運槓桿度逐年下降，從 2008 年的 2.7 倍，下降到 2009 年的 2.5 倍，再下降到 2010 年的 2.2 倍。至於財務槓桿度方面，因為該公司主要透過權益融資，所以每年的利息費用相較於營業利益而言，微不足道。例如：2010 年的營業利益 1,549 億元中，利息費用約 2 億元。因此，該公司的財務槓桿度在這三年都等於 1。

表 11.12	台積電的財務槓桿分析			
分析項目		2010	2009	2008
財務槓桿	營運槓桿度	2.2	2.5	2.7
	財務槓桿度	1.0	1.0	1.0

說明：營運槓桿度 =（營業收入淨額 − 變動營業成本與費用）/ 營業利益。財務槓桿度＝營業利益 /（營業利益 − 利息費用）。

一、單選題

（　）1.普通股評價方法中，下列何種方法因為考慮現金流量的未來值，所以最適當？　(A)每股淨值法　(B)本益比還原值　(C)股利成長模型　(D)淨現金流量法。

（　）2.已知鴻海股票一年後支付股利 6 元，該公司股票的必要報酬率為 20%，股利成長率為 5%。請根據股利成長模型，計算該公司的股價。　(A) 60 元　(B) 50 元　(C) 40 元　(D) 30 元。

（　）3.進行共同比分析時，財務人員較不常採用下列何種分析？　(A)資產負債表水平分析　(B)資產負債表垂直分析　(C)損益表水平分析　(D)損益表垂直分析。

（　）4.衡量短期償債能力的三項指標中,下列何者不屬於其中之一？　(A)流動比率　(B)速動比率　(C)利息保障倍數　(D)負債比率。

（　）5.下列何者不屬於財務比率分析的缺點？　(A)主要探討公司過去到現在的經營績效　(B)可進行不同公司的比較　(C)採用會計的基本假設　(D)無法衡量非財務因素。

二、簡答題

1.請說明普通股評價的三種常見方法。

2.請說明普通股評價方法中的每股淨值法。

3.請分析每股淨值法用來評價公司價值的優缺點。

4.請說明股利成長模型的三項基本假設。

5.請說明普通股評價方法中的股利成長模型。

6.請說明股利成長模型的兩項優點。

7.請說明股利成長模型的缺點。

8.請說明企業現金流量折現法的「現金」定義。

9. 請說明企業現金流量折現法的三個步驟。

10. 請說明企業現金流量折現法的優點。

11. 請說明企業現金流量折現法的缺點。

12. 請說明財務比率分析方法的兩項優點。

13. 請說明財務比率分析時的兩種方法。

14. 請說明垂直共同比與水平共同比的基本差異。

15. 請說明資產負債表的垂直共同比方法。

16. 請說明損益表的垂直共同比方法。

17. 財務人員進行共同比分析時，為什麼不分析現金流量表？

18. 臺灣上市（櫃）公司的年報中，從六大方向之財務比率分析公司的財務狀況，請說明這些方向。

19. 臺灣上市（櫃）公司的年報中，請說明分析財務結構的兩種指標。

20. 臺灣上市（櫃）公司的年報中，請說明分析償債能力的三種指標。

21. 臺灣上市（櫃）公司的年報中，請說明分析經營能力的七種指標。

22. 臺灣上市（櫃）公司的年報中，請說明分析獲利能力的六種指標。

23. 臺灣上市（櫃）公司的年報中，請說明分析現金流量的三種指標。

24. 臺灣上市（櫃）公司的年報中，請說明分析槓桿度的兩種指標。

25. 使用共同比與財務比率分析方法時，需要注意的事項有三項，請說明。

CHAPTER 12

權益證券技術分析

- 第一節　移動平均法

- 第二節　K線圖

- 第三節　美式條形圖

技術分析 (technical analysis) 為財務人員運用股市交易的歷史資料，研判股市或個別股價的未來走勢。歷史資料中，大多是股市或個別股價的成交價、成交量與成交值。

技術分析的方法有許多種❶，本章以臺灣加權股價指數為例，說明技術分析的兩種常見方法，分別是：移動平均法與畫線法。畫線法以 K 線圖與美式條形圖為主。K 線圖應用於股票買賣的短線操作，美式條形圖適用於判斷股價變動的長期趨勢。

本章內容有三小節，第一節介紹臺灣加權股價指數的編製方法，與技術分析中的移動平均法。第二節探討畫線法的 K 線圖。最後，第三節著重在畫線法的美式條形圖說明。

第一節　移動平均法

一、加權股價指數

臺灣證券交易所的發行量加權股價指數 (以下簡稱加權指數)，以臺灣所有掛牌交易的普通股為取樣對象，計算方法以公式 (12–1) 表達於下方：

$$加權指數 = \frac{當期總發行市值}{基值} \times 100 \qquad (12\text{–}1)$$

公式中的當期總發行市值，等於取樣股票當日股價乘上發行股數後，加總而得。基值等於指數起算基期 (1966 年) 的總發行市值。進一步來說，基值等於 1966 年時，取樣股票的年平均市價，乘上當年度的發行量後，加總而得。

---

❶　技術分析方法的介紹，參閱 Edwards, R., J. Magee, and W. Bassetti (2007), *Technical Analysis of Stock Trends*, AMACOM Publisher.

實際運用公式 (12-1) 時，財務人員面對歷年新上市（櫃）股票的發行、已上市（櫃）公司現金增資、可轉換公司債轉換為普通股，或其他影響指數計算的情況發生時，須透過必要的調整過程❷，以維持加權指數的連續性。

本節以 5 月份交易的假設資料，說明技術分析中，常見的五日均線、十日均線，以及十五日均線。該月從 5 月 4 日開始交易，5 月 27 日是最後一個交易日，總計當月交易十八日。

㈠五日平均值

表 12.1 陳述了加權指數的歷史資料外，還包含各交易日所對應的移動平均值。五日平均值的計算方法，在此用 5 月份前五個交易日的資料，加以說明。

該月第五個交易日的五日平均值 (moving average index, MAI_t^5)，等於加權指數收盤價 $(I_{(t-j)})$，在該日及前四個交易日的簡單平均值，以公式 (12-2) 表達於下方：

$$MAI_t^5 = \frac{1}{5} \times \sum_{j=0}^{4} I_{(t-j)} \tag{12-2}$$

舉例來說，5 月第五個交易日當天，五日平均值 (MAI_5^5) 等於 6,487 點 $(= (I_5 + I_4 + I_3 + I_2 + I_1)/5 = (6,584 + 6,573 + 6,567 + 6,380 + 6,330)/5)$。同理，第六個交易日的五日平均值為 6,550$(= (6,648 + 6,584 + 6,573 + 6,567 + 6,380)/5)$。

㈡十日平均值

與五日平均值計算相類似的公式，加權指數第十個交易日的十日平均

---

❷ 指數編製之基值的調整說明，請參閱臺灣證券交易所網頁 (http://www.twse.com.tw) 的介紹。

值 (MAI_t^{10})，等於指數收盤價，在該日及前九個交易日的簡單平均值，以公式 (12–3) 表達於下方：

$$MAI_t^{10} = \frac{1}{10} \times \sum_{j=0}^{9} I_{(t-j)}$$ (12–3)

表 12.1　加權指數的收盤價及移動平均值				
交易日	收盤價	五日平均值	十日平均值	十五日平均值
1 日	6,330			
2 日	6,380			
3 日	6,567			
4 日	6,573			
5 日	6,584	6,487		
6 日	6,648	6,550		
7 日	6,433	6,561		
8 日	6,485	6,544		
9 日	6,364	6,503		
10 日	6,489	6,484	6,485	
11 日	6,578	6,470	6,510	
12 日	6,656	6,514	6,538	
13 日	6,704	6,558	6,551	
14 日	6,719	6,629	6,566	
15 日	6,737	6,679	6,581	6,550
16 日	6,734	6,710	6,590	6,577
17 日	6,683	6,715	6,615	6,597
18 日	6,890	6,753	6,655	6,618

說明：上述資料為 5 月份的十八個交易日收盤價資料。

　　舉例來說：5 月第十個交易日當天，十日平均值等於 6,485(= (6,489 + 6,364 + 6,485 + 6,433 + 6,648 + 6,584 + 6,573 + 6,567 + 6,380 + 6,330)/10)。同理，第十一個交易日當天，十日平均值等於 6,510(= (6,578 + 6,489 + 6,364

+ 6,485 + 6,433 + 6,648 + 6,584 + 6,573 + 6,567 + 6,380)/10)。

㈢十五日平均值

加權指數的十五日平均值 (MAI_t^{15})，等於加權指數的收盤價，在該日及前十四個交易日的簡單平均值，以公式 (12–4) 表達於下方：

$$MAI_t^{15} = \frac{1}{15} \times \sum_{j=0}^{14} I_{(t-j)} \qquad (12\text{–}4)$$

舉例來說：表 12.1 的第十五個交易日當天，十五日平均值為 6,550(= (6,737 + 6,719 + 6,704 + 6,656 + 6,578 + 6,489 + 6,364 + 6,485 + 6,433 + 6,648 + 6,584 + 6,573 + 6,567 + 6,380 + 6,330)/15)。接著運用公式 (12–4)，計算 5 月最後三個交易日，所相對應的十五日平均值，結果列於最後一行。

㈣分　析

採用表 12.1 的數據，將時間作為橫軸、加權指數值為縱軸。接著，將各交易日相對應的加權指數值或指數平均值,以座標點標示在座標平面中,並將各點連結成曲線後，結果顯示於圖 12.1。

觀察圖 12.1 的四條線,得知移動平均的計算天數愈多,則曲線愈平坦。舉例來說：依據「每日」收盤價資料畫出來的線，在四條曲線中，曲折最多、上下振動的幅度也最大。相對於其他三條線，十五日平均線的曲折最小，也最平坦。

除此以外，比較第六天至第九天的每日收盤價曲線，以及五日平均線時,就每日收盤價曲線來看,股市呈現急速下降的趨勢,從 6,648 點大跌 284 點後，到達 6,364 點。相對來說，從五日平均線的角度來看，股市在這段期間的變化不大，維持在 6,560 點到 6,500 點之間。

接著，長期上漲趨勢也可從多天數的移動平均線來看。舉例來說：加權

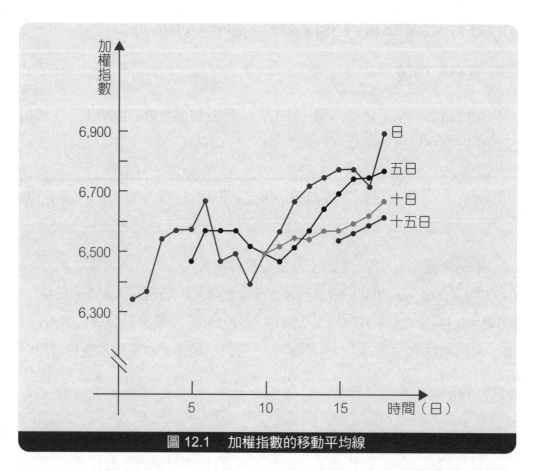

圖 12.1　加權指數的移動平均線

指數的日收盤價，在第九日到第十五日間連漲六個交易日，從 6,364 點上漲到
6,737 點後，下跌到 6,734 點、再跌到 6,683 點，然後反彈回 6,890 點。此時
觀察十日平均線時，儘管這段期間股市曾經連兩天小幅下跌，長期來看還是
呈現逐漸上漲的趨勢，從 6,485 點平穩地上漲到第十八個交易日的 6,655 點。

　　從上述討論得知，站在長期趨勢的觀點來看，計算加權指數的移動平
均時，如果採用愈長的天數（例如：兩百日移動平均值），則每增加一筆新
資料，愈不會對移動平均線的趨勢造成影響。因此，移動平均線相較於加
權指數的日收盤價曲線，較適用於表達長期趨勢。

二、移動平均線的應用

　　探討了加權指數的移動平均線特點後，接著說明運用此線所提供的資

訊，以選擇買賣股票的時機。首先，投資人選定合適的移動平均線，作為加權指數長期趨勢的代表線。該移動平均線可以是臺灣的技術分析者，常採用的五日平均線、十日平均線、十五日平均線，或如國外技術分析者所採用的兩百日移動平均線。

㈠賣出時點

加權指數的日收盤價由移動平均線的上方跌到下方時，常需一段時間後，才能回升到移動平均線的上方。因此，當加權指數的收盤價，開始跌至移動平均線下方時，投資人可在此時賣出已持有的指數型基金 (index funds)。

㈡買入時點

加權指數的日收盤價雖然在移動平均線的上方，可是收盤價與移動平均線之間的距離，呈現持續性的縮減時，代表股市的多頭市場即將結束。因此，投資人也可在此時賣出指數型基金。

相對於指數型基金的賣出時機，投資人購買的時機，則是當加權指數收盤價，開始由移動平均線的下方移至上方；或是指數收盤價雖然落在移動平均線下方，可是收盤價與移動平均線之間的距離持續縮減，表示空頭市場即將結束。因此，投資人可在這兩種時間點選擇進場，購買指數型基金。

第二節　K 線圖

一、K 線圖的繪製與表達

K 線圖中最為常見的是日線圖。以臺灣的加權股價指數為例，日線圖包含加權指數的每日開盤價、收盤價、最高價與最低價。除此以外，K 線圖根據加權指數的當日開盤價，以及收盤價資訊繪製成長方形，藉由長方

形是否塗黑，表達開盤價與收盤價之間的漲跌關係。

開盤價高於收盤價時，長方形的中間部分繪成黑色，表示該日的股價下跌。相對來說，開盤價低於收盤價時，則長方形的中間部分保留空白，表示股價上升。

常見的 K 線圖共有二十一種❸。在此根據表 12.1 之某年 5 月前兩個交易日的資料，畫出每個交易日的 K 線圖。表 12.2 首先說明 5 月份前兩個交易日的加權指數開盤價，當日最高價與最低價，以及收盤價資料。

表 12.2 　加權指數的當日開盤價、最高價、最低價與收盤價			
日　　期	開盤價	最高價	最低價	收盤價
5 月 1 日	6,286	6,356	6,256	6,330
5 月 2 日	6,558	6,563	6,327	6,380

(一)紅 K 線圖

根據表 12.2 的加權指數歷史資料，可畫出圖 12.2 的加權指數 K 線圖。第一日的 K 線圖中，當日加權指數由 6,286 點開盤後，介於 6,256 點到 6,356 點之間小幅波動，最終小漲 44 點，達到收盤價 6,330 點。

(二)黑 K 線圖

第二日的 K 線圖代表著，當日加權指數由 6,558 點開盤之後，股市呈現巨幅震盪的情況，當日最高漲到 6,563 點，也曾低到 6,327 點。投資人經歷了提心吊膽的一天後，股市最後大跌 178 點，以 6,380 點做收。

表 12.2 與圖 12.2 都是說明 5 月份時，前兩個交易日的加權指數變動情形。透過 K 線圖的長方形是否塗黑，除了得知當日收盤價是否高於開盤價

---

❸ K線圖的常見類型有二十一種。各種類型的介紹，及各類型所相對應的股票買賣時點，參閱林煜宗 (1988)，《現代投資學：制度、理論與實證》，臺北：三民書局。

之外，也經由直線的長度瞭解到該日股市的震盪幅度。因此，K 線圖用來觀察短時間的資料，例如：週資料與月資料時，優於表 12.2 的表格說明，因為可以一目瞭然。

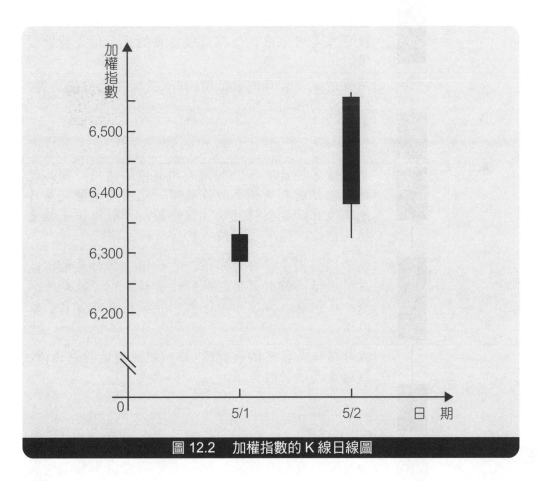

圖 12.2　加權指數的 K 線日線圖

二、K 線圖的分析與決策

K 線圖除了上述優點外，有時也能對次日的股市漲跌提供資訊，以協助投資人做決策。舉例來說，表 12.3 的(a)、(b)、(c)圖，預告股市在下一個交易日可能會上漲。相對地來說，(d)、(e)、(f)圖產生時，則可能股市在下一個交易日會下跌。以下，以表 12.3 針對 K 線圖的各種型態作一說明：

表 12.3　各種型態之 K 線圖

項　次	圖　片	說　明
(a)		表示收盤價高於開盤價，且收盤價是當日最高價、開盤價是當日最低價。代表當日可能漲停做收，或在股市的盤整過程中，雖然收盤時沒有漲停，但是投資人看好未來，所以造成當日的最高價等於收盤價。
(b)		開盤價就是當日的最低價。雖然收盤價低於最高價，但還是高於開盤價。
(c)		收盤價等於最高價、也高過開盤價的價格。除此之外，當日的收盤價高於最低價。此圖顯示該交易日先跌後漲，尾盤時可能買盤勢強，或股市做手故意拉高行情，造成收盤價等於當日最高價。
(d)		表示開盤價是當日最高價、收盤價是當日最低價，且開盤價高於收盤價。此時，當日股市可能跌停做收，或投資人看壞未來，所以收盤價等於當日的最低價。
(e)		收盤價就是當日的最低價。雖然開盤價低於最高價，但還是高過於收盤價。
(f)		開盤價等於最高價，且收盤價高於最低價。此圖顯示該交易日先跌後漲，但是上漲的力道不夠，造成收盤價還是低於開盤價。

　　圖 12.3 為 2011 年 7 月 26 日至 2011 年 11 月 16 日加權股價指數 K 線圖及其成交量對照圖。

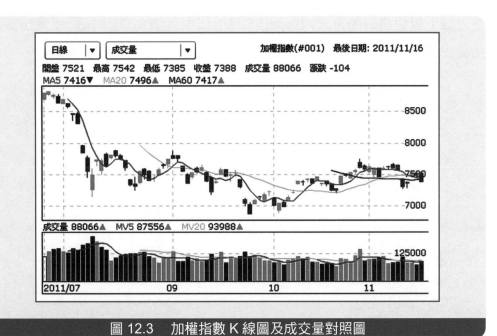

圖 12.3 加權指數 K 線圖及成交量對照圖

資料來源：YAHOO! 奇摩股市 (http://tw.stock.yahoo.com/t/idx.php)。

第三節 美式條形圖

美式條形圖中之線條，可分為：日線圖、週線圖、月線圖等多種圖形，而最常見的圖形是日線圖。加權指數美式條形日線圖中，僅表達指數在每個交易日的最高價、最低價與收盤價。因此，美式條形日線圖相對於 K 線圖而言，圖形比較簡單，且圖形提供的單日成交價資訊也比較少。

一、美式條形圖的繪製與表達

本節沿用表 12.2 的資料，畫出加權指數美式條形日線圖，請參圖 12.5。該表的資料顯示，5 月的第一個交易日之中，當日加權指數的最高價 6,356 點，最低價 6,256 點。

財務人員以加權指數為縱軸、日期為橫軸，並在座標平面找到當日加權指數的最高價及最低價的相對應座標點後，將兩點連成一直線。接著，

在直線上以短橫線的方式，標示出 5 月 1 日收盤價 6,330 點，即可畫出該日的美式條形日線圖。第二日的美式條形日線圖也可照此方法繪製。

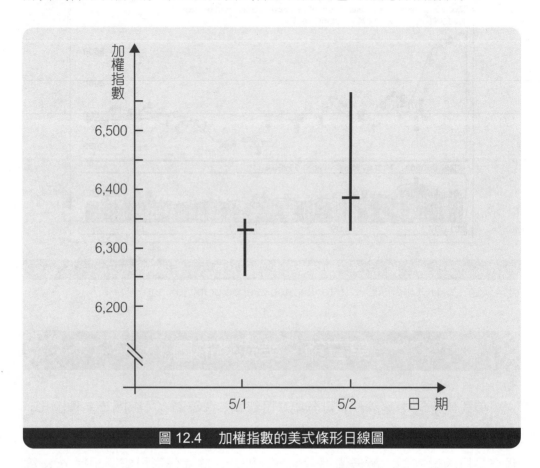

圖 12.4　加權指數的美式條形日線圖

二、美式條形日線圖的分析與決策

　　美式條形日線圖的資訊少於 K 線圖，所以針對加權指數走勢作短期分析時，財務人員大都採用 K 線圖。相對來說，正因為美式條形圖的表達方式比較簡單，所以財務人員偏好觀察美式條形日線圖的長期變化，以研究加權指數的長期走勢。

　　美式條形圖的各種型態中，比較重要的是：反轉型態 (reversal pattern)。反轉型態對投資人而言特別重要。理由在於財務人員根據美式條形圖的變化，預期股市將由多頭反轉為空頭市場時，就出售持有的股票，或開始放

空股票 (short sale stocks)。

　　相對來說，財務人員分析美式條形圖的變化，認為股市將由空頭反轉為多頭時，則應在股市反轉之前，趕快進場購買指數型基金，以在未來股價上升時，賺取豐厚的資本利得。

　　美式條形圖的反轉型態中，比較典型的類型有兩種，分別是：頭肩頂型態 (head and shoulders top)，以及頭肩底型態 (head and shoulders bottom)，說明如下：

1. 頭肩頂型態

　　加權指數的美式條形日線圖呈現頭肩頂型態時，表示指數的走勢將由多頭反轉為空頭。相對來說，美式條形日線圖呈現頭肩底型態時，則指數走勢將由空頭反轉為多頭。以下透過圖 12.5，說明頭肩頂型態的形成與確認。

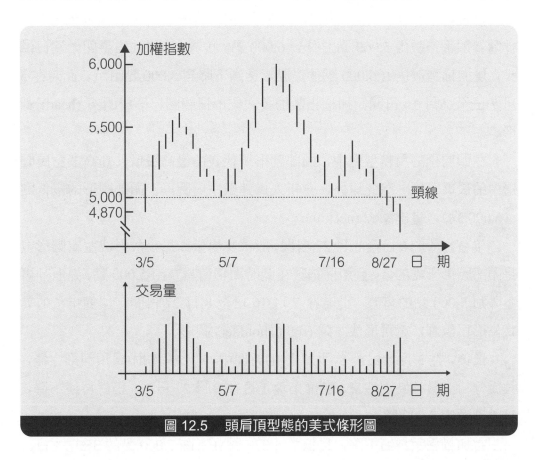

圖 12.5　頭肩頂型態的美式條形圖

圖 12.5 由上、下兩圖形組成。上半部根據「假設」的資料，以日期為橫軸、加權指數為縱軸，畫出 3 月 5 日至 8 月 30 日之間的美式條形日線圖。在此為了圖形簡單起見，僅用條形圖表達部分交易日的資料。接著，僅列出每個交易日的當日最高價、最低價，而不表達收盤價資訊。

圖 12.5 的下半部以日期為橫軸，加權指數的日交易量為縱軸，畫出 3 月 5 日至 8 月 30 日間，美式條形日線圖所對應的加權指數交易量。

觀察圖 12.5，在 3 月 5 日至 5 月 7 日的時間中，加權指數的日交易量先開始逐日增加，伴隨指數由 5,000 點上升到 5,600 點。接著，加權指數的交易量開始逐日減少，此時加權指數也由 5,600 點，逐漸下降到 5 月 7 日的 5,000 點。此時，3 月 5 日至 5 月 7 日間，加權指數的美式條形日線圖，形成左肩 (left shoulder) 圖形。

然後，在 5 月 7 日至 7 月 16 日的時間中，每日交易量再度開始上升，伴隨著加權指數由 5,000 點上升到 6,000 點。接著，股市成交量開始逐日減少，且加權指數也由 6,000 點的高點，逐漸下降到 5,000 點附近。此時在 5 月 7 日至 7 月 16 日間，加權指數的美式條形日線圖，形成頭部 (head) 圖形。

在頭肩頂的反轉型態中，頭部圖形所代表的最高股價，都高於左肩圖形中的最高股價。除此以外，分析人員連結左肩圖形、頭部圖形的最低點 （5,000 點），畫出頸線 (neckline)。

接著，7 月 16 日至 8 月 27 日間，股市交易量如果少於形成左肩圖形或是頭部圖形所需的量，且加權指數在此時間仍舊具有由 5,000 點，先上升再下降回 5,000 點的趨勢。此時在 7 月 16 日至 8 月 27 日間，加權指數的美式條形日線圖，就可形成右肩 (right shoulder) 圖形。

最後，在 3 月 5 日至 8 月 27 日的時間中，形成一個頭肩頂圖形之後，技術分析人員須特別注意，加權指數是否在 8 月 27 日後，仍然持續下降，且跌破頸線 5,000 點。

當加權指數持續下降，且低於 4,870 點（下降 5,000 點的 3% 左右），

則股市反轉現象確定產生。換句話說：股市低於 4,870 點之後，接下來的加權指數可能會有一段長時間中，都低於頸線 5,000 點的指數值。至於加權指數跌破頸線之後的交易量，一般來說，可能如圖 12.5 中，呈現逐日增加的趨勢，也可能維持在右肩圖形中的低交易量。

　　財務人員確認頭肩頂圖形產生後，開始賣掉持有之指數型基金；或採用放空指數型基金的方式，以在未來獲取投資利潤。

2.頭肩底型態

　　至於財務人員需在何時再進場買指數基金呢？如果他僅根據美式條形圖的兩種常見反轉型態，進行指數型基金的買賣決策時，則在確認頭肩底圖形 12.6 產生後，亦即股市將由原先之空頭市場反轉為多頭市場時，再進場購買加權指數型基金。

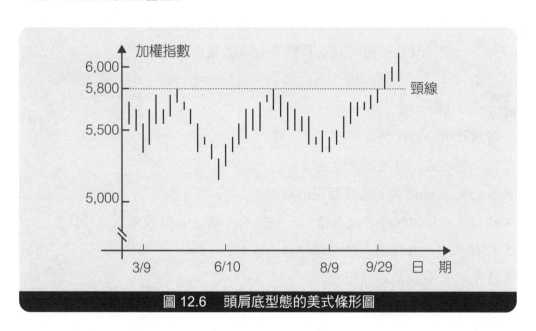

圖 12.6　頭肩底型態的美式條形圖

本章習題

一、單選題

( ) 1.權益證券的技術分析方法中，下列何者不屬於其中之一？ (A) K 線圖 (B)美式條形圖 (C)比率分析法 (D)移動平均法。

( ) 2.技術分析的移動平均法中，下列何種均線圖比較少見？ (A)五日均線圖 (B)週均線圖 (C)十日均線圖 (D)十五日均線圖。

( ) 3.技術分析的 K 線圖中，最常見的是何種圖形？ (A)日線圖 (B)週線圖 (C)十日線圖 (D)月線圖。

( ) 4.技術分析的加權股價 K 線圖中，不包含下列何種價格資訊？ (A)收盤價 (B)平均價 (C)最高價 (D)最低價。

( ) 5.技術分析的美式條形圖中，不包含下列何種價格資訊？ (A)開盤價 (B)收盤價 (C)最高價 (D)最低價。

二、簡答題

1.何謂技術分析？請說明。

2.請說明技術分析的兩種常見方法。

3.請比較 K 線圖與美式條形圖的用途。

4.移動平均線相較於日收盤價線，較適用於表達長期趨勢，為什麼？

5. K 線圖中的日線圖，包含何種股價資訊？

6.請說明 K 線圖的兩項優點。

7.請說明美式條形圖中之最常見圖形。

8.加權指數的美式條形日線圖，呈現頭肩頂型態時，代表何種訊息？

9.加權指數的美式條形日線圖，呈現頭肩底型態時，代表何種訊息？

CHAPTER 13

期 貨

nvestment

◆ 第一節　期貨市場運作

◆ 第二節　期貨價格

◆ 第三節　期貨運用策略

衍生性金融商品 (derivative financial securities) 是經由實物商品 (physical commodities) 或金融商品而衍生來的商品。例如以玉米、債券等交易標的為基礎，進而衍生的玉米期貨與債券期貨，就稱為衍生性金融商品。

金融市場的兩大類型衍生性商品，包含：期貨 (futures) 與選擇權 (options)。期貨是一種協定，簽訂契約的雙方同意在未來特定期間，用預先議訂的價格，「必須」買入或賣出特定資產。

相對來說，選擇權也是一種協定，購買選擇權的投資人，可在未來特定期間用預先議訂的價格，在對自己有利的情況下，「選擇」買入或賣出特定資產。

本章專注於期貨的介紹，內容分為三小節：第一節簡介期貨市場的運作。第二節探討期貨價格。最後，第三節說明期貨的運用策略。

第一節　期貨市場運作

一、遠期契約的由來

西方的期貨市場發展，源自於中世紀（約 476～1453 年）。農夫為了避免農作物收成時，價格下跌造成損失，所以願意與商人在農作物收成前，預先簽訂遠期契約 (forward contracts)。

遠期契約中，農夫持有遠期賣出契約 (short forward contracts)，可在未來特定時間，依過去簽約時的議訂價格，出售特定數量的農作物給商人。

相對來說，商人擔心農作物價格上漲，造成未來的進貨成本上升，所以也願意預先與農夫簽約，並持有遠期買入契約 (long forward contracts)。此契約允許商人在未來特定期間，依簽約時的議訂價格購買特定數量的農作物。

二、期貨市場的由來

遠期契約只是買賣雙方的口頭約定，所以可能在將來產生許多糾紛。

舉例來說：農作物收成時的市場價格暴跌，造成商人不願用當初議訂的高
價購買，轉而到市場選購農作物；或是今年農作物遭遇蟲害、品質欠佳，
造成商人收購後，無法轉賣給消費者。

　　為了避免上述糾紛，期貨市場因運而生。期貨交易源自於美國的芝加
哥市 (Chicago)。芝加哥期貨交易所 (Chicago Board of Trade, CBOT) 於 1848
年成立時，主要目的在於提供商品期貨契約，幫助美國中部的農夫、以及
需求農產品的商人。

三、期貨契約的特徵

㈠標準化契約

　　期貨契約是標準化契約，所以能像上市（櫃）股
票一般，在交易所 (exchanges) 透過營業員 (brokers)
協助，使買賣雙方進行公開市場交易。以橘汁期貨
(orange juice futures) 為例，依期貨契約而交割的橘汁，
必須是美國 A 級品，且以 15,000 磅為交割基礎。糖度
(brix) 值高於 57 度，糖度對酸度的比值介於 13 到 19 之間。此處的 A 級品、
15,000 磅、糖度、糖度對酸度比值，都是期貨契約達到標準化的條件。

> **◎期貨契約**
> 期貨契約是標準化契約，所以能像上市（櫃）股票一般，在交易所透過營業員協助，使買賣雙方進行公開市場交易。

㈡逐日結算損益

　　為了避免交易時的信用風險產生，買賣雙方簽訂期貨契約時，都需交
保證金給提供契約的證券公司。並且，在每個營業日結束時，都要結算該
契約保證金帳戶的損益，稱為逐日結算 (marking to market)。

㈢依契約內容進行交割

　　除了逐日結算損益外，橘汁期貨只在 3 月、5 月、7 月、9 月及 11 月，
才進行交割。交割時依契約當初的約定，在特定地點交貨。

㈣公開市場交易

最後，期貨契約在公開市場交易，當市場不存在壟斷現象時，因為市場價格不受人為所控制，所以結清期貨部位很容易。對買賣雙方來說，大多在交割月前就結清部位，並將契約所產生的利得或損失，加上既有的金錢或橘汁，到熟悉市場買賣橘汁現貨。

市場發生壟斷的現象時，期貨就沒辦法在到期月結清部位。20 世紀透過現貨與期貨的交互運用壟斷市場 (corner the market) 的著名例子，是由美國的韓特兄弟 (N. Hunt and H. Hunt) 所引起。兩兄弟的爸爸，是美國著名的石油大王 (H. L. Hunt)。

韓特兄弟在 1979 年時，開始持續且大量地收購銀錠。全世界在當時的銀錠現貨中，三分之一的量是由各國政府掌控之外，剩餘的三分之二，大約一億盎司重量的銀錠，都集中在韓特兄弟手上。

韓特兄弟除了收購銀錠現貨外，也持有銀期貨的買入契約 (long futures)。因為他們壟斷了銀的供給市場，造成銀錠價格從 1979 年 9 月的每盎司 11 美元，在短短的四個月中，上升到 1980 年 1 月的每盎司 50 美元。

後來在 1980 年初，政府為了防範商品與期貨市場的炒作，修改了融資的相關法規，造成韓特兄弟無法透過高度的槓桿融資，繼續炒作銀的供給市場。當銀價開始下跌後，期貨交易中心對韓特兄弟發出 1,000 萬美元的保證金追繳 (margin call) 通知。兩兄弟因為無法如期補足保證金，只好選擇宣布破產，並在此次壟斷市場的交易中，損失了大約 10 億美元的財產。

四、期貨與遠期契約的比較

表 13.1 根據上述說明，從：契約標準化、契約是否在交易所交易？信用風險、結算時點、交割日特定性，以及交割可能性等方面，比較期貨與

遠期契約。

表 13.1　　期貨與遠期契約的比較		
項　目	期貨契約	遠期契約
標準化	是	否
交易所交易	是	否
信用風險	極　少	存　在
結算時點	逐日結算	契約到期日
交割日特定性	交割月	特定交割日
交割可能性	大多不交割	會交割

 五、期貨契約的運作

㈠持有買入期貨

上述說明中的逐日結算機制，以下透過橘汁期貨進一步介紹。假設現在時間是 4 月 1 日，商人在 7 月的時候，需要購買橘汁 30,000 磅製成罐裝碳酸飲料出售。他擔心將來的橘汁價格變動，造成生產成本改變，決定現在持有兩口 7 月到期的橘汁買入期貨 (long futures)。

7 月到期的橘汁期貨，每口契約 15,000 磅，4 月 1 日的期貨開盤價為每磅 0.6075 美元。期貨的起始保證金 (initial margin) 為每口 1,000 美元，維持保證金 (maintenance margin) 為每口 700 美元。

表 13.2 說明商人持有期貨買入契約後，保證金帳戶在 4 月 1 日到 4 月 3 日之間的變化情形。商人交了 2,000 美元保證金後，開始持有兩口橘汁買入期貨。4 月 1 日的期貨收盤價為 0.59 美元時，他因持有兩口買入契約而於當天損失 525 美元 (= (0.59 − 0.6075) × 15,000 × 2)。

4 月 2 日的期貨收盤價為 0.57 美元時，商人當天損失 600 美元 (= (0.57 − 0.59) × 15,000 × 2)。總結持有兩天期貨買入契約，共損失 1,125 美元 (= −525 − 600)。

保證金帳戶在連續兩天的損失下，從原先 2,000 美元降為 875 美元，且低於維持保證金 1,400 美元。所以此時商人會收到保證金追繳 (margin call) 通知。

收到通知後，必須立即補足保證金，也就是繳交 1,125 美元，使保證金帳戶的餘額達到起始保證金的金額 2,000 美元。當商人沒有錢可以補足，或有錢卻放棄補足時，證券公司就會結清該契約，將帳戶剩餘的 875 美元，扣掉必要的手續費與交易成本後，餘額退還給該位商人，這就是俗稱的「斷頭」。

假設商人收到保證金追繳通知後，選擇繳交 1,125 美元。4 月 3 日的期貨收盤價上漲為 0.58 美元時，該日獲利為 300 美元 (= (0.58 − 0.57) × 15,000 × 2)。此時保證金帳戶的餘額是 2,300 美元 (= 2,000 + 300)。

表 13.2　期貨買入契約的保證金帳戶

單位：美元

日　　期	期貨價格	日損益	累積損益	保證金餘額	追繳金
	0.6075			2,000	
4 月 1 日	0.59	−525	−525	1,475	-
4 月 2 日	0.57	−600	−1,125	875	1,125
4 月 3 日	0.58	300	−825	2,300	-

說明：假設兩口橘汁期貨契約，每口契約的起始保證金 1,000 美元，維持保證金 700 美元。

經過三天的交易，商人在 4 月 3 日結束時，繼續持有兩口 7 月到期的橘汁買入期貨。此時雖然保證金帳戶有 2,300 美元，與 4 月 1 日開始的 2,000 美元相較，似乎有獲利。但是因為他於 4 月 2 日繳交 1,125 美元的追繳金至保證金帳戶，當扣掉保證金追繳的錢後，商人持有的期貨買入契約，在這三天總計損失了 825 美元 (= 300 − 1,125)。

㈡持有賣出期貨

期貨契約必須「成對」存在，也就是有兩口橘汁買入期貨時，市場上

就會同時產生兩口橘汁賣出期貨 (short futures)。因為期貨透過交易所進行交易，買賣雙方不必見面、也不需認識。所以上述兩口橘汁賣出期貨，可以是一人持有、兩人持有，或甚至是一人持有十口賣出契約的部分。

為了簡單說明起見，假設農夫在 4 月 1 日時，預估橘子在 7 月收成。他擔心將來的橘汁價格變動造成獲利改變，決定現在持有兩口 7 月到期的橘汁賣出期貨。

表 13.3 說明農夫持有期貨賣出契約後，保證金帳戶在 4 月 1 日到 4 月 3 日之間的變化情形。農夫持有兩口賣出契約，所以需繳交 2,000 美元保證金。4 月 1 日的期貨收盤價 0.59 美元，代表農夫當天持有兩口賣出契約後，獲利 525 美元 (= (0.6075 − 0.59) × 15,000 × 2)。

比較表 13.2 與表 13.3，因為 4 月 1 日當天的期貨價格下跌，商人因為期貨契約而損失的錢，剛好就等於農夫所賺到的 525 美元。

4 月 2 日的期貨收盤價 0.57 美元時，農夫當天獲利 600 美元 (= (0.59 − 0.57) × 15,000 × 2)。合計兩天獲利 1,125 美元 (= 525 + 600)。

接著，4 月 3 日的期貨收盤價上漲為 0.58 美元時，農夫當天損失 300 美元 (= (0.57 − 0.58) × 15,000 × 2)。此時保證金餘額是 2,825 元 (= 3,125 − 300)。

表 13.3	期貨賣出契約的保證金帳戶				
					單位：美元
日　　期	期貨價格	日損益	累積損益	保證金餘額	追繳金
	0.6075			2,000	
4 月 1 日	0.59	525	525	2,525	-
4 月 2 日	0.57	600	1,125	3,125	-
4 月 3 日	0.58	−300	825	2,825	-

說明：假設兩口橘汁期貨契約，每口契約的起始保證金 1,000 美元，維持保證金 700 美元。

經過三天的交易，農夫在 4 月 3 日結束時，繼續持有兩口 7 月到期的橘汁賣出期貨。他在這段期間中，不但沒有面臨保證金追繳，也因為持有

契約而累計獲利 825 美元。

　　比較表 13.2 與表 13.3 中，商人與農夫的累積損益，在不考慮營業員費用 (brokerage fee) 及其他交易成本時，商人損失金額等於農夫獲利金額，代表期貨交易屬於零和遊戲 (zero-sum game) 的一種。

<blockquote>
◎零和遊戲

是屬於一方獲利就會產生另一方損失的情況。常和零和遊戲作對照的為競合遊戲 (win–win game)，表示藉由互謀其利的方式達到雙贏的局面。
</blockquote>

第二節　期貨價格

　　期貨價格的計算公式中，依契約的資產 (例如：橘汁期貨的橘汁資產) 是否能產生所得？區分成三大類型，包含：資產不產生所得的期貨，資產於特定時間產生特定所得的期貨，以及資產可產生收益率的期貨。三種類型的價格公式，說明如下：

一、資產不產生所得的期貨

　　資產不產生所得的期貨，例如：不支付股利的股票，或以零息債券為資產所衍生出來的期貨就屬於這種類型。除此以外，不考慮儲存成本 (storage costs)、便利率 (convenience yields)，或是儲存成本與便利率皆存在，卻彼此完全抵銷的商品期貨，也屬於資產不產生所得的期貨。

㈠不考慮儲存成本與便利率

　　為了便於推導期貨公式，以下透過例子加以說明。假設 4 月 1 日時，金融市場存在 7 月 1 日到期的橘汁期貨❶。橘汁現貨 4 月 1 日價格為每磅

---

❶　期貨的到期是以月份為基礎，是「到期月」而不是「到期日」。投資人 4 月購買 7 月到期的期貨時，持有該期貨到最後，到期日也不必然是 7 月 1 日。期貨交易所選擇持有該契約最久且願意交割的投資人，先進行交割後，再以相同原則，從持有契約第二久的投資人依序交割。因此，投資人就算選擇透過期貨契約買賣商品，在 4 月時也沒辦法確定是 7 月的第幾天才能完成交易，此現象造成期貨評價的困難。為了解決這種問題，所以 7 月到期的期貨，我們假設 7 月 1 日進行交割。

0.6 美元，且未來三個月的無風險年利率為 5%，在不考慮儲存成本與便利率時，4 月 1 日的期貨價格應如何估算？

　　為回答上述問題，在此採用無套利 (no arbitrage) 觀點進行估算期貨價格。假設投資人在 4 月 1 日時，以無風險利率向他人借 0.6 美元購買橘汁 1 磅後，再持有橘汁賣出期貨。7 月 1 日時，投資人依期貨當初議訂的價格出售橘汁再還錢給債權人。這項投資行為，表達於圖 13.1。

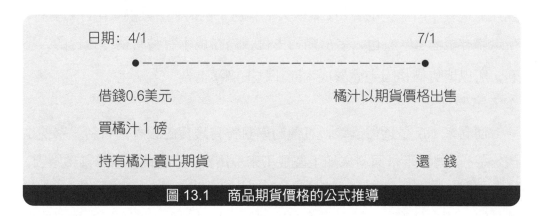

日期：4/1　　　　　　　　　　　　　　　　　　　7/1

借錢0.6美元　　　　　　　　　　　橘汁以期貨價格出售

買橘汁 1 磅

持有橘汁賣出期貨　　　　　　　　　　　　　　　還　錢

圖 13.1　　商品期貨價格的公式推導

　　假設市場套利機會不存在，7 月 1 日到期的橘汁期貨在 4 月 1 日的價格 $(F_{7/1}, F_{t_2})$，等於橘汁現貨 4 月 1 日的價格 $(S_{4/1}, S_{t_1})$，乘上自然對數的底數 (e) 之無風險利率 (r) 與時間 (T) 的乘積次方。資產不會產生所得的期貨價格，計算以公式 (13–1) 表達於下方：

$$F_{t_2} = S_{t_1} \times e^{r \times T} \tag{13–1}$$

　　公式中的無風險利率以「年」表示，所以期貨的存續期間也用「年」為基準。實際應用時，就像上述無風險年利率為 5% 時，相對應的時間為 0.25 年，等於期貨存續期間三個月除上一年的十二個月 (3/12)。

　　套利機會不存在時，投資人在 7 月 1 日將無利可圖。換句話說，依期貨價格出售橘汁而獲得的現金，剛好等於還給債權人的錢。連續複利之下，

投資人連本帶利需償還的金額為 0.6075 美元 (= 0.6 × $e^{r \times T}$ = 0.6 × $e^{0.05 \times 3/12}$)。

㈡考慮儲存成本與便利率

1.考慮儲存成本

公式 (13–2) 考慮商品期貨的儲存成本與便利率，儲存成本意指存貨在儲存的過程中所發生的費用。就像人們租房子的時候，房租需在月初支付，所以儲存成本 (U_{t_1}) 也大多於期初支付。儲存成本對持有橘汁現貨的人不利，所以期貨價格因考慮該成本而「往上調漲」。

2.考慮便利率

便利率 (y) 是逐日計算，且便利率對持有現貨的投資人有利。舉例來說：統一公司用玉米原料來加工製成玉米食用油。假設現在基於某種原因，造成臺灣人對玉米食用油的需求大增，那麼統一公司庫存的玉米原料愈多，將其製造成商品後，就能獲得愈多的利潤。這就是統一持有玉米原料的便利，我們將這種便利轉化成年率後，就稱為便利率。因此，期貨價格考慮便利率後，需在無風險利率的部分「往下調降」。

考慮儲存成本與便利率的商品期貨契約，其價格計算以公式 (13–2) 表達於下方：

$$F_{t_2} = (S_{t_1} + U_{t_1}) \times e^{(r-y) \times T} \tag{13–2}$$

 ## 二、資產於特定時間產生特定所得的期貨

債券期貨又稱為利率期貨 (interest rate futures)，是以債券為基礎而衍生的期貨。債券於存續期間中，大多按照既定時間（例如：間隔六個月）支付利息。因此，債券期貨屬於資產在特定時間產生特定所得的期貨。

　　為了推導債券期貨的價格公式，假設金融市場存在一個還剩三年才到期的債券，並由此債券而衍生出一年到期的債券期貨。

　　債券的存續期間必須大於債券期貨的存續期間。理由是債券期貨到期時，必須債券還存在於市場，才有進行交割的可能。當債券存續期間小於期貨存續期間時，投資人將會於期貨到期時，面臨沒有現貨可以交割的困境。

　　債券面額 100,000 元、今天市價 95,000 元、債券的市場年利率 10%、票面年利率 8%、半年付息一次。已知未來六個月的無風險年利率 4%、十二個月的無風險年利率 5%，則該期貨在今年 1 月 5 日的價格，應如何估算？

　　為了回答上述問題，假設 1 月 5 日時，投資人以一年到期的無風險利率向他人借錢購買一張債券 (S_{t_1}) 後，再持有該債券的賣出期貨。7 月 1 日時，投資人獲得債券利息 4,000 元。12 月 31 日時，投資人除了獲得債券利息 4,000 元外，債券依期貨當初的議訂價格出售，再還錢給債權人。此投資行為表達於圖 13.2。

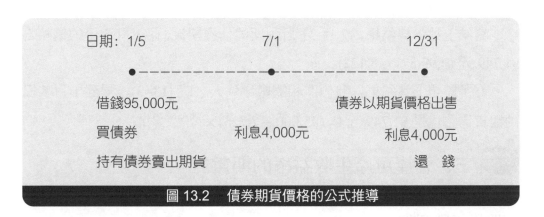

圖 13.2　債券期貨價格的公式推導

　　市場套利機會不存在時，投資人在 12 月 31 日將無利可圖。換句話說：投資人還給債權人的錢 ($S_{t_1} e^{r \times T}$)，等於債券依期貨價格而出售的所得 (F_{t_2}) 再

加上債券利息在 12 月 31 日當天的未來值 $(I_{t_1}e^{r\times T})$，即 $S_{t_1}e^{rT}=F_{t_2}+I_{t_1}\times e^{r\times T}$。

上述等式經過移項與簡化後，12 月 31 日到期的債券期貨在 1 月 5 日的價格 $(F_{12/31}, F_{t_2})$，等於債券 1 月 5 日的價格 $(S_{1/5}, S_{t_1})$ 扣掉債券利息現值 (I_{t_1}) 後，乘上自然對數的底數 (e) 之無風險利率 (r) 與時間 (T) 的乘積次方，以公式 (13–3) 表達於下方：

$$F_{t_2} = (S_{t_1} - I_{t_1}) \times e^{r \times T} \qquad\qquad (13\text{--}3)$$

根據上式，投資人在 12 月 31 日時，應償還債權人的金額係依據債券 1 月 5 日的市價 (S_{t_1}) 95,000 元，隨著無風險利率而調升到 12 月 31 日的本利和 $(S_{t_1}e^{r\times T})$ 為 99,871 元 $(= 95,000 \times e^{0.05 \times 12/12})$。

除此以外，債券共支付兩次利息，債券利息 1 月 5 日的現值 (I_{t_1}) 為 7,726 元，等於 7 月 1 日利息的折現值 3,921 元 $(= 4,000 \times e^{-0.04 \times 6/12})$ 加上 12 月 31 日利息的折現值 3,805 元 $(= 4,000 \times e^{-0.05 \times 12/12})$。

因此，債券 1 月 5 日利息現值 (I_{t_1}) 在 12 月 31 日的未來值等於 8,122 元 $(= 7,726 \times e^{0.05 \times 12/12})$。

總結上述計算結果，12 月 31 日到期的債券期貨，在 1 月 5 日的價格為 91,749 元 $(= 99,871 - 8,122)$。

為了驗證上述結果，我們將相關數字代入公式 (13–3)，得到 1 月 5 日的期貨價格也是 91,749 元 $(= (95,000 - 7,726) \times e^{0.05 \times 12/12})$。

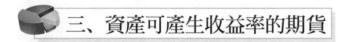

三、資產可產生收益率的期貨

(一)股價指數期貨

股價指數期貨 (stock index futures) 是以股價指數為基礎而衍生的期

貨。投資人購買股價指數基金時，賺取的股利是以平
均股利率計算。而股利率是收益率的一種，所以股價
指數期貨屬於資產可產生收益率的期貨。

　　為了推導股價指數期貨的價格公式，假設金融市
場於 3 月 1 日時，存在六個月到期的股價指數期貨。
未來六個月的無風險年利率 4%，指數基金的股利年
收益率 2%。已知該指數在 3 月 1 日為 5,000 點，則該
期貨契約在當天的價格，應如何估算？

　　為回答上述問題，假設 3 月 1 日時，投資人以六個月到期的無風險利
率向他人借錢購買股價指數基金，再持有指數的賣出期貨。9 月 1 日時，指
數基金依期貨原先的議訂價格出售，再還錢給債權人。這項投資行為，表
達於圖 13.3。

　　投資人購買基金後，因為基金能賺取股利，所以 9 月 1 日透過期貨而
出售一單位基金所獲得的錢，會大於 3 月 1 日購買時所支付一單位基金的
金額。

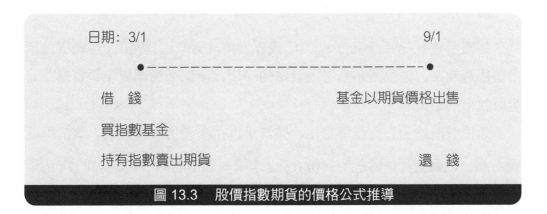

圖 13.3　股價指數期貨的價格公式推導

　　更準確地說，投資人在 3 月 1 日的借錢金額，等於指數基金在當天的
指數點數 (S_{t_1}) 乘上自然對數的底數 (e) 之負股利率 $(-q)$ 與時間 (T) 的乘積
次方。

市場套利機會不存在時，上述投資在 9 月 1 日將無利可圖。換句話說，依期貨價格出售指數基金所得到的現金，必須等於還給債權人的錢。以公式表達計算方法時，9 月 1 日到期的股價指數期貨，在 3 月 1 日的點數 $(F_{9/1}, F_{t_2})$，等於指數基金在 3 月 1 日的點數 $(S_{3/1}, S_{t_1})$，乘上自然對數的底數 (e) 之無風險利率 (r) 與時間 (T) 的乘積次方，再乘上自然對數的底數之負股利率 (−q) 與時間 (T) 的乘積次方，以公式 (13−4) 表達於下方：

$$F_{t_2} = S_{t_1} \times e^{(r-q) \times T} \tag{13−4}$$

連續複利下，9 月 1 日投資人連本帶利需償還的點數為 5,050 點 (= $5,000 \times e^{(r-q)T} = 5,000 \times e^{(0.04-0.02) \times 6/12}$)。再乘以每點換算的貨幣金額計價。臺灣指數期貨的金額計算，是期貨的點數乘上新臺幣 200 元。本例的指數期貨點數為 5,050 點，則投資人需償還的金額等於新臺幣 1,010,000 元 (= $5,050 \times 200$)。

(二)外幣期貨

外幣期貨 (currency futures) 中，投資人持有另一國貨幣時，可賺取該國的無風險利率。無風險利率是收益率的一種，所以外幣期貨也是資產可產生收益率的期貨。

類似於上述的公式推導方法，外幣期貨在今天的匯率 (F_{t_2})，等於即期匯率 (S_{t_1})，乘上自然對數的底數 (e) 之本國無風險利率 (r) 與時間 (T) 的乘積次方，再乘上自然對數的底數之外國無風險利率 $(-r_f)$ 與時間 (T) 的乘積次方，以公式 (13−5) 表達於下方：

$$F_{t_2} = S_{t_1} \times e^{(r-r_f) \times T} \tag{13−5}$$

上述公式為國際財務管理 (multinational financial management) 的重要公式，又稱為利率平價關係 (interest rate parity relationships)。應用例子說明如下：

假設兩年到期的公債市場年利率中，英國是 4%、美國是 3%；並且，英鎊與美元的即期匯率為 1 英鎊換 2 美元。兩年到期的英鎊期貨價格，在今天是 1 英鎊換 1.96 美元 $(= 2 \times e^{(0.03-0.04) \times 2})$。

上述計算結果，代表英國的市場利率雖然現在比美國高，造成短期來說，投資人比較偏好投資英國公債；但是從長期角度來看，英鎊將在未來貶值，因為英鎊在兩年後到期的期貨價格，低於現在的即期匯率。

第三節　期貨運用策略

期貨的運用策略有三大類型，分別是：避險 (hedging)、投機 (speculation) 與套利 (arbitrage)。避險的投資策略，代表投資人購買某項資產後，該資產在未來的報酬 (payoffs)，可抵銷原有資產的持有風險。

相對來說，投機者透過期貨的持有，希望獲得比現貨資產更多的投資報酬率；套利的行為則是投資人透過買空賣空的方式，在不承受風險的前提下，賺取利潤。

為了解釋避險、投機與套利，本節延續前述橘汁期貨的例子，加以說明。

 **一、避　險**

㈠從農產品生產者的角度，探討避險策略

假設農夫於 4 月 1 日時，預估橘子 7 月收成後，可產生橘汁 30,000 磅。他擔心將來的橘汁價格變動，造成獲利改變，決定現在持有兩口 7 月 1 日

到期的橘汁賣出期貨。7 月 1 日到期的橘汁期貨，每口契約 15,000 磅，4 月 1 日的期貨開盤價為每磅 0.6075 美元。

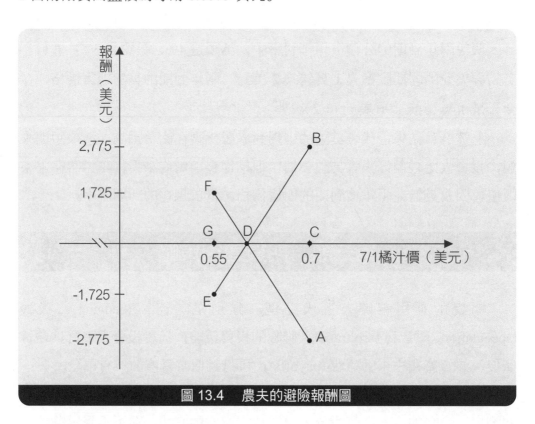

圖 13.4　農夫的避險報酬圖

1. 現貨價格高於期貨開盤價

　　當農夫採用避險即忘 (hedge and forget) 策略時，代表他持續地維持期貨部位到 7 月。7 月 1 日的橘汁現貨價格為每磅 0.7 美元時，期貨賣出部位造成農夫損失 2,775 美元 (= (0.6075 − 0.7) × 15,000 × 2)。理由在於農夫持有期貨賣出契約，造成市價 0.7 美元的橘汁，只能依契約的 0.6075 美元價格出售，如圖 13.4 的 A 點所示。

　　另方面來說，「相較於」期貨在 4 月 1 日的期貨開盤價 0.6075 美元，農夫持有的橘汁現貨，在 7 月 1 日因為現貨價格上漲而獲利 2,775 美元 (= (0.7 − 0.6075) × 15,000 × 2)，如圖 13.4 中 B 點。

　　本例中的農夫，在擁有橘汁現貨的同時，也持有橘汁賣出期貨，所以

「相較於」期貨在 4 月 1 日的開盤價 0.6075 美元，農夫所得到的總報酬為 0 (= 2,775 − 2,775)，如圖 13.4 中 C 點。

2. 現貨價格低於期貨開盤價

探討了 7 月 1 日的橘汁現貨價格，高於 4 月 1 日的期貨開盤價 0.6075 美元後，接著比較 7 月 1 日的橘汁現貨價格，低於 4 月 1 日開盤價的情況。

假設 7 月 1 日的橘汁現貨價格為每磅 0.55 美元，期貨賣出部位造成農夫獲利 1,725 美元 (= (0.6075 − 0.55) × 15,000 × 2)。理由在於農夫持有期貨賣出契約，造成市價 0.55 美元的橘汁，可依契約的 0.6075 美元價格出售，如圖 13.4 中 F 點。

另方面來說，「相較於」期貨在 4 月 1 日的開盤價 0.6075 美元，農夫持有橘汁現貨時，7 月 1 日因為現貨價格下跌而損失 1,725 美元 (= (0.55 − 0.6075) × 15,000 × 2)，如圖 13.4 中 E 點。

本例的農夫有橘汁現貨，也有橘汁賣出期貨，所以「相較於」期貨在 4 月 1 日的開盤價 0.6075 美元，農夫的總報酬為 0 (= 1,725 − 1,725)，如圖 13.4 中 G 點。

最後，7 月 1 日的橘汁現貨價格，剛好等於 4 月 1 日的期貨開盤價 0.6075 美元時，則「相較於」期貨在 4 月 1 日的開盤價，農夫持有期貨賣出契約、以及橘汁現貨的報酬都分別等於 0。因此，持有此兩種資產的淨效果也是 0，如圖 13.4 中 D 點所示。

3. 農夫賣出期貨的報酬線

連結圖中 ADF 三點而形成的直線，稱為橘汁賣出期貨的報酬線，此線代表相對於 4 月 1 日的期貨開盤價 0.6075 美元，在 7 月 1 日的各種橘汁現貨價格下，橘汁賣出期貨的相對應報酬。

4. 農夫持有現貨的報酬線

另方面來說，連結圖中 BDE 三點而形成的直線，稱為持有橘汁現貨的報酬線，此線代表相對於 4 月 1 日的期貨開盤價 0.6075 美元，7 月 1 日的各種橘汁現貨價格下，橘汁現貨的相對應報酬。

5.農夫同時持有現貨與期貨的總報酬線

最後，連結圖中 CDG 三點而形成的直線，代表相對於 4 月 1 日的期貨開盤價 0.6075 美元，農夫同時持有橘汁現貨與期貨的總報酬線。因為總報酬為水平直線，代表不論 7 月 1 日的橘汁現貨價格如何改變，農夫都可用每磅 0.6075 美元出售橘汁 30,000 磅。

此時，農夫持有橘汁現貨後，在 7 月 1 日面臨的橘汁價格變動風險，就因持有兩口橘汁賣出期貨而消除。因此，對於農夫來說，持有橘汁賣出期貨就是一項避險的投資行為。

㈡從商人的角度，探討避險策略

除了從生產橘汁的農夫角度探討避險策略外，我們也可從需求橘汁的商人角度說明其避險策略。假設商人在 4 月 1 日時，預估 7 月要購買橘汁 30,000 磅，加工製成碳酸飲料後轉賣給消費者。

商人擔心將來的橘汁價格變動造成成本改變，決定現在持有兩口 7 月到期的橘汁買入期貨，且期貨價格為每磅 0.6075 美元。商人採用避險即忘策略，表示他將維持期貨部位的持有到 7 月。

1.現貨價格高於期貨開盤價

7 月 1 日的橘汁現貨價格為每磅 0.7 美元時，期貨買入部位造成商人獲利 2,775 美元 (=(0.7-0.6075) × 15,000 × 2)。理由在於商人持有期貨買入契約，造成市價 0.7 美元的橘汁，能依契約的 0.6075 美元價格買入，如圖 13.5 的 I 點所示。

另方面來說，「相較於」4 月 1 日的期貨開盤價 0.6075 美元，商人對橘汁現貨的短缺部位 (short position)，在 7 月 1 日因為現貨價格上漲而損失 2,775 美元 (= (0.6075 - 0.7) × 15,000 × 2)，如圖 13.5 中 H 點。

因為商人擁有橘汁賣出期貨的同時，也有橘汁現貨的短缺部位，所以「相較於」4 月 1 日的期貨開盤價 0.6075 美元，商人的總報酬為 0 (= 2,775 - 2,775)，如圖 13.5 中 J 點。

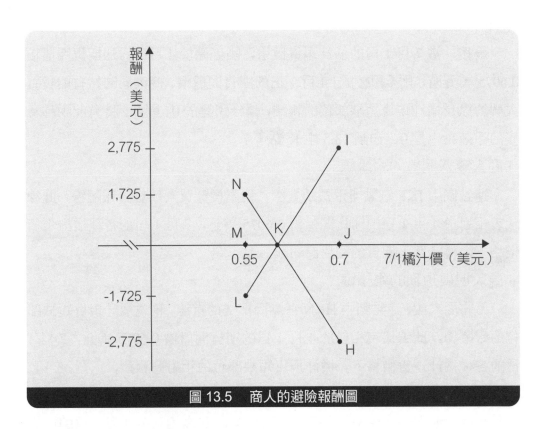

圖 13.5　商人的避險報酬圖

2.現貨價格低於期貨開盤價

　　探討了 7 月 1 日的橘汁現貨價格，高於 4 月 1 日期貨開盤價 0.6075 美元後，接著比較 7 月 1 日的橘汁現貨價格低於 4 月 1 日開盤價的情況。

　　假設 7 月 1 日的橘汁現貨價格為 0.55 美元時，期貨買入部位造成商人損失 1,725 美元 (= (0.55−0.6075) × 15,000 × 2)。理由在於商人持有期貨買入契約，造成市價只有 0.55 美元的橘汁，必須依契約的 0.6075 美元價格買入，如圖 13.5 中 L 點。

　　另方面來說，「相較於」4 月 1 日的期貨開盤價 0.6075 美元，商人的橘汁現貨短缺部位，在 7 月 1 日因為現貨價格下跌而獲利 1,725 美元 (= (0.6075 − 0.55) × 15,000 × 2)，如圖 13.5 中 N 點。

　　本例的商人持有橘汁買入期貨，也有橘汁現貨短缺部位，所以「相較於」4 月 1 日的期貨開盤價 0.6075 美元，商人的總報酬為 0 (= 1,725 −

1,725)，如圖 13.5 中 M 點。

最後，當 7 月 1 日的橘汁現貨價格，剛好等於 4 月 1 日的期貨開盤價 0.6075 美元時，則「相較於」4 月 1 日的期貨開盤價，商人同時持有期貨買入契約以及橘汁現貨短缺部位的報酬，都分別等於 0。因此，持有此兩種資產的淨效果也是 0，如圖 13.5 中 K 點所示。

3. 商人買入期貨的報酬線

連結圖中 IKL 三點所形成的直線，稱為橘汁買入期貨的報酬線，此線代表相對於 4 月 1 日的期貨開盤價 0.6075 美元，7 月 1 日的各種橘汁現貨價格下，橘汁買入期貨的相對應報酬。

4. 商人現貨短缺的報酬線

另方面來說，連結圖中 HKN 三點而形成的直線，稱為橘汁現貨短缺部位的報酬線，此線代表相對於 4 月 1 日的期貨開盤價 0.6075 美元，7 月 1 日的各種橘汁現貨價格下，橘汁現貨短缺部位的相對應報酬。

5. 商人同時持有期貨與現貨的總報酬線

最後，連結圖中 JKM 三點而形成的直線，代表相對於 4 月 1 日的期貨開盤價 0.6075 美元，商人同時持有橘汁期貨與現貨短缺的總報酬線。因為總報酬線為水平直線，表示不論 7 月 1 日的橘汁現貨價格如何改變，商人都可用每磅 0.6075 美元的價格，買入橘汁 30,000 磅。

此時，橘汁現貨短缺部位所面臨的價格變動風險，就因持有兩口橘汁買入期貨而消除。因此，對於商人來說，持有橘汁買入期貨，就是一項避險的投資行為。

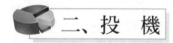

二、投　機

假設現在時間是 4 月 1 日，橘汁現貨價格為每磅 0.6 美元。市場存在 7 月到期的橘汁期貨，開盤價為每磅 0.6075 美元，合約每口 15,000 磅，且每口保證金為 1,000 美元。

投機者現有 9,000 美元，他預估 7 月的橘汁現貨價格，將上漲為每磅

0.7 美元，表 13.4 以他在 7 月 1 日的總財富角度，比較他於 4 月 1 日採用的兩種投機策略，分別是：購買橘汁現貨，以及持有橘汁買入期貨。

㈠投機策略：購買現貨

就購買橘汁現貨的策略來看，9,000 美元可購買橘汁 15,000 磅 (= 9,000/0.6)。7 月 1 日的橘汁現貨價格上漲為每磅 0.7 美元時，則投機者在當天的總財富膨脹為 10,500 美元 (= 15,000 × 0.7)。

相類似的計算方式，7 月 1 日的橘汁現貨價格下跌為每磅 0.5 美元時，該投機者的總財富縮水成 7,500 美元 (= 15,000 × 0.5)。

㈡投機策略：買入期貨

就持有橘汁買入期貨的策略來看，9,000 美元當保證金時，可持有九口期貨契約。

7 月 1 日的橘汁現貨價格上漲為每磅 0.7 美元時，該投機者在當天的總財富膨脹為 21,488 美元 (= 9,000 + 9 × 15,000 × (0.7 − 0.6075))。

本例的計算過程中，9,000 美元保證金屬於投機者的財富，因為期貨到期後，保證金仍會退還。除此以外，買入期貨的損益計算，等於 7 月 1 日的現貨價格扣掉 4 月 1 日期貨價格後，再乘上九倍的合約磅數，計算而得。

相類似的計算方式，7 月 1 日的橘汁現貨價格下跌為每磅 0.5 美元時，該投機者不但將原先的 9,000 美元保證金都賠光，當天總財富還縮水成負債 5,513 美元 (= 9,000 + 9 × 15,000 × (0.5 − 0.6075))。

表 13.4　橘汁期貨投機策略下的總財富

單位：美元

現貨價格	0.4	0.5	0.6	0.7	0.8
購買現貨	6,000	7,500	9,000	10,500	12,000
買入期貨	−19,013	−5,513	7,988	21,488	34,988

說明：上述現貨價格為 7 月 1 日的橘汁價格，每磅以美元為單位。

㈢投資策略之比較

當投機者，比較表 13.4 的兩種策略時，發現未來的橘汁現貨價格會上漲且上漲幅度很大，則持有橘汁買入期貨的策略較佳。理由在於持有期貨契約只要交保證金，而九口期貨契約相當於橘汁 135,000 磅 (= 15,000 × 9) 的損益，所以橘汁現貨價格「真的上漲」時，總財富膨脹的速度就很快。

相對來說，投機者認為橘汁現貨的價格，「應該」在未來上漲，但是也有大跌的可能時，則購買橘汁現貨的策略或許會比較保險。

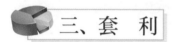

三、套　利

本章第二節介紹橘汁期貨的價格公式時，假設 4 月 1 日的金融市場，存在 7 月 1 日到期的橘汁期貨。橘汁現貨 4 月 1 日價格為每磅 0.6 美元，且未來三個月的無風險年利率為 5%，在不考慮儲存成本與便利率時，該期貨契約的 4 月 1 日價格，根據公式 (13–1)，應等於每磅 0.6075 美元。

上述價格為無套利機會下的均衡價格，當市場價格偏離均衡價格時，套利者就會進入市場，並在賺取無風險利潤的同時，使期貨的市場價格趨近於均衡價格。以下針對期貨市場價格高於以及低於均衡價格的兩種情況，分別說明套利策略。

㈠期貨市場價格高於均衡價格

當橘汁期貨價格為每磅 0.65 美元，高於均衡價格 0.6075 美元時，套利者選擇在 4 月 1 日持有橘汁賣出期貨。因為持有這一部位後，將來就可用「比較高」的價格，出售橘汁現貨。對於套利者來說，他擅長用「買空賣空」的方式獲利。例如在持有期貨賣出契約的同時，也透過借錢 0.6 美元進行購買橘汁現貨 1 磅。這項套利行為，表達於圖 13.6。

7 月 1 日時，套利者的橘汁現貨以期貨價每磅 0.65 美元出售，扣掉還給債權人的本利和 0.6075 美元 $(= 0.6 \times e^{r \times T} = 0.6 \times e^{0.05 \times 3/12})$ 後，每磅橘汁

獲利 0.0425 美元 (= 0.65 − 0.6075)。

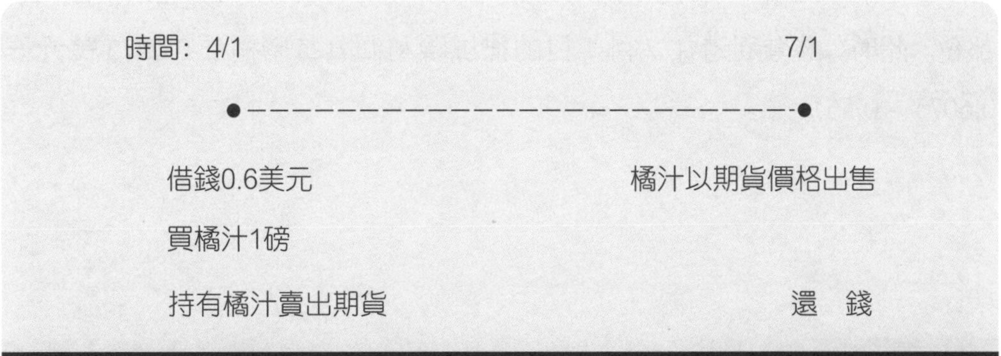

圖 13.6　橘汁賣出期貨的套利

㈡期貨市場價格低於均衡價格

　　說明了期貨市價高於均衡價格的情況後，接著探討期貨市價偏低的套利策略。假設 4 月 1 日的橘汁期貨價格為每磅 0.55 美元，低於均衡價格 0.6075 美元時，套利者選擇在 4 月 1 日持有橘汁買入期貨。因為持有這一部位後，將來就可用「比較低」的價格，購買橘汁現貨。

　　對於套利者來說，他持有期貨買入契約的同時，也融賣 (short sale)1 磅的橘汁現貨，並將所得 0.6 美元購買國庫券，以賺取無風險利率。此處的「融賣」，指套利者在 4 月 1 日向他人「借橘汁 1 磅後賣出」，並在 7 月 1 日到市場購買橘汁 1 磅還給對方，以結清融賣部位。此套利行為，表達於圖 13.7。

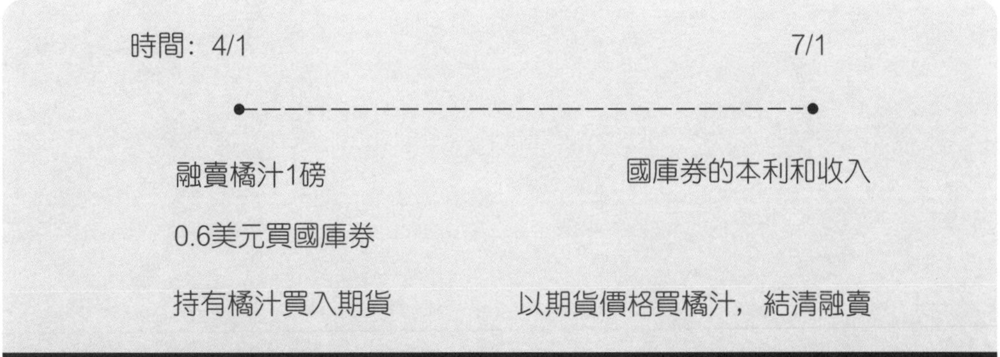

圖 13.7　橘汁買入期貨的套利

7 月 1 日時，套利者的國庫券本利和為 0.6075 美元 $(= 0.6 \times e^{r \times T} = 0.6 \times e^{0.05 \times 3/12})$。除此以外，他依據期貨契約用 0.55 美元買橘汁，並結清融賣的部位。此時，該套利者在 7 月 1 日的無風險利潤為每磅橘汁 0.0575 美元 $(= 0.6075 - 0.55)$。

本章習題

一、單選題

( ) 1.下列何者不是期貨契約的特色? (A)絕大部分會交割 (B)逐日結算損益 (C)標準化契約 (D)交割日期為交割月。

( ) 2.假設 3 月 1 日時,金融市場存在 9 月 1 日到期的橘汁期貨。橘汁現貨在 3 月 1 日的價格為每磅 0.5 美元,且未來六個月的無風險年利率為 4%。在不考慮儲存成本與便利率,且沒有套利機會存在的前提下,3 月 1 日的期貨價格應為每磅多少美元? (A) 0.49 (B) 0.51 (C) 0.53 (D) 0.55。

( ) 3.已知金融市場存在一張半年到期的債券期貨。債券面額為 100,000 元,今天市價 110,000 元。債券市場年利率 8%,票面利率 10%,半年付息一次。已知未來六個月的無風險年利率為 5%,在套利機會不存在的前提下,該債券期貨的今天價格,最接近下列哪一個答案? (A) 103,000 (B) 108,000 (C) 110,000 (D) 112,000。

( ) 4.假設金融市場於 4 月 1 日時,存在三個月到期的股價指數期貨。未來三個月的無風險年利率為 7%,指數基金的股利年收益率為 3%。已知該指數在 4 月 1 日為 7,000 點,則在沒有套利機會存在的前提下,該指數期貨在 4 月 1 日的價格,最接近下列哪一個答案? (A) 7,200 (B) 7,120 (C) 7,070 (D) 7,040。

( ) 5.下列何者不是期貨的運用策略? (A)避險 (B)投機 (C)套利 (D)分散風險。

二、簡答題

1.何謂衍生性金融商品?

2.請說明金融市場的兩大類型衍生性金融商品。

3.期貨是什麼? 請說明。

4. 選擇權是什麼？請說明。

5. 期貨交易最早源自於何時？何地？

6. 何謂期貨契約的「逐日結算」？

7. 請從契約標準化、契約是否在交易所交易、信用風險、結算時點、特定交割日、交割可能等方面，比較期貨與遠期契約。

8. 對於需要購買農產品的商人來說，應如何透過期貨契約避險？

9. 對於生產農產品的農夫來說，應如何透過農產品期貨契約避險？

10. 期貨價格的計算公式中，依契約資產是否能產生所得，區分成三大類型，請說明。

11. 假設 3 月 1 日時，金融市場存在 9 月 1 日到期的橘汁期貨。橘汁現貨 3 月 1 日價格為每磅 0.5 美元，且未來六個月的無風險「年」利率為 5%，在不考慮儲存成本與便利率的前提下，請計算 3 月 1 日的期貨價格。

12. 假設金融市場於 4 月 1 日時，存在三個月到期的股價指數期貨。未來三個月的無風險年利率 5%，指數基金的股利年收益率 3%。已知指數在 4 月 1 日的點數為 6,000，請計算該期貨契約在 4 月 1 日的價格。

13. 假設三年到期的公債市場年利率，英國是 3%、美國是 5%；並且，英鎊與美元的即期匯率為 1 英鎊換 1.5 美元。請計算兩年到期的英鎊期貨在今天的價格。

14. 請說明期貨運用的三大策略。

15. 何謂期貨的避險投資策略？請說明。

CHAPTER 14

選擇權

◆ 第一節　選擇權市場運作

◆ 第二節　選擇權評價

◆ 第三節　選擇權運用策略

選擇權是一種協定，投資人支付權利金 (premium) 購買後，可於未來特定期間用預先議訂的價格，在對自己有利的情況下，「選擇」買入或賣出特定資產。至於取得權利金的投資人，則須承擔選擇權被執行後所造成的損失。

本章專注於選擇權的介紹，內容有三小節。第一節簡介選擇權市場的運作，第二節探討選擇權價格。最後，第三節說明選擇權的運用策略。

第一節　選擇權市場運作

西方的選擇權市場建立，晚於期貨市場。全世界的標準化選擇權契約，開始於 1973 年的芝加哥選擇權交易所 (Chicago Board Options Exchange, CBOE)。現在常見的選擇權交易標的物，包含：普通股、股價指數、外匯、農產品、貴金屬與利率。

選擇權的「標準化」與第十三章的期貨相似，舉例來說：依選擇權而交割的橘汁，在等級、合約磅數、糖度、糖度對酸度比值等方面，都有嚴格的規範。

一、依據能否提前執行權利區分

選擇權依據能否提前執行，區分成：歐式選擇權 (European options) 與美式選擇權 (American options)。

㈠歐式選擇權

歐式選擇權必須等到選擇權的到期月時，才有選擇執行的權利。

㈡美式選擇權

美式選擇權是在選擇權的存續期間中，都可選擇執行。因為美式選擇權的選擇時點多於歐式選擇權，所以當標的資產、履約價格、到期月份等條件都相等時，美式選擇權的權利金也比較高。

二、依據「買」或「賣」標的資產區分

選擇權可以從「買」或「賣」標的資產，分成：買權 (call options) 與賣權 (put options)。以下依據選擇權持有部位之不同，透過報酬線與利潤線的圖形，比較：買權買方 (call buyers)、買權賣方 (call writers)、賣權買方 (put buyers) 與賣權賣方 (put writers)。

㈠買權買方

買權買方「支付權利金」後，可在未來對自己有利的情況下「主動」選擇執行契約，用事先議訂的價格「購買」特定數量的商品。

假設現在時間是 4 月 1 日，橘汁現貨每磅 0.6 美元。橘汁選擇權的九月美式買權，執行價 (strike price) 0.55 美元，買權價格（等於權利金）為每磅 0.06 美元，且每口合約 15,000 磅。

本例的買權立刻執行時，可用 0.55 美元購買市價 0.6 美元的橘汁現貨，所以 4 月 1 日的報酬 (payoffs) 為 0.05 美元 (=0. 6 – 0.55)。而此報酬等於買權的內含價值 (intrinsic value)。

1. 買權內含價值

買權內含價值的計算公式為：$C = \max(S_{t_1} - X, 0)$。

 ⑴價內 (in the money)

橘汁現貨價格 (S_{t_1}) 高於買權執行價 (X) 時，相減後的數值大於 0，買權內含價值為正值。

 ⑵價平 (at the money)

橘汁現貨價格等於買權執行價時，相減後的數值等於 0，買權內含價值等於 0。

 ⑶價外 (out of the money)

橘汁現貨價格低於買權執行價時，相減後的數值小於 0，買權內含價值為 0。

2.買權時間價值

買權價格除了有內含價值外，也有時間價值。時間價值產生的原因，在於買權現在不執行時，或許未來可得到更多報酬。本例的時間價值為 0.01 美元 (= 0.06 – 0.05)。

購買美式橘汁買權的買方於支付權利金後，就得到選擇的權利。7 月的橘汁現貨價格為每磅 0.65 美元時，執行價對買權買方有利，所以他選擇執行買權，然後用執行價 0.55 美元，購買當時市價 0.65 美元的橘汁。

此時選擇權得到的報酬 (payoffs) 為每磅 0.1 美元 (= 0.65 – 0.55)。至於扣掉權利金後的利潤 (profits) 是每磅 0.04 美元 (= 0.1 – 0.06)。

相對來說，7 月的橘汁現貨每磅 0.5 美元時，買權買方選擇放棄執行買權。當他需要購買橘汁現貨時，就用每磅 0.5 美元的「低價」到市場購買，而不以選擇權的執行價 0.55 美元購買橘汁。此時選擇權得到的報酬為 0，而利潤則是每磅損失 0.6 美元，代表權利金支付後，卻沒辦法從中得到任何報酬。買權買方的報酬線與利潤線，表達於圖 14.1。

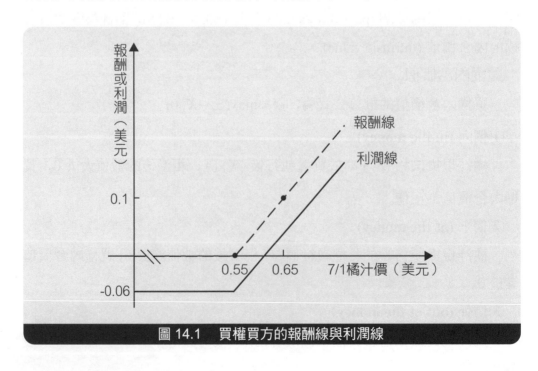

圖 14.1　買權買方的報酬線與利潤線

⑵買權賣方

買權賣方「取得權利金」後，當買權買方選擇執行契約時，買權賣方只能「被動」地配合買權買方的決定。買權在選擇權市場「成對」存在，也就是有兩口橘汁買入買權時，市場上就會同時產生兩口橘汁賣出買權。

選擇權透過交易所進行交易，買賣雙方不必見面、也不需認識，而且上述兩口橘汁賣出買權，可以是一人持有、兩人持有，或甚至是一人持有十口賣出買權的部分。

對於橘汁買權的賣方來說，他在 4 月 1 日賺到每磅橘汁 0.06 美元的「權利金」。除此以外，買權賣方必須繳交「保證金」，然後透過逐日結算的機制以避免違約風險產生。選擇權的逐日結算過程類似於第十三章介紹的期貨逐日結算，所以在此從略。

相對於買權賣方，買權買方支付權利金取得選擇的權利後，並沒有違約風險，所以買權買方不需繳交保證金，也不用逐日結算。

7 月的橘汁現貨價格為 0.65 美元時，買權買方選擇執行，造成買權賣方的報酬，變成每磅橘汁損失 0.1 美元 (= 0.55 – 0.65)。此時對買權賣方來說，他的利潤為每磅損失 0.04 美元 (= 0.06 – 0.1)。

此處買權賣方的利潤損失金額，等於買權買方賺取的利潤，所以選擇權雖然「成對」存在，在不考慮營業員費用與其他交易成本時，也屬於零和遊戲的一種。

說明了 7 月的現貨價格高於買權執行價後，接著探討現貨價格偏低的情況。假設 7 月的橘汁現貨每磅 0.5 美元時，買權買方選擇放棄執行買權。此時買權賣方的報酬為 0，而利潤則是每磅賺取 0.06 美元的權利金，如圖 14.2 所示。

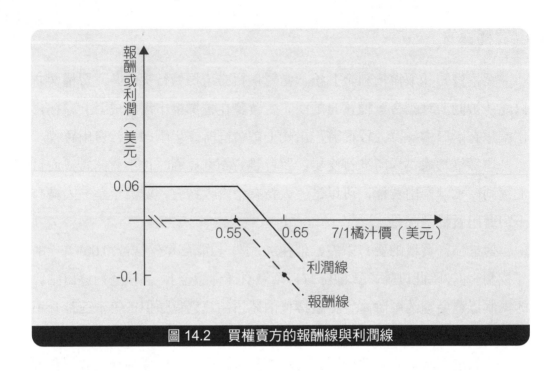

圖 14.2　買權賣方的報酬線與利潤線

㈢賣權買方

賣權買方「支付權利金」後，可在未來對自己有利的情況下，「主動」選擇執行契約，用事先議訂的價格，「賣出」特定數量的商品。

假設市場存在 9 月到期的橘汁美式賣權，4 月 1 日的橘汁現貨每磅 0.6 美元。執行價 0.55 美元，權利金 0.01 美元，且每口合約 15,000 磅。則持有美式橘汁的賣權買方，當他支付權利金後，就得到選擇的權利，能於未來賣出手上持有的橘汁現貨。

本例的賣權立刻執行時，可用 0.55 美元賣出市價 0.6 美元的橘汁現貨，所以賣權買方不會選擇執行。此時賣權的報酬等於 0，此報酬又稱為該賣權的內含價值。

1.賣權內含價值

賣權內含價值的計算公式為：$P = \max(X - S_{t_1}, 0)$。

⑴價　內

賣權執行價 (X) 高於橘汁現貨價 (S_{t_1}) 時，賣權內含價值為正值。

⑵價　平

賣權執行價等於橘汁現貨價時，賣權內含價值等於 0。

⑶價　外

賣權執行價低於橘汁現貨價時，賣權內含價值為 0。

2.賣權時間價值

賣權價格除了有內含價值外，也有時間價值。時間價值代表賣權不於現在執行時，或許在未來可得到更多報酬。本例的內含價值等於 0，所以賣權價格（權利金的金額）等於時間價值 0.01 美元。

7 月的橘汁現貨每磅 0.65 美元時，此價格對賣權買方不利，所以他選擇放棄執行，然後到現貨市場用市價 0.65 美元出售橘汁。此時選擇權的報酬為 0，而扣掉權利金後的利潤，則是每磅損失 0.01 美元。

相對來說，7 月的橘汁現貨每磅 0.5 美元時，賣權買方選擇執行賣權，並將橘汁現貨以執行價 0.55 美元出售。此時賣權的報酬為 0.05 美元 (= 0.55 – 0.5)。至於考慮權利金後的利潤，則縮減為 0.04 美元 (= 0.05 – 0.01)。賣權買方的報酬線與利潤線，表達於圖 14.3。

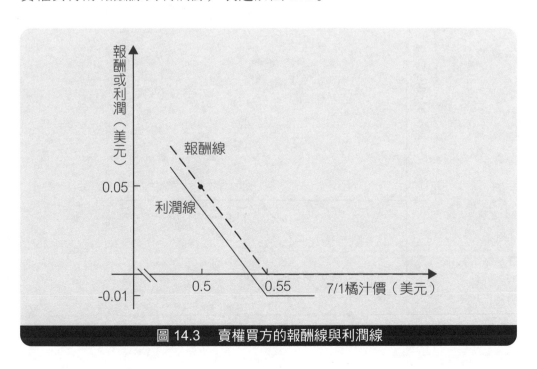

圖 14.3　賣權買方的報酬線與利潤線

㈣賣權賣方

賣權賣方「取得權利金」後，當賣權買方選擇執行契約時，賣權賣方只能「被動」地配合賣權買方的決定。賣權在選擇權市場也「成對」存在。賣權買方獲得每磅 0.01 美元的「權利金」後，也必須繳交「保證金」，然後透過逐日結算機制，以避免違約風險產生。

對於橘汁賣權的賣方來說，7 月的橘汁現貨每磅為 0.65 美元時，因為賣權買方放棄執行，而造成賣權賣方的利潤等於權利金 0.01 美元。此時賣權賣方的利潤損失金額，等於賣權買方賺取的利潤，所以是零和遊戲的一種。

說明了 7 月的橘汁現貨價格高於賣權執行價後，接著探討現貨價格偏低的情況。假設 7 月的橘汁現貨為每磅 0.5 美元，此時賣權買方選擇執行賣權，則賣權賣方每磅會損失 0.05 美元 (= 0.5 – 0.55)。至於利潤方面，則是每磅會損失 0.04 美元 (= 0.01–0.05)。賣權賣方的報酬線與利潤線，表達於圖 14.4。

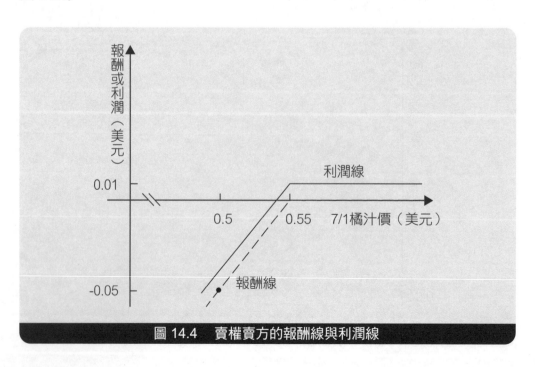

圖 14.4　賣權賣方的報酬線與利潤線

第二節　選擇權評價

選擇權的評價方法有兩種，包含：Black-Scholes 公式與二項樹 (binomial tree) 方法。布萊克、修斯與莫頓 (Black, Scholes and Merton) 等三人，大約在 1970 年代，推導出選擇權的評價方法❶，其中以 Black-Scholes 公式最著名。

修斯與莫頓兩人在選擇權理論發展的貢獻很大，而於 1997 年獲得諾貝爾經濟獎（布萊克在 1995 年過世而無緣得獎）。Black-Scholes 公式雖然容易使用，卻只能用於歐式選擇權的評價。

相對來說，二項樹的評價方法，則適用於所有選擇權的評價。缺點則是實際運用時，一般會將選擇權存續期間分割成三十個時間階段，在考慮約十億種 (2^{30}) 的可能情況後，才得知選擇權價格。此種計算方法相對於 Black-Scholes 公式，過於複雜。

以下針對兩種選擇權評價，說明公式與使用方法：

一、Black-Scholes 公式

Black-Scholes 模型在建立時，標的資產為股票。模型假設有六項，包含：⑴套利機會不存在。⑵證券交易不中斷。⑶投資者借入或貸出資金的利率等於無風險利率。⑷股票可任意分割，且不考慮稅與交易成本。⑸選擇權存續期間中，標的股票不發股利，且無風險利率維持不變。⑹股價走勢符合對數常態分配 (lognormal distribution)，且股價報酬率的期望值與波動率，在選擇權存續期間中，維持固定不變。

---

❶ 布萊克、修斯與莫頓在選擇權評價的文獻請參考：⑴ Black, F., and M. Scholes (1973), "The Pricing of Options and Corporate Liabilities," *Journal of Political Economy*, 81: 3, pp. 637–654.，⑵ Merton, R. (1973), "Theory of Rational Option Pricing," *Bell Journal of Economics and Management Science*, 4: 1, pp. 141–183.

㈠歐式買權

根據上述假設，歐式股票買權價格 (c)，與股票現在價格 (S_{t_1})、波動率 (σ)、選擇權執行價 (X)、無風險年利率 (r) 與選擇權存續期間 (T)，在 Black-Scholes 公式 (14–1) 中的關係，說明如下：

$$c = S_{t_1} \times N(d_1) - X \times e^{-r \times T} \times N(d_2)$$

$$\text{其中：} d_1 = \frac{\ln(S_{t_1}/X) + (r + \sigma^2/2) \times T}{\sigma\sqrt{T}}, d_2 = d_1 - \sigma\sqrt{T} \tag{14–1}$$

舉例來說：假設不支付股利的歐式股票買權，存續期間三個月。股票價格每股 20 元、波動率 0.24、執行價每股 21 元、無風險年利率 12%。

計算歐式買權價格時，首先計算 d_1 為 –0.0966(= [ln(20/21) + (0.12 + 0.24^2/2) × (3/12)]/(0.24 × $\sqrt{3/12}$))。接著計算 d_2 等於 –0.2166(= –0.0966 – 0.24 × $\sqrt{3/12}$)。

然後查附表的累積標準常態分配表，透過「內插法」估算 $N(d_1)$ 與 $N(d_2)$。經過查表後，得知：$N(-0.09) = 0.4641$、$N(-0.10) = 0.4602$、$N(-0.21) = 0.4168$、$N(-0.22) = 0.4129$。

則 $N(d_1)$ 等於 0.4615(= $N(-0.0966)$ = $N(-0.09)$ – 0.66 × [$N(-0.09)$ – $N(-0.10)$] = 0.4641 – 0.66 × (0.4641 – 0.4602))。

$N(d_2)$ 等於 0.4142(= $N(-0.2166)$ = $N(-0.21)$ – 0.66 × [$N(-0.21)$ – $N(-0.22)$] = 0.4168 – 0.66 × (0.4168 – 0.4129))。

將 $N(d_1)$ 與 $N(d_2)$ 的數值代入公式 (14–1) 後，歐式買權價格 (c) 等於 0.7889(= 20 × 0.4615 – 21 × $e^{-0.12 \times 3/12}$ × 0.4142)。

㈡歐式賣權

介紹了歐式買權的 Black-Scholes 公式運用後，接著說明歐式賣權價格

(*p*) 的公式。為了簡單起見，一般透過歐式買賣權恆等式 (put-call parity formula)，估算歐式賣權價格。

恆等式中的歐式買權價格 (*c*)、賣權價格 (*p*)、與股票現在價格 (S_{t_1})、選擇權執行價 (*X*)、無風險年利率 (*r*)、以及存續期間 (*T*) 之關係，說明如下：

$$c + X \times e^{-r \times T} = p + S_{t_1} \tag{14-2}$$

相關資料代入公式 (14-2) 後，得知歐式賣權價格 (*p*) 為 1.1683(= $0.7889 + 21 \times e^{-0.12 \times 3/12} - 20$)。

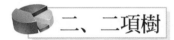

二、二項樹

二項樹 (two steps binomial tree) 評價方法，將選擇權的存續期間切割，先計算標的資產於各切割時點的價格,再考慮相對應時點的選擇權價格後,才用折現方法計算選擇權的現在價格。

估算標的資產價格時,每個時點只考慮往上與往下各一種可能(二項),且類似於決策樹 (decision tree) 圖形分析方法，所以稱為二項樹❷。

圖 14.5 為一階段的二項樹 (one step binomial tree)，用來說明估算價格時所使用的公式。假設不支付股利的股票，現在時間價格為 S_{t_1}、波動率 *σ*、時間間隔為 *t*。

下階段上升股價 (S_u) 的上升倍數 (*u*)，等於自然對數的底數 (*e*) 之波動率與時間 (*t*) 開根號的乘積次方，也就是：$u = e^{\sigma \times \sqrt{t}}$。除此以外，股價上升的機率 (*p*)，等於自然對數的底數 (*e*) 之無風險利率 (*r*) 與時間 (*t*) 的乘積次

❷ 二項樹分析方法請參考：Cox, J., S. Ross, and M. Rubinstein (1979), "Option Pricing: A Simplified Approach," *Journal of Financial Economics*, 7: 3, pp. 229–263.

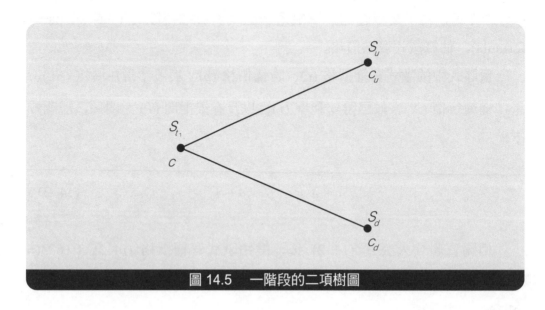

圖 14.5　一階段的二項樹圖

方扣掉下降倍數 (d) 後，再除以上升倍數 (u) 扣掉下降倍數 (d) 的數值，換句話說：$p = (e^{r \times t} - d)/(u - d)$。

下階段之下降股價 (S_d) 的下降倍數 (d)，等於上升倍數的倒數，亦即：$d = 1/u$。因為只考慮上升與下降各一種情況，所以股價下跌的機率 (q)，就等於一扣掉上升的機率 (p)，換言之：$q = 1 - p$。

得知股價在下一階段的兩種情況後，接著分析股價上升時的選擇權價格 (c_u)，以及股價下降時的選擇權價格 (c_d)。最後，再用公式 (14–3) 反推回選擇權的現在價格 (c)。

$$c = e^{-r \times t} \times [p \times c_u + (1 - p) \times c_d] \tag{14-3}$$

以下透過兩個時間階段的二項樹，說明公式 (14–3) 使用於歐式買權、美式買權、歐式賣權與美式賣權的評價。

㈠歐式買權的評價

已知 3 月 1 日的標的股價每股 20 元，且該股票每三個月的預期上漲

率、下降率都是 10%。假設市場存在以該股票為標的資產，六個月到期的歐式買權，執行價每股 21 元，無風險年利率 12%。

圖 14.6 為兩個時間階段的二項樹，用來估算歐式買權在 3 月 1 日的價格。為了計算買權價格，需先分析股票在兩個階段的價格。

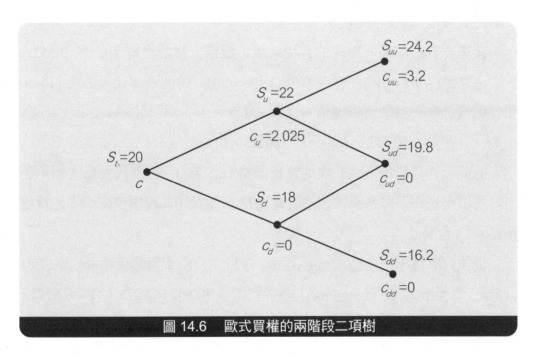

圖 14.6　歐式買權的兩階段二項樹

股票每三個月的上漲率為 10%，代表上漲 1.1 倍，所以股票第一階段上漲後的價格 (S_u) 為 22 元 (= 20 × 1.1)。連續兩次上漲後的價格 (S_{uu}) 為 24.2 元 (= 20 × 1.1 × 1.1)。

另方面來說，股票每三個月的下降率為 10%，代表下降 0.9 倍，所以股票第一階段下降後的價格 (S_d) 為 18 元 (= 20 × 0.9)。連續兩次下降後的價格 (S_{dd}) 為 16.2 元 (= 20 × 0.9 × 0.9)。

最後，股價第一階段上升、第二階段下降的價格 (S_{ud}) 為 19.8 元 (= 20 × 1.1 × 0.9)，此價格與第一階段下降、第二階段上升的價格 (S_{du}) 相同。

得知未來各個時點的股價後，接著由未來往現在回推的方式，探討各個時點的買權價格。首先，就第二階段的買權來說，股價兩次上升後的價

格 (S_{uu}) 為 24.2 元，此時買權買方會選擇用執行價 21 元買市價 24.2 元的股票，所以買權價格 (c_{uu}) 等於 3.2 元 (= 24.2 − 21)。

除此以外，股價上升與下降各一次後的價格為 19.8 元，股價連降兩次的價格為 16.2 元。這兩個價格都低於執行價，所以買權買方選擇放棄執行，此時的買權價格（c_{ud} 與 c_{dd}）都等於 0。

接著，就計算第一階段的買權來說，股價上漲的機率 (p) 為 0.652(= ($e^{r \times t} − d)/(u − d) = (e^{0.12 \times 3/12} − 0.9)/(1.1 − 0.9)$)。將此機率代入公式 (14–3) 後，股價上升一次的買權價格 (c_u) 為 2.025 元 (= $e^{-r \times t} \times [p \times c_{uu} + (1 − p) \times c_{ud}] = e^{-0.12 \times 3/12} \times [0.652 \times 3.2 + (1 − 0.652) \times 0]$)。

除此以外，股價下跌一次的買權價格 (c_d) 為 0，因為代入公式 (14–3) 時，股價上升與下降各一次後的買權價格 (c_{ud}) 為 0，股價連降二次的買權價格 (c_{dd}) 也是 0。

最後，將機率代入公式 (14–3) 後，3 月 1 日歐式買權價格 (c) 為 1.281 元 (= $e^{-r \times t} \times [p \times c_u + (1 − p) \times c_d] = e^{-0.12 \times 3/12} \times [0.652 \times 2.025 + (1 − 0.652) \times 0]$)。

㈡美式買權的評價

美式買權（C，大寫英文字母表示）需考慮提前解約的可能性，所以圖 14.6 的假設都不變時，標的股價在未來的估算值（S_u、S_d、S_{uu}、S_{ud} 與 S_{dd}）都相同，且第二階段的美式買權「到期」價格（C_{uu}、C_{ud} 與 C_{dd}），相等於同一時點的歐式買權「到期」價格。

本例在計算時，需要注意的是第一階段的買權價格，因為歐式買權必須在到期月才能執行，但是美式買權卻可於存續期間中，提前執行。

股價上升一次且提前執行時，市價 22 元的股價執行買權後可用 21 元購買，所以美式買權內含價值 (C_u^1) 為 1 元 (= 22 − 21)。雖然提前執行可獲

利 1 元，可是不執行的買權 (C_u) 更值錢，等於 2.025 元。兩相比較後，買權買方決定「不會」提前執行。

除此以外，股價下跌一次的買權價格為 0。此時不論是提前執行 (C_d^1)，或是從第二階段折現回來的買權價格 (C_d)，都等於 0。

最後，將機率代入公式 (14–3) 後，3 月 1 日的美式買權價格 (C) 為 1.281 元 (= $e^{-r \times t} \times [p \times C_u + (1 - p) \times C_d]$ = $e^{-0.12 \times 3/12} \times [0.652 \times 2.025 + (1 - 0.652) \times 0]$)。此時的美式買權雖然可以提前執行，但是投資人分析各個時點的價格後，決定不提前執行，所以本例的美式買權價格等於歐式買權價格。

㈢歐式賣權的評價

本例沿用圖 14.6 的各項假設，所以股價在未來的估算值 (S_u、S_d、S_{uu}、S_{ud} 與 S_{dd}) 都相同。在分析第二階段的賣權價格時，股價兩次上升後的價格 (S_{uu}) 為 24.2 元，此時賣權買方會選擇放棄執行，所以歐式賣權價格 (p_{uu}) 等於 0。

股價上升與下降各一次後的價格為 19.8 元，此時賣權買方執行賣權，然後用執行價 21 元，出售市價只有 19.8 元的股票，所以賣權價格 (p_{ud}) 為 1.2 元 (= 21 − 19.8)。

股價連降兩次的價格為 16.2 元，也低於執行價，所以賣權會被執行，然後用執行價 21 元出售市價只有 16.2 元的股票，此時賣權價格 (p_{dd}) 為 4.8 元 (= 21 − 16.2)。歐式賣權的二項樹圖，表達於圖 14.7。

接著，就計算第一階段的賣權來說，將股價上漲機率 (p)，即 0.652 代入公式 (14–3) 後，股價上升一次的賣權價格 (p_u) 為 0.405 元 (= $e^{-r \times t} \times [p \times p_{uu} + (1 - p) \times p_{ud}]$ = $e^{-0.12 \times 3/12} \times [0.652 \times 0 + (1 - 0.652) \times 1.2]$)。除此以外，代入公式 (14–3)，股價下跌一次的賣權價格 (p_d) 為 2.380 元 (= $e^{-r \times t} \times [p \times p_{ud} + (1 - p) \times p_{dd}]$ = $e^{-0.12 \times 3/12} \times [0.652 \times 1.2 + (1 - 0.652) \times 4.8]$)。

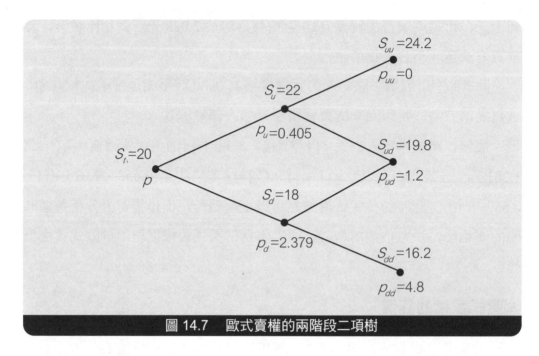

圖 14.7　歐式賣權的兩階段二項樹

最後，將機率代入公式 (14–3) 後，3 月 1 日的歐式賣權價格 (p) 為 1.060 元 ($= e^{-r \times t} \times [p \times p_u + (1 - p) \times p_d] = e^{-0.12 \times 3/12} \times [0.652 \times 0.405 + (1 - 0.652) \times 2.379]$)。

㈣美式賣權的評價

美式賣權 (P, 大寫英文字母表示) 需考慮提前解約的可能性，所以圖 14.7 的假設不變時，標的股價在未來的估算值 (S_u、S_d、S_{uu}、S_{ud} 與 S_{dd}) 都相同，且第二階段的美式賣權「到期」價格 (P_{uu}、P_{ud} 與 P_{dd}) 等於歐式賣權的「到期」價格。

本例需要注意的是第一階段的賣權價格。股價上升一次且提前執行時，市價 22 元的股票，執行賣權後只能用 21 元出售，所以賣權買方「不會」提前執行，此時賣權價格 (P_u) 等於折現後的價格 0.405 元。

除此以外，股價下跌一次且提前執行時，市價 18 元的股價，執行賣權後用 21 元出售，此時提前執行的賣權內含價值 (P_u^1) 為 3 元，高於折現回來

的價格 (P_u) 2.379 元，所以賣權買方「會」提前執行。

最後，將機率代入公式 (14–3) 後，3 月 1 日的美式賣權價格 (P) 為 1.269 元 (= $e^{-r \times t} \times [p \times P_u + (1 - p) \times P_d] = e^{-0.12 \times 3/12} \times [0.652 \times 0.405 + (1 - 0.652) \times 3]$)。此時的美式賣權在第一階段有提前執行的價值，所以折現回 3 月 1 日時，美式賣權價格 1.269 元高於歐式賣權價格 1.059 元。

第三節　選擇權運用策略

選擇權的運用策略有三大類型，分別是：避險、投機與套利。避險的投資策略代表投資人購買某項資產後，該資產在未來的報酬，可抵銷原有資產的持有風險。

相對來說，投機的投資人，則透過選擇權的持有，希望獲得比現貨資產更多的投資報酬率。最後，套利的行為則是投資人透過買空賣空方式，在不承受風險的前提下，賺取利潤。

投資學知識家

　　理論上來說，套利行為雖然可以賺到無風險利潤，可是人常會因為自己的貪念越來越大，最後還是在套利交易中，蒙受到重大的損失。

　　例如在財務管理的領域中，提出選擇權評價模型而得到諾貝爾經濟獎的修斯 (Scholes) 與莫頓 (Merton)，竟然會因為衍生性商品的套利行為而晚節不保，致使個人、投資人與社會，蒙受到極大損失。

　　20 世紀的衍生性商品交易中，著名的巨額損失案例，為長期資本管理公司 (Long Term Capital Management, LTCM) 所引起。

　　梅利威勒 (Meriwether) 離開所羅門兄弟 (Salomon Brothers) 公司的副董事長職位後，於 1994 年成立長期資本管理公司。他憑藉著豐富的行政經驗與廣闊的人脈，網羅了所羅門兄弟公司中的債券交易員與證券分析師。更重要的是，他

也延攬了提出選擇權評價模型而得到諾貝爾經濟獎的修斯與莫頓兩人，作為公司的董事。

除了人才的匯聚外，長期資本管理公司成立的當年，就累積了 10 億美元的資本 (capital)，相當於新臺幣 350 億元。如此龐大的一筆資本，為了規避政府的監控，而以避險基金 (hedge funds) 的方式存在。該基金透過高度的財務槓桿運用，從事債券套利 (fixed income arbitrage)、統計套利 (statistical arbitrage) 等投資行為。

長期資本管理公司在成立當年的基金報酬率，扣掉管理費後，竟然高達 40%！這項成功的業績吸引了更多的資本。1998 年的年初，該公司累積了 47 億美元的資本。並以此資本為抵押，借得 1,245 億美元後，操控價值 (notional value) 為 12,500 億美元的衍生性金融商品。

1997 年的 7 月到 9 月，亞洲發生金融風暴後，又延燒到了俄羅斯。俄羅斯在 1998 年的 8 月及 9 月也產生了金融危機。此時在國際經濟體系中，採用高槓桿操作的投資人，皆急於賣出手中持有的證券。在賣壓沈重、需求卻不足的情形下，金融市場產生了「流動性衰竭」，造成套利交易的價格收斂現象無法如期產生。

1998 年的年中，長期資本管理公司在 1998 年的 8 月那個月，就因為流動性衰竭而損失 18 億美元的資本。到了 9 月份的前三週，資本又從剩下的 23 億美元縮水到只剩 4 億美元。為了避免長期資本管理公司倒閉，從而引發美國的金融風暴，聯邦準備理事會的紐約分行 (Federal Reserve Bank of New York) 遂出手相救。

當長期資本管理公司的危機解除後，該公司在 1998 年的下半年共損失 46 億美元的資本，相當於新臺幣 1,600 億元！其中以交換 (swaps) 套利的損失最大，金額為 16 億美元。第二項重大損失，則來自於權益波動性 (equity volatility) 的套利損失 13 億美元。

為了解釋避險、投機與套利，本節延續第十三章橘汁選擇權的例子，加以說明。

一、避 險

㈠賣權買方的避險策略

假設農夫於 4 月 1 日時，預估橘子 7 月收成後，可產生橘汁 30,000 磅。他擔心將來的橘汁價格變動造成獲利改變，決定購買橘汁美式賣權來避險。此種持有現貨的同時，又購買賣權來避險的投資組合，稱為保護賣權策略 (protective put strategy)。

1. 現貨價格高於賣權執行價

9 月到期的橘汁選擇權，每口契約 15,000 磅。執行價每磅 0.55 美元的賣權，4 月 1 日的價格為每磅橘汁 0.01 美元。農夫支付 300 美元 (=0.01 × 15,000 × 2) 後，持有兩口 9 月到期的橘汁賣權買方部位。

農夫採用避險即忘策略時，代表他持續地維持選擇權部位到 7 月。7 月 1 日的橘汁現貨每磅 0.6 美元時，農夫不願意將橘汁現貨用低於市價的賣權執行價出售，所以選擇放棄執行賣權。此時農夫因為賣權契約而得到的報酬等於 0，如圖 14.8 的 A 點所示。

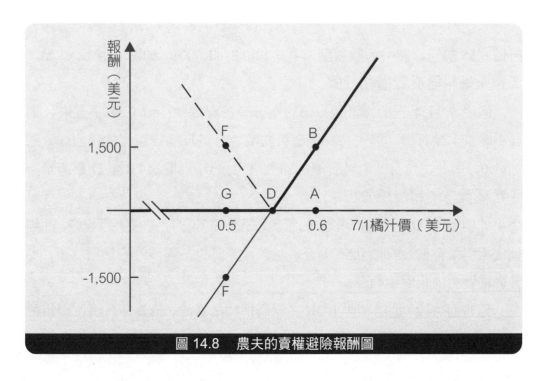

圖 14.8　農夫的賣權避險報酬圖

　　另方面來說，「相較於」賣權執行價 0.55 美元，農夫持有的橘汁，在 7 月 1 日因為現貨價格上漲到 0.6 美元而獲利 1,500 美元 (= (0.6 − 0.55) × 15,000 × 2)，如圖 14.8 中 B 點。

　　本例農夫在擁有橘汁現貨的同時，也持有橘汁賣權買方契約，所以「相較於」賣權執行價 0.55 美元，農夫得到的總報酬為 1,500 美元 (= 1,500 + 0)，如圖 14.8 中 B 點。

2. 現貨價格低於賣權執行價

　　探討了 7 月 1 日的橘汁現貨價格，高於賣權執行價 0.55 美元後，接著說明現貨價格偏低的情況。

　　假設 7 月 1 日的橘汁現貨每磅為 0.5 美元時，農夫持有賣權契約，使得農夫可依契約的 0.55 美元價格出售市價只有 0.5 美元的橘汁。賣權買方部位造成農夫獲利 1,500 美元 (= (0.55 − 0.50) × 15,000 × 2)，如圖 14.8 中 F 點。

　　另方面來說，「相較於」賣權執行價 0.55 美元，農夫持有橘汁現貨時，7 月 1 日因為現貨價格下跌而損失 1,500 美元 (= (0.5 − 0.55) × 15,000 × 2)，如圖中 E 點。

　　本例的農夫有橘汁現貨，也有橘汁賣權買方契約，所以相較於賣權執行價 0.55 美元，農夫的總報酬為 0(= 1,500 − 1,500)，如圖 14.8 中 G 點。

3. 現貨價格等於賣權執行價

　　假設 7 月 1 日的橘汁現貨價格剛好等於賣權執行價 0.55 美元時，則「相較於」執行價，農夫持有賣權買方契約，以及橘汁現貨的報酬都分別等於 0。因此，持有此兩種資產的淨效果也是 0，如圖 14.8 中 D 點所示。

4. 賣權買方的報酬線分析

　　連結圖中 ADF 三點而形成的折線，稱為橘汁賣權買方的報酬線，此線代表相對於賣權執行價 0.55 美元，在 7 月 1 日的各種橘汁現貨價格下，橘汁賣權買方的相對應報酬。

　　另方面來說，連結圖中 BDE 三點而形成的直線，稱為持有橘汁現貨的

報酬線，此線代表相對於賣權執行價 0.55 美元，7 月 1 日的各種橘汁現貨價格下，橘汁現貨的相對應報酬。

最後，連結圖中 BDG 三點而形成的折線，代表相對於賣權執行價 0.55 美元，農夫同時持有橘汁現貨與賣權買方的總報酬線。因為總報酬為折線，代表 7 月 1 日的橘汁現貨價格低於賣權執行價時，農夫可用執行價以每磅 0.55 美元出售橘汁 30,000 磅。另方面來說，7 月 1 日的橘汁現貨價格高於賣權執行價時，農夫放棄執行賣權，而用當時市價出售橘汁。

此時，農夫持有橘汁現貨後，在 7 月 1 日面臨的橘汁價格下跌風險，就因持有兩口橘汁賣權買方契約而消除。因此，對於農夫來說，持有橘汁賣權買方契約，就是避險的投資行為。

㈡買權買方的避險策略

除了從生產橘汁的農夫角度探討避險策略外，也可從需求橘汁的商人角度，說明其避險策略。假設商人在 4 月 1 日時，預估 7 月要買橘汁 30,000 磅，加工製成碳酸飲料後，轉賣給消費者。

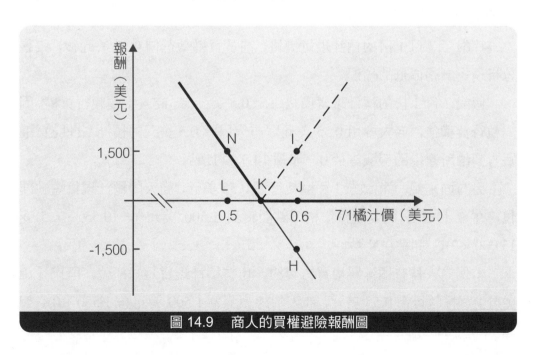

圖 14.9　商人的買權避險報酬圖

商人擔心將來的橘汁價格變動,造成成本改變,決定現在持有兩口 9 月到期的橘汁美式買權。買權執行價為每磅橘汁 0.55 美元,且價格為每磅 0.06 美元。商人採用避險即忘策略,表示他將維持買權買方部位 (call buyer) 的持有到 7 月。

1.現貨價格高於買權執行價

7 月 1 日的橘汁現貨每磅 0.6 美元時,買權買方契約可使商人獲得報酬 1,500 美元 (= (0.6 − 0.55) × 15,000 × 2)。理由在於商人持有買權買入契約,造成市價 0.6 美元的橘汁,能依契約的 0.55 美元價格買入,如圖 14.9 的 I 點所示。

另方面來說,「相較於」買權執行價 0.55 美元,商人對橘汁現貨的短缺部位 (short position),在 7 月 1 日因為現貨價格上漲為 0.6 美元而損失 1,500 美元 (= (0.55 − 0.6) × 15,000 × 2),如圖 14.9 中 H 點。

因為商人擁有橘汁買權買方契約的同時,也有橘汁現貨的短缺部位,所以「相較於」買權執行價 0.55 美元,商人的總報酬為 0 (= 1,500 − 1,500),如圖 14.9 中 J 點。

2.現貨價格低於買權執行價

探討了 7 月 1 日的橘汁現貨價格,高於買權執行價 0.55 美元後,接著分析現貨價格偏低的情況。

假設 7 月 1 日的橘汁現貨價格每磅 0.5 美元時,商人不願執行買權。因為執行買權後,商人要用 0.55 美元買市價只有 0.5 美元的橘汁。此時買權買方契約所產生的報酬等於 0,如圖 14.9 中 L 點。

另方面來說,「相較於」買權執行價 0.55 美元,商人的橘汁現貨短缺部位,在 7 月 1 日因為現貨價格下跌而獲利 1,500 美元 (= (0.55 − 0.5) × 15,000 × 2),如圖中 N 點。

本例商人持有橘汁買權買方契約,也有橘汁現貨短缺部位,所以「相較於」買權執行價 0.55 美元,商人的總報酬為 1,500 美元 (= 1,500 + 0),如圖 14.9 中 N 點。

3.現貨價格等於買權執行價

當 7 月 1 日的橘汁現貨價格,剛好等於買權執行價 0.55 美元時,則「相較於」執行價而言,商人同時持有買權買方契約,以及橘汁現貨短缺部位的報酬,都分別等於 0。因此,持有此兩種資產的淨效果也是 0,如圖 14.9 中 K 點所示。

4.買權買方的報酬線分析

連結圖中 IKL 三點所形成的折線,稱為橘汁買權買方的報酬線,此線代表相對於買權執行價 0.55 美元,7 月 1 日的各種橘汁現貨價格下,橘汁買權買方的相對應報酬。

另方面來說,連結圖中 HKN 三點而形成的直線,稱為橘汁現貨短缺部位的報酬線,此線代表相對於買權買方執行價 0.55 美元,7 月 1 日的各種橘汁現貨價格下,橘汁現貨短缺部位的相對應報酬。

最後,連結圖中 JKN 三點而形成的折線,代表相對於買權執行價,商人持有橘汁買權買方與現貨短缺的總報酬線。因為總報酬線為折線,表示 7 月 1 日的橘汁現貨價格高於買權執行價時,商人用每磅 0.55 美元的價格買入橘汁 30,000 磅。相對地來說,當 7 月 1 日的橘汁現貨價格低於買權執行價時,商人用每磅低於 0.55 美元的市價購買橘汁。

此時,橘汁現貨短缺部位所面臨的價格上漲風險因持有兩口橘汁買權買方契約而消除。因此,對於商人來說,持有橘汁買權買方契約,屬於避險的投資行為。

二、投 機

假設現在時間是 4 月 1 日,橘汁現貨每磅 0.6 美元。市場存在 9 月到期的橘汁美式買權,執行價為每磅 0.55 美元,合約每口 15,000 磅。該買權的價格(權利金)為每磅 0.06 美元,則每口契約的權利金為 900 美元 (= 0.06 × 15,000)。

投機者現有 9,000 美元,他預估 7 月橘汁現貨將上漲時,表 14.1 從他

在 7 月 1 日的總財富角度，分析他於 4 月 1 日採用的兩種投機策略，分別是：購買橘汁現貨，以及持有橘汁買權買方契約。

㈠購買現貨之投機策略

就購買橘汁現貨的策略來看，9,000 美元可購買橘汁 15,000 磅 (= 9000/0.6)。7 月 1 日的橘汁現貨上漲為每磅 0.7 美元時，則投機者在當天的總財富膨脹為 10,500 美元 (= 15,000 × 0.7)。

相類似的計算方式，7 月 1 日的橘汁現貨價格下跌為每磅 0.5 美元時，該投機者的總財富縮水成 7,500 美元 (= 15,000 × 0.5)。

㈡持有買權買方契約之投機策略

就持有橘汁買權買方契約的策略來看，9,000 美元當權利金時，可持有十口買權契約 (= 9,000/(0.06 × 15,000))。

7 月 1 日的橘汁現貨價格上漲為每磅 0.7 美元時，該投機者在當天的總財富膨脹為 22,500 美元 (= 10 × 15,000 × (0.7 − 0.55))。

本例的計算過程中，9,000 美元權利金支付後，就不屬於投機者的財富。除此以外，7 月 1 日的橘汁現貨價格高於執行價時，買權買方契約的損益計算等於現貨價格扣掉買權執行價後，再乘上十倍的合約磅數，計算而得。

相對地來說，7 月 1 日的橘汁現貨價格低於買權執行價時，買權買方選擇放棄執行買權。此時，該投機者的最大損失，就是 9,000 美元的權利金全部輸光，如表 14.1 所示。

表 14.1　購買現貨及持有買權買方之投機策略下的總財富

單位：美元

現貨價格	0.4	0.5	0.6	0.7	0.8
購買橘汁現貨	6,000	7,500	9,000	10,500	12,000
持有買權買方	0	0	7,500	22,500	22,500

說明：上述現貨價格為 7 月 1 日的橘汁價格。

對投機者來說，分析表 14.1 的兩種策略，當他認為未來的橘汁現貨價格會上漲，且上漲幅度很大時，持有橘汁買權買方契約的策略較佳。理由在於持有買權只要交權利金，而十口買權契約相當於橘汁 150,000(= 15,000 × 10) 磅的損益，所以橘汁現貨價格「真的上漲」時，總財富膨脹的速度就很快。

相對地來說，如果投機者認為橘汁現貨的價格「應該」在未來上漲，但是也有大跌的可能時，則購買橘汁現貨的策略，或許會比較保險。

三、套　利

本章第二節說明 Black-Scholes 公式時，曾介紹歐式買賣權恆等式。該恆等式的歐式買權價格 (c)、賣權價格 (p)、與股票現在價格 (S_{t_1})、選擇權執行價 (X)、無風險年利率 (r)、以及存續期間 (T) 之關係，以公式 (14–2) 表示：$c + X \times e^{-r \times T} = p + S_{t_1}$。

本節以下探討公式中的等號不存在時，套利者如何運用此價格失衡的機會，賺取無風險利潤。為了簡單起見，在此延續第二節運用 Black-Scholes 公式時的各項假設。

假設不支付股利的歐式股票買權，存續期間三個月。標的股票價格在 4 月 1 日的價格為 20 美元、波動率 0.24、執行價 21 美元、無風險年利率 12%。經過 Black-Scholes 公式運用後，歐式買權價格等於 0.7889 美元。接著，透過歐式買賣權恆等式，得知無套利機會存在時，歐式賣權價格為 1.1683 美元。

現在歐式買權價格等於 1 美元，也就是高於無套利機會的價格 0.7889 美元時，就產生了套利機會。此時買權價格偏高，套利者於買低賣高的原則下，選擇在 4 月 1 日持有買權賣方部位 (+1)、賣權買方部位 (–1.1683)、買股票 (–20) 後，並將前述三筆投資的不足金額，以無風險利率向外借錢 20.1683 美元 (= 1 – 1.1683 – 20)。

表 14.2 為歐式買權價格偏高的套利報酬表。該表是從套利者的角度，分析現金流量。正號代表現金流入，負號則是現金流出。表中的符號 c 為歐式買權價格，p 為歐式賣權價格，$S_{4/1}$ 代表 4 月 1 日的股價，$S_{7/1}$ 則是 7 月 1 日的股價。X 為選擇權的執行價，r 代表無風險利率，t 則是選擇權存續期間三個月。

表 14.2		歐式買權價格偏高的套利報酬表	
		7 月 1 日的現金流量	7 月 1 日的現金流量
4 月 1 日的 策略	4 月 1 日的 現金流量	$S_{7/1} > X$	$S_{7/1} \leqq X$
買權賣方	$+c$	$X - S_{7/1}$	0
賣權買方	$-p$	0	$X - S_{7/1}$
買股票	$-S_{4/1}$	$S_{7/1}$	$S_{7/1}$
錢借入	$S_{4/1} + p - c$	$-(S_{4/1} + p - c)e^{r \times t}$	$-(S_{4/1} + p - c)e^{r \times t}$
淨現金流量	0	$X - (S_{4/1} + p - c)e^{r \times t}$	$X - (S_{4/1} + p - c)e^{r \times t}$

說明：c 為歐式買權價格，p 為歐式賣權價格，$S_{4/1}$ 代表 4 月 1 日的股價，$S_{7/1}$ 則是 7 月 1 日的股價。X 為選擇權執行價，r 代表無風險利率，t 則是選擇權存續期間三個月。

根據上表分析，當套利者在 4 月 1 日持有買權賣方部位、賣權買方部位、買股票並向外借入 20.1683 美元後，在 7 月 1 日選擇權到期時，無論當時的股價高於、等於或小於執行價，套利者都可賺到無風險利潤 0.2175 美元 ($= X - (S_{4/1} + p - c) \times e^{r \times t} = 21 - (20 + 1.1683 - 1) \times e^{0.12 \times 3/12}$)。

探討了歐式買權價格偏高的情況後，接著說明買權價格偏低的套利行為。假設歐式買權價格 0.5 美元，低於無套利機會的價格 0.7889 美元時，就產生了套利機會。

此時買權價格偏低，所以套利者選擇在 4 月 1 日持有買權買方部位 (−0.5)、賣權賣方部位 (+1.1683)、賣股票 (+20) 後，並將上述三筆投資的多餘金額，以無風險利率借出 20.6683 美元 ($= 20 + 1.1683 - 0.5$)。

表 14.3 為歐式買權價格偏低的套利報酬表。該表是從套利者的角度，

分析現金流量。根據上表分析，套利者在 4 月 1 日持有買權買方部位、賣權賣方部位、融賣股票 (short sale)，並借出 20.6683 美元後，在 7 月 1 日選擇權到期時，無論當時的股價高於、等於或小於執行價，套利者都可賺到無風險利潤 0.2977 元 $(= (S_{4/1} + p - c) \times e^{r \times t} - X = (20 + 1.1683 - 0.5) \times e^{0.12 \times 3/12} - 21)$。

表 14.3	歐式買權價格偏低的套利報酬表		
4 月 1 日的策略	4 月 1 日的現金流量	7 月 1 日的現金流量 $S_{7/1} > X$	7 月 1 日的現金流量 $S_{7/1} \leq X$
買權買方	$-c$	$S_{7/1} - X$	0
賣權買方	p	0	$S_{7/1} - X$
融賣股票	$S_{4/1}$	$-S_{7/1}$	$-S_{7/1}$
錢借出	$-(S_{4/1} + p - c)$	$(S_{4/1} + p - c)e^{r \times t}$	$(S_{4/1} + p - c)e^{r \times t}$
淨現金流量	0	$(S_{4/1} + p - c)e^{r \times t} - X$	$(S_{4/1} + p - c)e^{r \times t} - X$

說明：c 為歐式買權價格，p 為歐式賣權價格，$S_{4/1}$ 代表 4 月 1 日的股價，$S_{7/1}$ 則是 7 月 1 日的股價。X 為選擇權執行價，r 代表無風險利率，t 則是選擇權存續期間三個月。

本章習題

一、單選題

（　）1. 下列何者不屬於美式選擇權的合約特色？　(A)標準化契約　(B)不可提前執行　(C)賣權買方擁有選擇的權利　(D)交割日期不是特定的一天。

（　）2. 請問與賣權賣方契約同時存在的選擇權契約，應為下列哪一個答案？　(A)買權買方契約　(B)買權賣方契約　(C)賣權買方契約　(D)賣權賣方契約。

（　）3. 已知橘汁買權的執行價為每磅 0.5 美元，該買權價格為 0.07 美元，橘汁現貨價格為 0.55 美元，請問下列答案何者正確？　(A)此買權為價內，時間價值為 0.02 美元　(B)此買權為價內，時間價值為 0.05 美元　(C)此買權為價外，時間價值為 0.02 美元　(D)此買權為價外，時間價值為 0.05 美元。

（　）4. 下列何者不是 Black-Scholes 公式的基本假設？　(A)套利機會不存在　(B)不考慮稅與交易成本　(C)借貸利率為無風險利率　(D)股票報酬率屬於自然分配。

（　）5. 生產玉米的農夫，請問他採用避險策略時，在期貨與選擇權方面各應持有何種契約？　(A)期貨賣出契約、買權買方契約　(B)期貨賣出契約、賣權買方契約　(C)期貨買入契約、買權賣方契約　(D)期貨賣出契約、賣權賣方契約。

二、簡答題

1. 選擇權市場源自何時？何地？

2. 請說明常見的六種選擇權交易標的物。

3. 選擇權依提前執行與否而分成兩種類型，請說明。

4. 何謂買權買方？請說明。

5. 何謂買權賣方？請說明。

6. 何謂賣權買方？請說明。

7. 何謂賣權賣方？請說明。

8. 請說明買權內含價值的計算公式，及解釋何謂買權價外。

9. 買權的時間價值如何計算？請說明。

10. 請說明賣權內含價值的計算公式，及解釋何謂賣權價內。

11. 請說明賣權內含價值的計算公式，及解釋何謂賣權價平。

12. 賣權的時間價值如何計算？請說明。

13. 請說明選擇權的兩種評價方法為何？

14. 請比較選擇權的兩種評價方法。

15. 請說明 Black-Scholes 公式的六個假設。

16. 假設不支付股利的 A 股票，5/1 價格每股 30 元，此股票的歐式買權履約價每股 29 元，到期日 9/1。已知無風險年利率 5%，股票年波動性 25%。請用 Black-Scholes 公式，計算 A 股票歐式買權在 5/1 的價格。

17. 何謂歐式買賣權恆等式？請說明。

18. 假設不支付股利的 A 股票，此股票的歐式買權履約價每股 29 元，到期日 9/1。已知無風險年利率 5%，A 股票歐式買權在 5/1 的價格為每股 2.5249 元，請計算 A 股票歐式賣權在 5/1 的價格。

19. 假設 B 股票在 5/1 價格每股 50 元，此股價未來每三個月上漲率 6%，下降率 5%。已知無風險年利率 5%。B 股票歐式賣權到期日為 11/1，履約價每股 51 元。請用二項式樹狀圖的評價模型，計算此歐式賣權在 5/1 的價格。

20. 請說明選擇權的三種運用策略。

21. 對於生產橘子的農夫來說，他應該持有何種橘汁選擇權、何種部位來避險？

22. 對於生產橘汁汽水的商人來說，他應該持有何種橘汁選擇權、何種部位來避險？

附表　累積標準常態分配表

Z	0	1	2	3	4	5	6	7	8	9
−3.0	.0013	.0010	.0007	.0005	.0003	.0002	.0002	.0001	.0001	.0000
−2.9	.0019	.0018	.0017	.0017	.0016	.0016	.0015	.0015	.0014	.0014
−2.8	.0026	.0025	.0024	.0023	.0023	.0022	.0021	.0021	.0020	.0019
−2.7	.0035	.0034	.0033	.0032	.0031	.0030	.0029	.0028	.0027	.0026
−2.6	.0047	.0045	.0044	.0043	.0041	.0040	.0039	.0038	.0037	.0036
−2.5	.0062	.0060	.0059	.0057	.0055	.0054	.0052	.0051	.0049	.0048
−2.4	.0082	.0080	.0078	.0075	.0073	.0071	.0069	.0068	.0066	.0064
−2.3	.0107	.0104	.0102	.0099	.0096	.0094	.0091	.0089	.0087	.0084
−2.2	.0139	.0136	.0132	.0129	.0126	.0122	.0119	.0116	.0113	.0110
−2.1	.0179	.0174	.0170	.0166	.0162	.0158	.0154	.0150	.0146	.0143
−2.0	.0228	.0222	.0217	.0212	.0207	.0202	.0197	.0192	.0188	.0183
−1.9	.0287	.0281	.0274	.0268	.0262	.0256	.0250	.0244	.0238	.0233
−1.8	.0359	.0352	.0344	.0336	.0329	.0322	.0314	.0307	.0300	.0294
−1.7	.0446	.0436	.0427	.0418	.0409	.0401	.0392	.0384	.0375	.0367
−1.6	.0548	.0537	.0526	.0516	.0505	.0495	.0485	.0475	.0465	.0455
−1.5	.0668	.0655	.0643	.0630	.0618	.0606	.0594	.0582	.0570	.0559
−1.4	.0808	.0793	.0778	.0764	.0749	.0735	.0722	.0708	.0694	.0681
−1.3	.0968	.0951	.0934	.0918	.0901	.0885	.0869	.0853	.0838	.0823
−1.2	.1151	.1131	.1112	.1093	.1075	.1056	.1038	.1020	.1003	.0985
−1.1	.1357	.1335	.1314	.1292	.1271	.1251	.1230	.1210	.1190	.1170
−1.0	.1587	.1562	.1539	.1515	.1492	.1469	.1446	.1423	.1401	.1379
−0.9	.1841	.1814	.1788	.1762	.1736	.1711	.1685	.1660	.1635	.1611
−0.8	.2119	.2090	.2061	.2033	.2005	.1977	.1949	.1922	.1894	.1867
−0.7	.2420	.2389	.2358	.2327	.2297	.2266	.2236	.2206	.2177	.2148
−0.6	.2743	.2709	.2676	.2643	.2611	.2578	.2546	.2514	.2483	.2451
−0.5	.3085	.3050	.3015	.2981	.2946	.2912	.2877	.2843	.2810	.2776
−0.4	.3446	.3409	.3372	.3336	.3300	.3264	.3228	.3192	.3156	.3121
−0.3	.3821	.3783	.3745	.3707	.3669	.3632	.3594	.3557	.3520	.3483
−0.2	.4207	.4168	.4129	.4090	.4052	.4013	.3974	.3936	.3897	.3859
−0.1	.4602	.4562	.4522	.4483	.4443	.4404	.4364	.4325	.4286	.4247
−0.0	.5000	.4960	.4920	.4880	.4840	.4801	.4761	.4721	.4681	.4641

Z	0	1	2	3	4	5	6	7	8	9
0.0	.5000	.5040	.5080	.5120	.5160	.5199	.5239	.5279	.5319	.5359
0.1	.5398	.5438	.5478	.5517	.5557	.5596	.5636	.5675	.5714	.5753
0.2	.5793	.5832	.5871	.5910	.5948	.5987	.6026	.6064	.6103	.6141
0.3	.6179	.6217	.6255	.6293	.6331	.6368	.6406	.6443	.6480	.6517
0.4	.6554	.6591	.6628	.6664	.6700	.6736	.6772	.6808	.6844	.6879
0.5	.6915	.6950	.6985	.7019	.7054	.7088	.7123	.7157	.7190	.7224
0.6	.7257	.7291	.7324	.7357	.7389	.7422	.7454	.7486	.7517	.7549
0.7	.7580	.7611	.7642	.7673	.7703	.7734	.7764	.7794	.7823	.7852
0.8	.7881	.7910	.7939	.7967	.7995	.8023	.8051	.8078	.8106	.8133
0.9	.8159	.8186	.8212	.8238	.8264	.8289	.8315	.8340	.8365	.8389
1.0	.8413	.8438	.8461	.8485	.8508	.8531	.8554	.8577	.8599	.8621
1.1	.8643	.8665	.8686	.8708	.8729	.8749	.8770	.8790	.8810	.8830
1.2	.8849	.8869	.8888	.8907	.8925	.8944	.8962	.8980	.8997	.9015
1.3	.9032	.9049	.9066	.9082	.9099	.9115	.9131	.9147	.9162	.9177
1.4	.9192	.9207	.9222	.9236	.9251	.9265	.9278	.9292	.9306	.9319
1.5	.9332	.9345	.9357	.9370	.9382	.9394	.9406	.9418	.9430	.9441
1.6	.9452	.9463	.9474	.9484	.9495	.9505	.9515	.9525	.9535	.9545
1.7	.9554	.9564	.9573	.9582	.9591	.9599	.9608	.9616	.9625	.9633
1.8	.9641	.9648	.9656	.9664	.9671	.9678	.9686	.9693	.9700	.9706
1.9	.9713	.9719	.9726	.9732	.9738	.9744	.9750	.9756	.9762	.9767
2.0	.9772	.9778	.9783	.9788	.9793	.9798	.9803	.9808	.9812	.9817
2.1	.9821	.9826	.9830	.9834	.9838	.9842	.9846	.9850	.9854	.9857
2.2	.9861	.9864	.9868	.9871	.9874	.9878	.9881	.9884	.9887	.9890
2.3	.9893	.9896	.9898	.9901	.9904	.9906	.9909	.9911	.9913	.9916
2.4	.9918	.9920	.9922	.9925	.9927	.9929	.9931	.9932	.9934	.9936
2.5	.9938	.9940	.9941	.9943	.9945	.9946	.9948	.9949	.9951	.9952
2.6	.9953	.9955	.9956	.9957	.9959	.9960	.9961	.9962	.9963	.9964
2.7	.9965	.9966	.9967	.9968	.9969	.9970	.9971	.9972	.9973	.9974
2.8	.9974	.9975	.9976	.9977	.9977	.9978	.9979	.9979	.9980	.9981
2.9	.9981	.9982	.9982	.9983	.9984	.9984	.9985	.9985	.9986	.9986
3.0	.9987	.9990	.9993	.9995	.9997	.9998	.9998	.9999	.9999	1.000

參考文獻

李顯儀 (2010)，《金融商品：理論與實務》。臺北：新陸書局。

林煜宗 (1988)，《現代投資學：制度、理論與實證》。臺北：三民書局。

顏月珠 (2003)，《商用統計學》。臺北：三民書局。

Alexander, S. (1961), "Price Movements in Speculative Markets: Trends or Random Walks," *Industrial Management Review*, pp. 7–26.

Banz, R. (1981), "The Relationship between Return and Market Value of Common Stocks," *Journal of Financial Economics*, 9: 1, pp. 3–18.

Basu, S. (1977), "Investment Performance of Common Stocks in Relation to Their Price-Earnings Ratios: A Test of the Efficient Market Hypothesis," *Journal of Finance*, 32: 3, pp. 663–682.

Black, F., and M. Scholes (1973), "The Pricing of Options and Corporate Liabilities," *Journal of Political Economy*, 81: 3, pp. 637–654.

Bodie, Z., A. Kane, and A. Marcus (2010), *Investments*, New York: McGraw-Hill/Irwin.

Bodie, Z., R. Merton, and D. Cleeton (2009), *Financial Economics,* NJ: Pearson Prentice Hall.

Cox, J., S. Ross, and M. Rubinstein (1973), "Option Pricing: A Simplified Approach," *Journal of Financial Economics,* 7: 3, pp. 229–263.

Edwards, R., J. Magee, and W. Bassetti (2007), *Technical Analysis of Stock Trends*, AMACOM Publisher.

Fabozzi, F. (2009), *Bond Markets, Analysis and Strategies,* NJ: Pearson Prentice Hall.

Fama, E., L. Fisher, M. Jensen, and R. Roll (1968), "The Adjustment of Stock Prices to New Information," *International Economic Review,* 10: 1, pp. 1–21.

Fama, E. (1970), "Efficient Capital Markets: A Review of Theory and Empirical Work," *Journal of Finance,* 25: 2, pp. 383–417.

French, K. (1980), "Stock Returns and the Weekend Effect, " *Journal of Financial Economics*, 8: 1, pp. 55–69.

Freund, J. (2004), *Mathematical Statistics with Applications,* NJ: Pearson Prentice Hall.

Gibson, C. (2011), *Financial Statement Analysis,* Thomson South-Western.

Hull, J. (2010), *Fundamentals of Futures and Options Markets,* NJ: Pearson Prentice Hall.

Jensen, M. (1969), "Risk, the Pricing of Capital Assets, and the Evaluation of Investment Portfolios, " *Journal of Business*, 42: 2, pp. 167–247.

Koller, T., M. Goedhart, and D. Wessels (2005), *Valuation: Measuring and Managing the Value of Companies*, New York: John Wiley and Sons, Inc.

Kuznets, S. (1954), *National Income and Its Composition,* New York: National Bureau of Economic Research.

Kuznets, S. (1966), *Modern Economic Growth: Rate, Structure and Spread,* New Haven: Yale University Press.

Linter, J. (1965), "The Valuation of Risk Assets and the Selection of Risky Investments in Stock Portfolios and Capital Budgets, " *Review of Economics and Statistics*, 47: 1, pp. 13–37.

Macaulay, F. (1938), *Some Theoretical Problems Suggested by the Movements of Interest Rates, Bond Yields, and Stock Prices in the United States since 1856,* New York: National Bureau of Economic Research.

Maddison, A. (2007), *The World Economy: A Millennial Perspectives*, Paris: Organization for Economic Cooperation& Development.

Markowitz, H. (1952), "Portfolio Selection, " *Journal of Finance*, 7: 1, pp. 77–91.

Merton, R. (1973), "Theory of Rational Option Pricing, " *Bell Journal of Economics and Management Science*, 4: 1, pp. 141–183.

Miller, M., and F. Modigliani (1961), "Dividend Policy, Growth and the Valuation of Shares, " *Journal of Business*, 34: 4, pp. 41–433.

Modigliani, F., and M. Miller (1958), "The Cost of Capital, Corporation Finance and the Theory of Investment," *American Economic Review*, 48: 3, pp. 261–297.

Mossin, J. (1966), "Equilibrium in a Capital Asset Market," *Econometrica*, pp. 768–783.

Reinganum, M. (1983), "The Anomalous Stock Market Behavior of Small Firm in January: Empirical Tests for Tax-Loss Effects, " *Journal of Financial Economics*, 12: 1, pp. 89–104.

Ross, S. (1976), "Arbitrage Theory of Capital Asset Pricing, " *Journal of Economic Theory*, 13: 3, pp. 314–360.

Samuelson, P. (1967), *Foundations of Economic Analysis*, New York: Atheneum.

Samuelson, P. (1970), "The Fundamental Approximation Theorem of Portfolio Analysis in Terms of Means, Variances, and Higher Moments, " *Review of Economic Studies*, 37: 14, pp. 537–542.

Sharpe, W. (1963), "A Simplified Model for Portfolio Analysis, " *Management Science,* 9: 2, pp. 277–293.

Sharpe, W. (1964), "Capital Asset Prices: A Theory of Market Equilibrium under Conditions of Risk, " *Journal of Finance*, 19: 3, pp. 425–442.

稅務會計

卓敏枝、盧聯生、劉夢倫／著

　　本書之編寫，建立在全盤租稅架構與整體節稅理念上，係以營利事業為經，各相關稅目為緯，綜合而成一本理論與實務兼備之「稅務會計」最佳參考書籍，對研讀稅務之大專學生及企業經營管理人員，有相當之助益。此外，本書除了配合最新法規修訂之外，針對加值型營業稅之申報、兩稅合一及營利事業所得稅結算申報均有詳盡之表單、說明及實例，對讀者之研習瞭解，可收事半功倍之宏效。

貨幣銀行學

楊雅惠／編著

　　本書以完整的架構、精簡而有條理的說明闡釋貨幣銀行學的要義。全書共分為二十六章，內容涵蓋貨幣概論、金融體系、銀行業與金融發展、貨幣供給、貨幣需求、利率理論、總體貨幣理論、央行貨幣政策與國際金融等篇。每章均採用架構圖與有層次的標題來引導讀者建立整體的概念。此外，並配合各章節理論之介紹，引用臺灣近期的金融資訊來佐證，期能讓理論與實際之間互相結合，因此相當適合初學者入門、再學者複習以及實務者活用。

人力資源管理理論與實務

林淑馨／著

　　本書除了每章介紹的主題外，各章開頭還設計有最新的「實務報導」；中間並適時穿插「資訊補給站」，以提供讀者相關的人力資源實務訊息；最後則安排「實務櫥窗」、「個案研討」與「課後練習」，希望讀者們在閱讀完每一章後能將其所吸收的知識予以活化與內化。藉由本書理論的介紹與實務的說明，必能提高讀者對於人力資源管理的學習興趣。

總體經濟學

盧靜儀／著

　　本書所介紹的總體經濟學理論，涵蓋了國內及國外部門，使閱讀本書的讀者能夠對於開放體系的總體經濟學有所瞭解，進而有能力檢視政策的適當性及適用性。為了讓讀者對於經濟理論的運用更加純熟，本書在每章結尾或相關之處，都設有「經濟話題漫談」的單元，以近期國內外的經濟新聞或話題為中心，對照內文中介紹的經濟概念或理論。期望能用輕鬆簡單的方法，讓讀者熟悉如何運用理論解讀日常生活中所遇到的經濟事件。

信用狀出進口押匯實務——單據製作與審核

張錦源、葉清宗／著

2008 年世界金融海嘯發生後，對中小企業及大額交易者而言，以信用狀為付款方式，對買賣雙方最有保障，因而信用狀再度成為貿易金流的主軸。本書的內容使初學者得以漸進式的學習，配合案例檢討，深入瞭解全套信用狀內容與押匯文件製作實務，適合貿易廠商、貿易相關服務業者、銀行辦理出進口押匯人員及有意從事貿易服務業的大學相關科系學生進修的最佳實務課程。

國貿業務丙級檢定學術科教戰守策

張瑋／編著

本書內容主要是依據勞委會最新公告「國貿業務丙級技術士技能檢定」學術科測試參考資料內容所編撰。於學科部分，在每單元前增加重點提示，讓讀者不僅能釐清觀念外，更能理解幫助記憶。術科部分涵蓋貿易流程、基礎貿易英文、商業信用狀分析、貿易單據製作及出口價格核算五大部分。書末並附有三回合完整的仿真模擬試題，以及 99 年、100 年的國貿業務丙級技能檢定術科試題解析。對讀者而言，是足以取代任何一本的全方位考試用書，對教師而言，更是一本教學上絕佳的輔助用書。

國貿業務丙級檢定學術科試題解析

康蕙芬／編著

本書係依據勞委會公告之「國貿業務丙級技術士技能檢定」學科題庫與術科範例題目撰寫。於學科部分，本書將學科題庫 800 題選擇題，依據貿易流程的先後順序作有系統的分類整理，並針對較難理解的題目進行解析，使讀者得以融會貫通，輕鬆記憶學科題庫，節省準備考試的時間。於術科部分，共分為基礎貿易英文、貿易流程、信用狀解析、單據製作與出口價格估算五大部分。首先提示重點與說明解題技巧，接著附上範例與解析，最後以自我評量單元供讀者練習。讀者只要依照本書按部就班的研讀與練習，必能輕鬆考取。

國際貿易理論與政策

歐陽勛、黃仁德／著

本書乃為因應研習複雜、抽象之國際貿易理論與政策而編寫，對於各種貿易理論的源流與演變，均予以有系統的介紹、導引與比較，並採用大量的圖解，作深入淺出的剖析；此外，由靜態均衡到動態成長、由實證的貿易理論到規範的貿易政策，均有詳盡的介紹，讀者若詳加研讀，不僅對國際貿易理論與政策能有深入的瞭解，並可對國際經濟問題的分析收綜合察辨的功效。

國際貿易實務詳論

張錦源／著

　　本書詳細介紹關於買賣的原理及原則、貿易條件的解釋、交易條件的内涵、契約成立的過程、契約條款的訂定要領等，期使讀者於實際從事貿易時能駕輕就熟。此外，本書按交易過程先後作有條理的說明，期使讀者對全部交易過程能獲得一完整的概念。除了進出口貿易外，對於託收、三角貿易、轉口貿易、相對貿易、整廠輸出、OEM 貿易、經銷、代理、寄售等特殊貿易，本書亦有深入淺出的介紹，以彌補坊間同類書籍之不足。

國際貿易實務

張盛涵／著

　　本書内容涵蓋了完整的貿易實務、最新的法令規範及嚴謹的貿易理論，並於各章節之貿易實務主題中，協助讀者瞭解貿易實務規範，透過本書完整、有系統的介紹，可以培養讀者面對龐雜貿易事務時，具有洞悉關鍵、執簡馭繁的能力。適合大專院校學生研習與實務界人士自修參考之用。

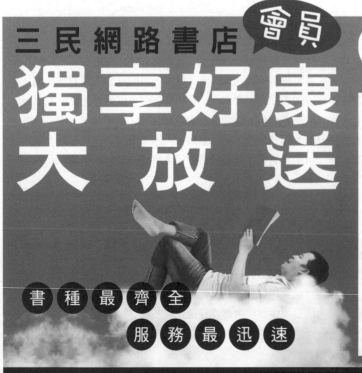